后浪出版

茶之原乡

谢文哲 著

铁观音风土考察

世界图书出版公司
北京·广州·上海·西安

由福建省闽南文化发展基金会资助出版,系闽南书院(筹)课题研究成果。

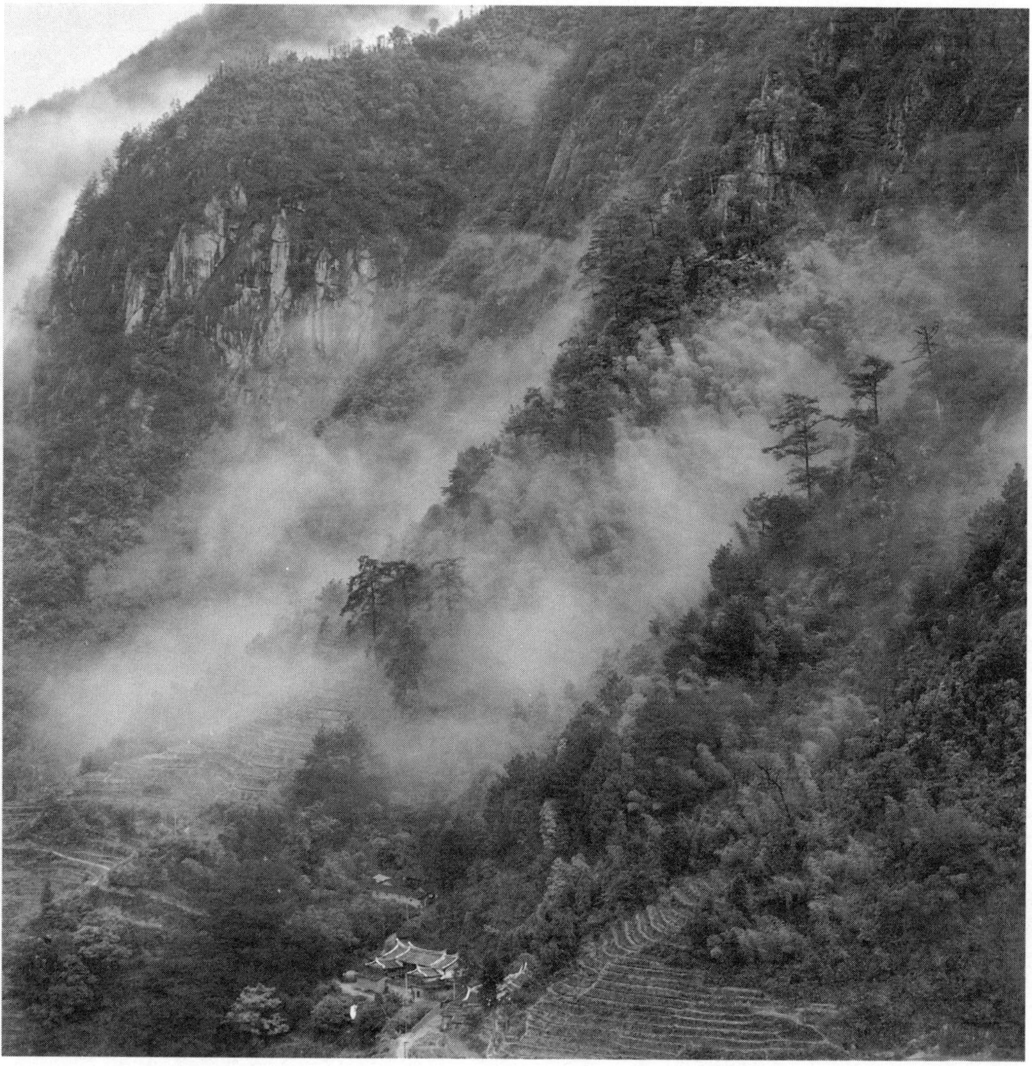

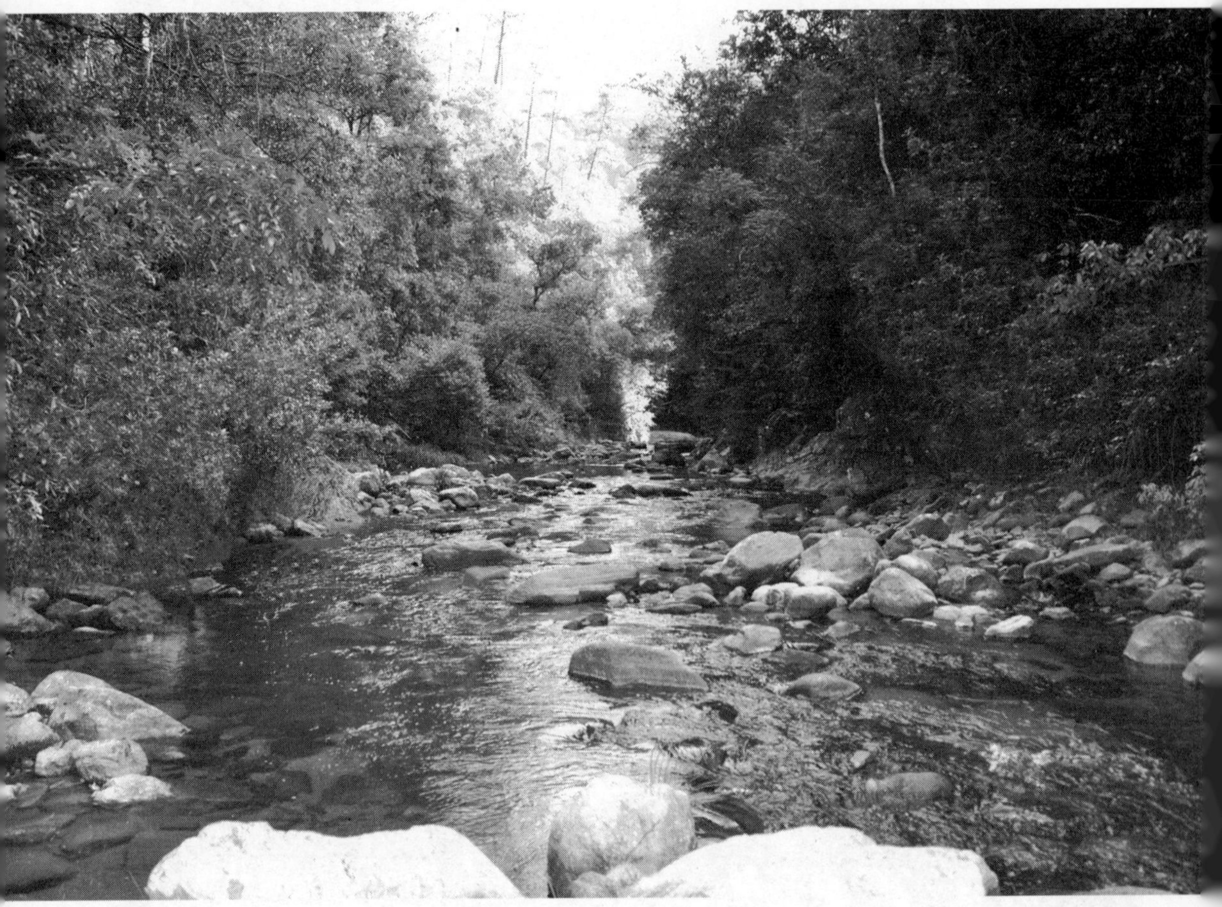

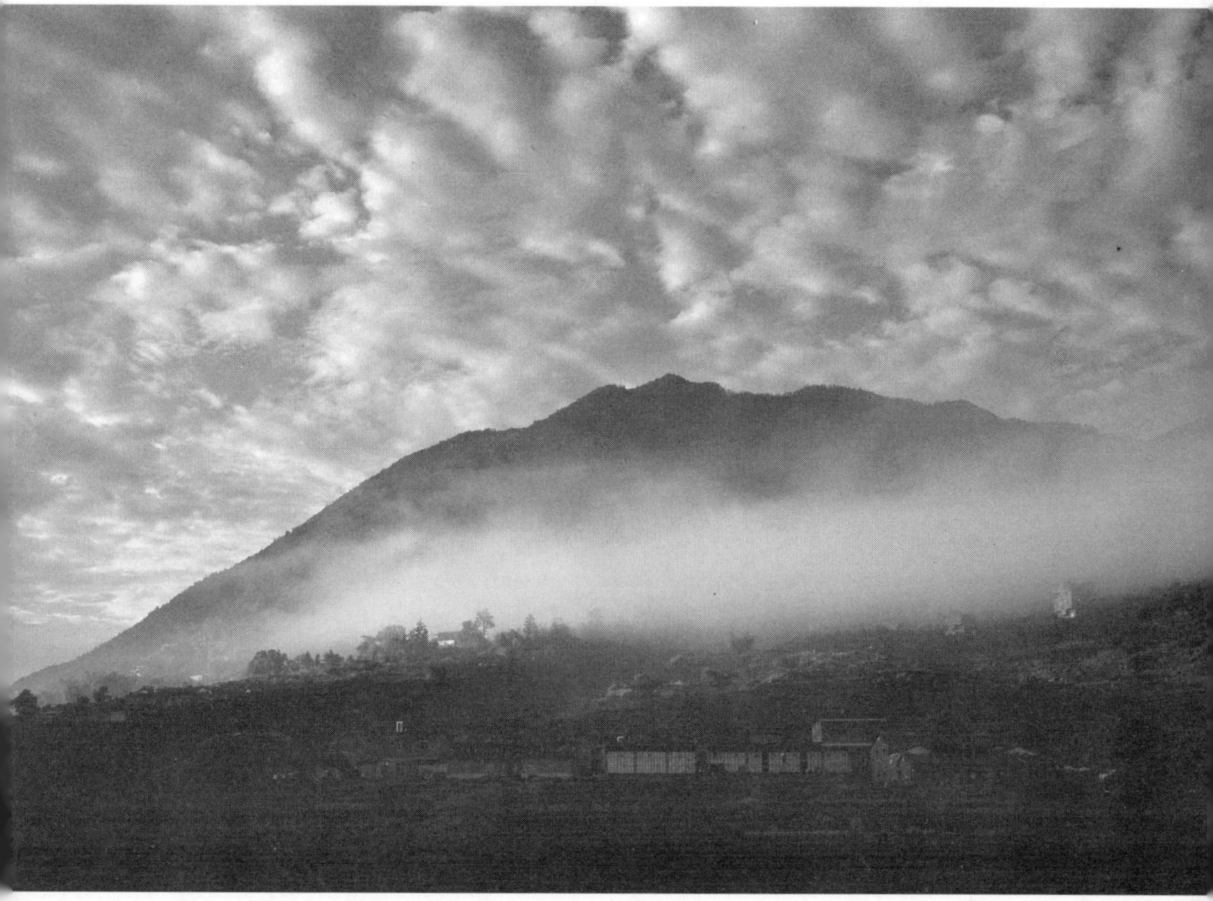

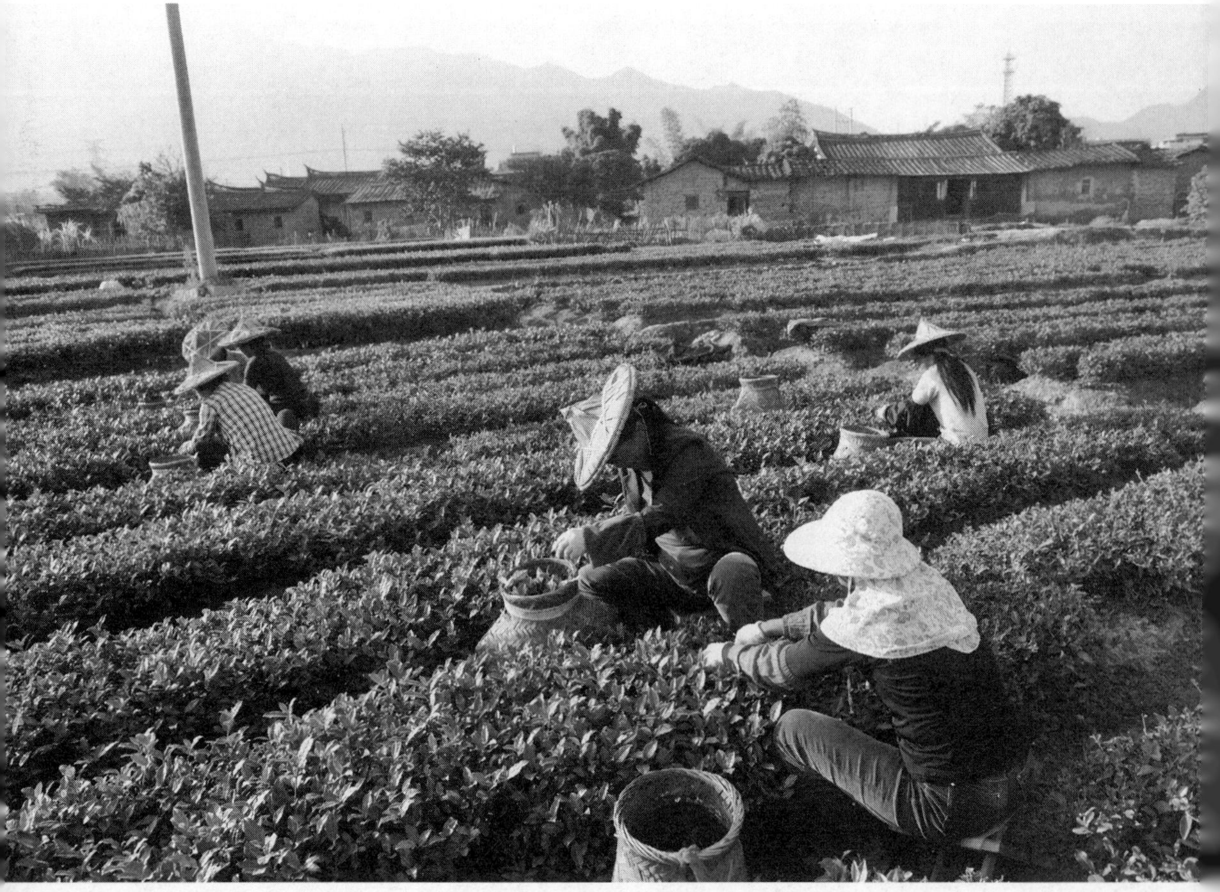

序

在我到过的众多地方中，安溪是独具魅力的一个。

方志上说，"安溪虽云僻壤，山环水绕，络绎奔赴，结成县治，不啻一都会矣"（乾隆版《安溪县志》卷之三）。这就是说，就县治之地理形势观之，安溪野中有文。

今日之安溪居民，是"南人"，他们无疑也是晋唐北方战乱时迁徙来的移民，但一代代居住于这样的区位中，顺应于山川形势，他们形成了"朴而野"的个性。

"夫安溪，岩邑也……民不安生分，好评讼，喜淫巫。"（同上，卷首）

以上对安溪民风的评论，出自康熙十二年（1673）泉州知府之笔。安溪"民不安生分"，到底这习性是传统使然，还是"有以致之"？知府大人并没有给出具体答案，而只是抽象地说，安溪人之所以有其让为官者担忧的习性，部分是因为他们是身居"岩邑"中"朴而野"之人。

显然，知府大人的言论，由来是一种旧式政治理性主义。

我是其后三个多世纪才到的安溪。我是做人文研究的，而不是当官的，经一段时间的观察，我发现，正是康熙间知府说的"民不安生分，好评讼，喜淫巫"，构成了一道有魅力的风景线，这道风景线让像我们这样的忘本之人得以领略历史。

我必须说，我在安溪见识到的文化，是尊贵的。

关于"朴而野"民风之尊贵人文价值，我已在许多著述中论及，此处不再赘述。而方志还有言曰，"自古圣贤豪杰，皆山川磅礴之气孕毓而生，惟地灵，斯人杰也"（同上，卷三）。除了为安溪人"朴而野"的风俗提供关键的地理形态约制背景之外，安溪山川也造就了一代代圣贤与英雄。这些众多的人物，有的在官史中留名，其"实在"迄今被叙述；有的在野史和"神话"中出现，其"虚在"为当地仪式活动所重复镌刻。他们各自以"做人"为方式成为不朽之"物"，展现着一个区位中山川形势的整体面貌。

王国维先生在文学表述中区分"有我之境"与"无我之境"。所谓"有我之境",是指"以我观物,故物皆著我之色彩";所谓"无我之境",则是指"以物观物,故不知何者为我,何者为物"(《人间词话》,三)。

借王国维先生对有我与无我的辨析,我们可以对人物形态进行论述。

中国历史上许多被史家记载或"宗教神话"传颂的人物,在可分"有我之人"与"无我之人"的同时,亦可谓均兼合"有我之境"与"无我之境",他们对外在世界有深刻影响,"我"的成分很高,但与此同时,他们之所以成为"人物",是因为他们自己时常"忘我",并因此最终以物的本来面目回归"本来"。

安溪的山川与人物之间关系,亦表述了古代文化中"有我"与"无我"的对立统一。

来自安溪的一种物——铁观音,无疑是地方"物我关系"的重要体现。

由于结交的师友中出现了若干酷爱铁观音者,我前些年渐渐认识到,这种来自我的"田野地"之一的植物对于安溪有着关键的意义,而我之前借西来的民族志方法研究安溪个别地方,未曾触及安溪的"植物学",那是片面的。

爱茶的师友将品饮铁观音当作表现其风度的方法,其"品物"艺术表达的是古人所说的"文质彬彬"之貌。

"文质彬彬"表面的意思是指人文色彩极重的文雅之人的举止风范,而实质的意思是指,文雅之人的举止风范源自于这些人物的某种特殊的"中间性"——其处于文与质、人性与物性、有我与无我之间的品格。

爱茶的师友们用铁观音来显示其"文质彬彬"的"范儿"不是没有理由的。

与历史上所有不同种类的茶树一样,铁观音这种茶生长于山丘,但所在的山丘不能太高,而处在平地的文明与高山巅峰之间。是否是茶树所处的海拔"中间性"使茶叶也具备了"文—野"的中间性,并使信奉中庸之道的国人以吸纳这一中间性为风度?我们只能依据文化心理学加以推论,而不可能有明确的"科学"答案。然而,有一点似乎却是可以确信的。对于铁观音的制作,安溪的精英有一个别样的文化诠释,他们解释说,"铁观音是否能涌出自然的香味,合乎传统的精细加工是条件"。换句话说,被理论家形容成"文化"的茶叶加工,比如摇青和烘焙,是将植物"放归"自然的方法。

与茶叶加工中同时兼有的"文化化"与"自然化"双向进程同理,品茶也具有一种看似矛盾的两面性。在安溪,品茶一面表现自我不同于他人的独特品味,一面又表现自我融入于他人之中的社会必要性,一面创造品味的等级次序,一面生成品茶共同体。从品茶生发出来的区分我他的"有我之境"与汇合我他的"无我之境"自身构成了社会的对立统一。这一对立统一与广义上的自我（文化）与他者（自然）的对立统一相互辉映，形成了一个令人叹为观止的生活哲理。这一生活哲理，蕴含着一套关于人与自然关系、社会群体特性及两者之间关系的观念，对人文学者启发甚多，而自身则妙趣横生地演绎着山川与风俗及杰出人物之间的"三角关系"，诠释着山川—人文形势下"大小传统"区隔与共生的历史。

位于闽南山区，改革初期，安溪被定义为一个"扶贫县"。20世纪90年代起，凭着某种可以理解的"政治经济功利心"，安溪人利用本来富有丰富意义的铁观音"脱贫"。也正是在借助茶叶而"脱贫"的过程中，安溪人也悄然在全国范围内引发了一场生活方式的变革。在中国，不是所有人都喜欢铁观音，但是，可以认为，虽然各地不同的人对不同品种的茶有不同的偏好，但对于那些"品茶人"而言，铁观音及其附带的品饮方式已成为"正统"。尤其是在某些大城市里，运用这一品茶的"正统"，感知与陈述铁观音的形、色、香、味，已成为人们标榜身份的手法。

我宁愿在茶的"中间性"与人的"文质彬彬状"之间寻找安溪山区"脱贫"与都市"风雅"之间的关系，而安溪精英一样以"交换"的观念解释围绕茶叶展开的城乡关系及"植物之德性"。他们中，一位杰出者说："偏僻安溪山区能种植的植物，就是汇合天地之气的茶。而像上海这样的大都市，最缺的就是天地之气，茶销售出安溪，帮助了千万农户，进入都市，缓解大都市的污染对于城里人健康的破坏……"

人类学大师列维－斯特劳斯曾说，"自然物种之所以得到了选择，并不是因为它们'好吃'，而是因为它们'对思考有好处'"（《图腾制度》，中文版，109页）。铁观音之所以得到人们的选择，并不只是因为它"好喝"，而且还因为它让我们感知各种观念和关系及其在"以经验为基础的思辨"中的体现。

对于铁观音的这一价值，人们认识尚不充分。在安溪，不少人依旧因袭某种"铁观音实利主义"思想，以为，茶叶的生产和贸易不过是为了"吃"。然而，让我欣喜的是，在那个山环水绕的地方，近来也出现了一个"少数派"，这派精英热切期待从铁观音中挖掘出某种人文底蕴，激情地实践和宣传这一底蕴，奋力改变"铁观音实利主义"的支配性。

可以认为，这个"少数派"已经深刻意识到铁观音"对思考有好处"了。

安溪新乡绅谢文哲便是一例。这位作者在其所著的《茶之原乡——铁观音风土考察》一书中，表露了他对于铁观音如何"对思考有好处"的见解。

谢文哲是安溪"土著"，大学毕业后回乡担任高中语文教师，20世纪80年代起开始发表文学作品，1999年开始在地方党政机关工作。身为一位"地方官"，他并未放弃对人文学的追求，也并未忘却地方传统文化给予他的教诲——正相反，他笔耕不辍，创办数种报刊杂志。身为一位受过高等教育而未离开故土的知识人，谢文哲带着激情参与到了安溪的社会生活中，以其笔墨表达着他的关怀。《茶之原乡》是他的一部文集，书中收录的文章从不同的角度论述作者对于其所骄傲地称作"伟大的植物"的铁观音的认识，并围绕着它，对自己的故乡做出了带有反思性的考察。

遗憾的是，我直到21世纪初才结识这位安溪知识人，几次交往，我在深感相见恨晚之余时常能从小我几岁的他之言谈举止中获得有关"地方性知识"方面的启发。我相信，有心的读者一定能从谢文哲的这本文集看到平凡的安溪山川、风俗、人物、胜景之间那些不平凡的事迹，从而，借助于名茶铁观音而超越于它，进入一个由自然与人文共同构成的世界，从中体味山川、历史、人生的交汇。

王铭铭

北京大学人类学教授

2013年7月17日

于北京五道口寓所

"序"之初稿完成后，偶见朱熹"过安溪道中……"，甚感过瘾，兹录于下：

驱车陟连冈，振辔出林莽。雾气晓方除，日照川如掌。

行行遵曲岸，水石穷游赏。地偏寒筱多，涧激淙流响。

祇役未忘倦，精神渐萧爽。感兹怀故山，何日脱征鞅？

自 序

中国茶叶种植历史悠久，名茶种类丰富，茶区分布广阔，堪称世界之最。

在这众多茶区中，安溪县是颇为引人注目的一个。其种茶、饮茶可追溯到唐代；明末，发明乌龙茶"半发酵"制作技艺；清中期，又发现培育世界名茶铁观音。在18至19世纪的海外茶叶贸易中，安溪乌龙茶已崭露头角，及至近几十年间，安溪铁观音在中国的崛起更是影响深远。安溪县迅速做大茶业，不仅摘下中国茶界首枚驰名商标，还在茶产业的发展方面创立了独特的模式，无论规模、产量，还是质量、效益，均有上乘表现。

安溪铁观音改变了安溪经济地理格局，成为安溪乡民改变命运的"摇钱树"，而曾经因穷困而"闻名"全国的安溪县，则凭借着"泡"好一壶铁观音茶的功夫，脱贫奔富，成为中国茶业第一县和县域经济发展全国百强县。

作为中国最年轻的茶种，安溪铁观音从发现和成功栽培伊始，即以其独特的地方性而独领风骚。其香气、味感、制作工艺、品尝方法，根植于广大深厚的安溪民间，有着与绿茶、红茶等茶类明显的差异，这种差异历经近300年的传承积淀，渐渐形成明显的地方性风格，其核心文化所体现出来的"和、健、美"理念，在某种程度上凸显了中国传统文化以及中国茶文化最具核心的灵魂，成为世界了解中国茶文化的一扇窗口。

人类千年的饮茶历史和现代科学研究证明：茶叶，是中华民族贡献给人类的绿色的、生态的健康饮品，是愉悦精神、传承文化的重要载体；茶产业必将是未来撬动人类健康的一个大产业。也正是在这种"实利主义"的驱动下，21世纪以来，全国各大茶类、茶区纷纷行动，你追我赶，"竞赛"导致的结果，一方面是，中国迅速成为世界茶叶种植大国、生产大国，全球第一大茶叶经济体，茶叶产量占世界的近四成、消费量占三成，增长的动力主要来自生产率的提高和茶叶种植面积的不断扩大；一方面是，人类对自然无限制的索取，必然要遭到自然加倍的报复，随着茶园无节制的开垦，产业规模的盲目扩大，制作工艺水平停滞或倒退，加之全球气候变暖，空气质量严重下降，江河和地下水遭污染，生态大环境的空前恶化，更是敲响了中国茶业的警钟。

中国茶业上述一系列"经济运动"现象，同样也在铁观音的故乡安溪呈现过。所幸的是，来自安溪县各方的反思和反思之后的革变，几乎和中国各地茶区正大肆扩张产能之际同步，2003年以后，安溪县全面停止开垦茶园，同时建设茶园立体生态，规范种植标准，严格质量管控，统一产品认证，强化企业主体。在安溪茶乡，来自政府和民间的力量，以科技创新为茶业新一轮发展的支点，致力开展茶叶功效研究、工艺研究和产品开发，减少茶叶在生产、消费环节的浪费。十年过去，一个昭示安溪茶业发展的新时代已经到来，茶叶的"全价利用"和"跨界应用"，正在安溪一步步变成现实。

安溪茶业发展的阶段"遭遇"，是中国茶业面临困境的"局部"。研究安溪解决自身问题的"经验"，有助于我们站在更宏大的视野、更务实的立场，去寻求中国茶业问题的"解决之道"。在中国传统茶业走向现代化的过程中，如何摒弃落后、低效、单一的生产模式，如何建立更完善的产业结构，如何激发更丰富的产品需求，如何创造更新颖的盈利模式，等等，应该成为行业的共识。而只有推动中国茶业在第一、二、三产业上实现全面"突围"，以工业连接农业，以科技连接文化，才能使中国茶从品类竞争提升为品牌竞争，让中国茶这一世界公认的健康饮料惠及全球更多的人群。

茶叶，固然可以拓展其在生态、品饮、日化、保健、文化和旅游等方面的功能，但分析其本质属性，仍然只是一种对人体有益的功能性饮料，不是保健品，也不是文化商品。在当今中国，茶市喧哗，茶商浮躁，茶农迷茫，原本源于生活、扎根于民间的茶道变得神秘而迷离，原本农产品属性的茶叶，逐渐偏离民生本位，与老百姓"形同陌路"，有些茶类和茶企甚至把茶叶奉为"奢侈品"，选择走"小众""小资"路线，其发展必然是烟花一瞬的。

中国茶业到了该调整的时候了。向左走——回归本质功能，是开门七件事的日常所需，茶企、茶商要生产更多的"民生茶""大众茶"，合理调整茶叶成品价格，让远离百姓生活的茶重新回到百姓的生活中，让大家都喝得起好茶；向右走——推动茶业与工业、旅游、文化和科技衔接、融合，发展茶工业、茶休闲旅游、茶保健、茶创意文化、茶科技产品，把茶产业链延伸、做大，让茶业发展之路越走越宽广。"向左走""向右走"并非背道而驰，恰恰是殊途同归，究其根本，乃是要让中国茶回归普罗大众，就像这碗清香甘醇的中国茶，必深植于中国广袤的土地上。

在中国茶业的研究中，有一种观点认为，茶文化对茶经济有害而无利。这种"实利主义"观点自然是错误的，但也提醒着我们，在中国茶业发展进程中，"务虚"的茶文化如何服务于"务实"的茶经济，而不是独立于茶经济而存在，成为"无源之水""无本之木"。茶作为"一般物"，它的"非凡意"是人类赋予的，因此，我们在研究茶的"非凡意"时，万万不可偏离产业的特点、规律和方向，更不能忽略不同茶类因为生长地域性的差异而造就的不同地方性风格，就像铁观音生长于安溪，必然烙上安溪的自然—人文印记，而铁观音茶的复杂的自然—人文印记，也许就是我们通往安溪的指路牌和桥梁。

安溪不是中国最早种茶、饮茶的地方，但安溪是中国茶树良种宝库，近年来全国各地培育的茶树新品种母本大多取自这里；世界上最先进的茶树无性繁殖技术——短穗扦插，由安溪人发明，传播至全球各地茶区；乌龙茶制作技术的发明，铁观音茶种的发现培育，是安溪茶农勤劳和智慧的结晶，必将载入世界茶叶文明的史册。

随着安溪茶种、制茶工艺传播到台湾，安溪茶叶远销港澳、东南亚、欧洲，各国的茶的发音——无论英语、法语，还是拉丁语——竟都带上了闽南人"茶"（TAY）的浓浓乡音。更重要的，安溪铁观音在改变安溪乃至中国经济地理格局的同时，其所创造的乌龙茶工夫品饮式法，正在全国范围内引发一场生活方式的变革。其品第之胜、烹点之妙，正成为都市品位人士"慢生活"的追崇。今天，安溪之外，受其茶文化影响的人越来越多，他们对于铁观音也渐渐有了更多依赖——而我们即可知晓，安溪，这个有别于传统意义上的"茶之原乡"，正以其绵延不绝的茶道传统和经济创造力，为中国茶业走向现代化提供一个真实生动的"范本"。

2013 年 7 月 27 日

目　录

序　　　　　　　　　　王铭铭　5
自　序　　　　　　　　　　　　9

卷一　基因或密码

铁观音密码　　　　　　　　　　4
铁观音非思　　　　　　　　　　16
性情铁观音　　　　　　　　　　18
安溪图腾　　　　　　　　　　　20
溪水音韵　　　　　　　　　　　25
无茶不成礼　　　　　　　　　　28
茶神辨　　　　　　　　　　　　32
铁观音文化谈　　　　　　　　　37
铁观音、无限多样性和社会　　　47

卷二　风土之种种

茶　路	56
铁观音风土	71
寻找祖母的气息	80
我自安溪来	84
紫霞云天林鹤年	98
弘一大师与安溪茶	115
安溪城事	117

卷三　走读安溪

茶之原乡	136
美丽的大坪，我的家	140
湖头的守望	142
闯出尚卿	146
龙涓大地上的事情	149
祥华的坐标	154
闽南形胜，龙门首焉	157
造物紫云山	160
行走福田，慢下来	163
白云从蓝田来	167
城厢，城厢	171

卷四　仪式、尊严和"我"

有关庄严	176
思想者是怎样诞生的	183
密码 1989：青春的渡口或记忆	189
盛世中华 1992 的茶粒大义	192
美的觉醒	195
吃茶去	199
无不是茶	201
最美的风景在眼前	203
西行迷思	205

附　录

风　土　　　　　　　　　庄成　224
铁观音，我们的乡愁　　　谢承劼　228

后记　　　　　　　　　　　　　231
出版后记　　　　　　　　　　 235

軌道如同我們的人生，感受及思想認識觀言澄的生命氣息不需要助語言便能四處傳播不需要構建體系便能深入人心

卷一

基因或密码

铁观音密码

雪灾年代

清顺治十三年（1656）	正月大雪。
清康熙五十七年（1718）	正月大雪，三日方消。
清康熙五十九年（1720）	正月大雨雪。
清康熙六十年（1721）	正月二十七、八两日，积雪，四山皆白，三日方消。
清雍正元年（1723）	正月初六日，大雪，平地积（雪）深尺余，山头数日不化。
清雍正五年（1727）	正月大雪。
清雍正六年（1728）	正月初六大雪。
清乾隆十六年（1750）	正月大雪。

这份记录安溪历史上发生的自然灾害大事记，转引自两本具有充分可信度的历史文献，一是清乾隆丁丑年间由官方编修的《安溪县志》，一是1994年由安溪县政府组织力量修撰出版、迄今为止最为全面翔实的《安溪县志》。为了行文的方便，我稍作综合，但不影响来自官方资料的严肃性与权威性。国有史，邑有志。具有"资治、教化、存史"之功效的地方志，可以帮助我们识县情、知兴替、明得失、弘传统，当然，更重要的是，以史志为鉴，还可以勉今人，启后人。

那么，一份归入《杂志·灾祥》体例、而屡屡载于邑志的天气记录，究竟可以提供什么样的角度，供后人比较研究，从而发现其"无意义"之中隐藏的"意义"？人们常说，历史与现实之间存在着交汇点，其实，历史事件与历史事件之间的交汇点更值得我们仰赖智慧，寻找蛛丝马迹，细心详勘，综合加以推断，从而使记忆重现、真相还原。

看到这份天气记录所涵盖的时间段（大约从1656年到1750年），我突然产生一种研究的旨趣：在18世纪20至30年代，素来"燠热""冬无冰雪，或不御绵"的安溪，连续数年"大雨雪""大雪""积雪"，气候骤然变冷。《安溪县志》代表着官方权威，史官不可能错载误录，况且在一个重农业、轻工商的时代，人们对气候变化的观察有着足够的耐心，雨雪不分、霜冰不辨的情况几乎不可能出现。分析后可能得出的结论只能是，"雪灾年代"从此将在安溪历史上产生意义深远的影响。

研究中国历史时，人们常犯的两个错误在于，当我们追求中国社会的"整体性"时，会导致一种"单一性"的叙述困境，从而无法解释中国社会的复杂现实；当我们面对中国社会的"多样性"时，又常常将中国社会割裂为一些碎片，最终背离在社会整体之上观察中国的视野。正是这两类错误，导致我们目前所开展的铁观音物种研究，经常游离于"整体性"之外，不能或难以将铁观音置放于安溪社会历史演进的大环境之中，重传说，轻科学，缺乏实证求索的精神。

关于安溪铁观音源起的王、魏"二说"，未见于1994年前的官方史志已是不争的事实。我这里想说的不是"王说""魏说"的真伪，因为历史的真相不能一概以是否见诸史志为标准和依据。只是想换一种视角——说猜想也无不可——来追问安溪铁观音的发源，因为无论是"王说"还是"魏说"，都显然没有真正解决物种起源的问题。神话固然是美好的，充满着遐想无边的诗情空间，但观世音菩萨毕竟没有亲手在巍巍的南岩山上栽种过铁观音这样一棵神奇的茶树。

那么，这棵神异的茶树又是从哪里来的？凭空从地里头长出来吗？如果植物也有"前世今生"，那么，铁观音的"前世"又是什么？困扰我多年的一连串问题，在这份"大雪成灾"的天气记录面前，似乎一下都有了答案——不同的历史事件在各自不同的时空运行，对于一种即将到来的动人交汇，人类谁都无法预知，这就是自然的造化。

神天与人天

关于铁观音发源的王、魏"二说",散见于安溪史志和各种文集,虽然行文描述存在不少差异,但都与两个重要年份1725年("魏说")、1736年("王说")相对应。也就是说,铁观音诞生于安溪茶乡1725年至1736年的大致历史区间,是无可辩驳的事实。

细心的读者就此可能已经发现,安溪史志上所集中记载的"雪灾年代"与此有着惊人的重合,两者之间是历史的巧合还是历史的必然?如果是历史的巧合,那么铁观音物种的源起只能是永远都无法解码的科学之谜了;如果是历史的必然,则"雪灾年代"对铁观音物种的源起所产生的关键性作用,就不能被后来研究者轻易地推在一边。相形之下,前者令人兴味寡然,后者令人心血怦动。

煌煌千年安溪文明史,修志七部,除明嘉靖和清康熙、乾隆三种版本留存于世,余皆散佚。披阅新中国成立后先后重印刊行的三种古代版本可以发现,从开始有地震、山崩、旱涝等灾情记载的宋1067年至今,安溪近千年县史总共发生过不足10次大雪成灾的事件。依据我的记忆,安溪最近发生的一次"雪灾事件"是在1977年12月12日。而集中在18世纪20至30年代的有5次,占一半之多。也就是说,对人类能造成灾难的大雪,有一半多降到1720年至1728年这个历史区间了。从气象学的角度而言,1720年至1728年也就成为安溪气候史上非常值得注意的年代了。

不妨进行一番纯文学意义上的想象与描述:18世纪20至30年代的每年冬天(时间)。安溪山川大地(地点),大雪纷飞,银装素裹(事件起因)。急剧下降的气温,使缺少抵御雪灾经验的安溪民众措手不及。尤令人忧心忡忡的是,山坡上辛勤开垦出来的茶园遭大面积冻毁,损失惨重(事件发生、发展)。雪灾过后,王仕让、魏荫(人物)出现在房前屋后、峰麓山巅,四处寻挖未被冻死的茶树以便补苗。此时,遭雪灾冻压而顽强幸存的几棵茶树——一个新的茶树品种——铁观音诞生了(事件高潮、结局)。

我的这种研究方法固然漏洞百出,实在经不起推敲,但却是值得关注的。因为现在虽然不能用"雪灾年代"的具体气候数据,来证实气候变化对茶树新品种的诞生造成多大影响,却可以根据物种进化的规律和现代育种方法,从中发现奥妙所在。物种是自然的产物,而自然无非是阳光、空气、水等因素。自然环境变化对物种进化的影响是非常显著的，橘生淮南为"橘"、生淮北为"枳"即是典型一例。据此，我们完全可以从逻辑上作一个大胆假设："雪灾年代"诱发茶树基因变化，诞生了铁观音。

假如这就是历史的真相，那么，集中发生在18世纪20至30年代安溪大地上的"雪灾事件"同样呈现出事物利弊参半的两面性。所谓祸兮福倚，现在看来，这场给昔日安溪先民造成重大损失的"雪灾事件"，却是一个由大自然主持进行的"物种新试验"，为后世千千万万的安溪人带来巨大的福祉。

而古代安溪人无法根据科学理智地认识物种的源起，对自然始终怀有的"敬畏之心"，使他们把铁观音的诞生或"归功"于神天——观世音菩萨的"托梦"，或"归功"于人天——皇权的"赐名"，这也就可以得到合理的解释了。从对神天的敬畏，到对人天的征服，到人类怀疑一切、选择科学的理智，我们的社会历史似乎都行走在这样的基本路线上。

吃喝的历史

安溪铁观音以其香高味醇征服了广大消费者，也引起了国内外许多学者的兴趣，曾做过不少研究。在见诸报端的各种阐述中，我发现"观音韵"出现的频率最高。

"韵者，和也，从音员声。"（《说文》）《文心雕龙》中也说："声音相从谓之和，同声相应谓之韵。"看来，"韵"与音乐的关系最为密切，却又为何能够"移用"来描述铁观音品质的特征？"观音韵"是属于物质范畴还是精神范畴？若属于物质范畴，那构成"观音韵"的物质元素有哪些？能否为人所感知与捕捉？这一系列问题，又没有人能真正论说清楚，饮茶经验主义者往往词不达意，文人墨客则似是而非，两者都使人陷入虚无，进而怀疑"观音韵"的存在。

我收集有为数不少的安溪茶谚，这些来自基层一线的直接创造，比文人咏茶诗更具研究的价值，因为它是群众的"真知"与"学术"，有一种自然式的淳朴与真实。在如此众多的茶谚中，这一句"谁人寻得观音韵，不愧是个品茶人"启发我，"观音韵"可遇不可求，说明它时而存在，时而隐去；既是精神的，更是物质的。

真有"观音韵"存在吗？茶学老专家陈彬藩曾这样描述过品饮铁观音的

感受，他说安溪铁观音的香气，有如空谷幽兰，清高隽永，灵妙鲜爽，达到超凡入圣的境界。陈彬藩赋予铁观音的艺术完美性，让我们仿佛与一位"冰雪少女"真情相约，精神升华。我一度对铁观音犹如"冰雪尤物"之类的评价不得其解，是"雪灾年代"诱发茶树基因突变的推断，使我进一步思考："观音韵"的形成与挥发，仍然与气候环境密切相关。中国有句古话，梅花香自苦寒来。这是不是说明：植物的香气在冷天愈加内敛、愈加凝聚？但当天气冷到一定程度，过了临界点，植物体内便发生了质的变化；而这种变化一旦定型，就具有遗传特征"观音韵"？

上述思考，我在一些学者探讨铁观音品质形成的生化研究中得到佐证："观音韵"的形成，取决于鲜叶原料的质量和制茶工艺技术条件的正常发挥，其中鲜叶原料是形成铁观音品质的基础。迄今为止，人们在安溪铁观音中共检出200多种香气成分。这项研究结果表明，独特的"观音韵"就是一个多味共存的协调综合体，在铁观音茶汤中，各种滋味互为依存，如同乐音"相从""相应"，呈现出引人入胜的动人旋律，称之为"观音韵"是最恰当不过的。

"观音韵"又是如何被人所感知的？在如今程式严整的铁观音冲泡过程中，有一个环节特别要引起我们的重视：持续加温煮水。这是因为"观音韵"就是铁观音叶片内的一些物质，一部分是茶树本身在"雪灾年代"的基因遗传，一部分是在后天的生长、制作中得以加强的，两者必须在持续高温冲泡的外部环境中才能挥发，并使喝茶者的感官可能捕捉到这种挥发。当然，能否敏感捕捉到、捕捉到多少，又与品评者的鉴赏水平密切相关，而这不是本书所要探讨解决的。

对"观音韵"的深入思考，使我走入一个密码重重的无限空间，它所创造的人文世界竟比铁观音物质世界要十倍百倍的广阔而繁复。我的目的无非是想说明，为什么安溪铁观音品种才具有特殊的"观音韵"？这不完全是因为品茶人的不同、制茶工艺的差异，这其中不仅有物种进化遗传学方面的问题，也有生理生化方面的问题。

对人类来说，吃喝向来就不是"纯生物学"的活动，被吃喝的事物有它们自己的历史，其进化历史与那些吃喝它们的人的社会历史有着千丝万缕的联系。所以，研究被吃喝食物的进化历史，本身就是社会的、文化的过程，如此才有饮食文化的产生。这是我从"观音韵"延伸得到的一点思考。

不可复制的地理

　　安溪铁观音诞生于18世纪20至30年代"雪灾年代"的推测萌生后，我开始多方收集茶树连年遭冷乃至于基因突变的"技术"数据，可是我一无所获。甚至，在历代修撰的邑志记述中，我都未能发现彼时安溪茶叶生产的相关资料，比如我所关心的"雪灾年代"里，茶叶的产量是否持续低迷？宣扬儒家伦理道德至上的时代，我读到的诸多素材仍然是基于伦理道德的立场。粗看起来，历史，似乎就是应该发生的事情都会发生，不应该发生的事情就不会发生，这是典型的"社会天演论"。

　　为什么要重视历史研究中的"技术"数据呢？说清这个问题并非难事。十年前读《万历十五年》时，我就对黄仁宇兼具探询人生意义的历史研究感兴趣，他所主张的"大历史观"，亦即从"技术上的角度看历史"，我个人认为开启了中国历史研究的新思维。黄氏后来陆续出版的《中国大历史》《黄河青山》等，也都是从"技术"的层面，强调"道德非万能""道德不能代替技术及法律"的观点。例如万历皇帝，历来均被以为昏庸怠政，读毕《万历十五年》，你也许会十分同情这位皇帝。因为黄仁宇在论述万历皇帝时，本在于说明皇帝的职位是一种适应社会需要而产生的"机构"，而每一个皇帝又都是一个个人，要以一己之身承担庞大机构的职能，悲剧自然不能幸免。

　　黄仁宇重视"技术"的作用及成效，提醒我在安溪铁观音另一维度的研究中，要超越抽象的道德立场，即叙事不妨细致，但结论却要看远，如此才能找到历史的规律性。我推断铁观音物种的源起，可能有人认为是"无稽（查考）之谈"，但若从现代铁观音所表现出来的一些生化特征去分析，结论可能就非常清楚了。中国著名茶学专家刘勤晋曾经提供了一组"乌龙茶品种间叶片结构的比较"数据，在这组数据中，我特别注意到铁观音的气孔呈现出"40×32"的最小值，明显小于其他乌龙茶品种间叶片结构。这能否说明铁观音的气孔是连续遇冷后才明显收缩，呈现这个最小值？在"连续遇冷"这个环节中，茶树基因进行动态变异，而新品种一旦形成，茶树本身又同时具有遗传特征了。

　　上文已经说过，物种是自然的产物，而自然又无非阳光、空气、水分等因素的系统组合。除了"雪灾年代"诱发茶树基因发生变化外，安溪茶乡所处的地域环境也是值得研究的：北纬24°50′~25°26′、东经117°36′~118°17′

陈巧思 摄

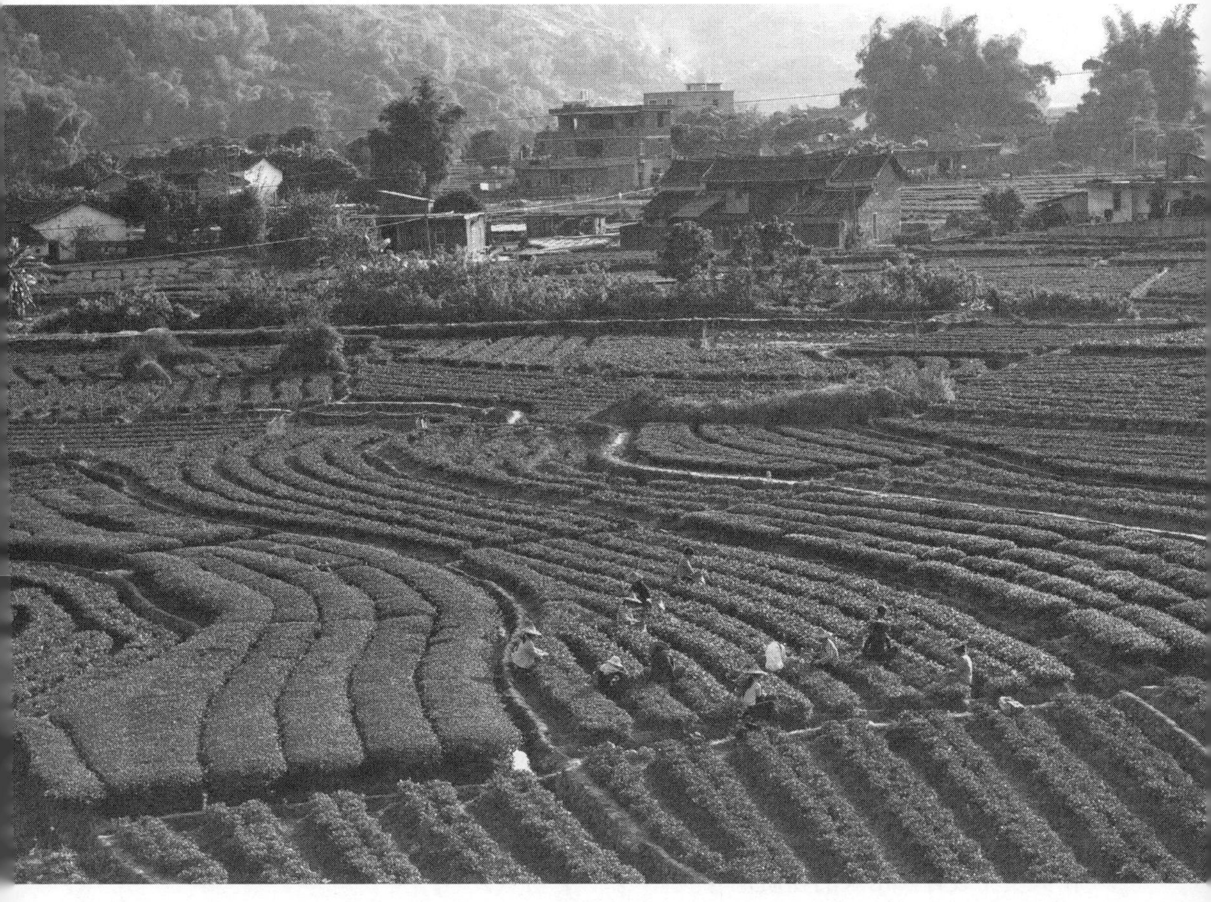

之间；3057平方公里的县域，其中山地占2600平方公里，千米以上的高山将近3000座；年平均气温16℃~21℃，年降雨量1800mm，相对湿度80%以上；红壤或沙质红壤，微酸性，PH值4.5~6.5……我知道，在人类目前所赖以生存的地球家园，这些综合数据一定是"唯一"的、"不可复制"的。环境对于铁观音物种源起所产生的关键性作用，意义不言自明。同时，这也帮助我们洞见了一个事实：只有她才能滋育出安溪铁观音特殊的"观音韵"，离开了"大地母亲""自然之本"，不仅植物、动物（包括人类）没有生命，我们的社会研究也不能从中汲取灵感。

探寻铁观音物种源起及其独特的"观音韵"文化特征，重"技术"数据的分析综合才是最重要的。但是，其中仍存有无尽的问题。比如，现代铁观音与古代铁观音所具有的品种特征是否完全相同？如果存在着差异，那么在变迁中处于支配地位的人类又起了什么样的作用？铁观音物种身上所隐藏的"革命历史"，与人类的"生存与发展"这个课题存在着至为微妙的关系，容我在后面的文章中一一涉及。

繁殖文化史

在我们居住的生活环境里，除了天空、花草、树木等自然景观之外，目之所及的尽是人工制造的东西：我眼前的纸、笔、书、书桌和电脑，我身后的椅子、书橱和电风扇，头上的屋顶，窗外的马路、车辆和建筑物，这些都是通过人工把自然物分解组合的产品，就是现在的天空也受到了人为污染的影响。在城市中，你的感官可以感受到的一切没有不受到人为的影响，我们亲身体验了这个由人类"设计"出来的物质世界。

现代铁观音必然遗传了古代铁观音的大部分特征，受气候、时间等自然环境因素的持续影响，它同时要产生基因的变异，从而表现出与古代铁观音的部分差异，这也是毫无疑问的。本文想接着探讨的不是自然环境因素对物种造成的变化值，而是要思考自18世纪20至30年代铁观音诞生后，在长达二三百年的演变中，"人为"因素是如何作用于自然物种本身，并借以探索物质创造过程的本质———种连续的创造、持续的创造，这或许是整个物质文明演进的根本原则？

史载，明崇祯十三年（1640）前后，安溪茶农即从茶树枝条压在土壤中能生根发芽得到启发，创造出"茶树整株压条繁殖法"，克服了此前采用茶籽繁育的致命弱点：种性容易混乱、退化，最终导致茶质下降。近一个世纪后，当魏荫、王仕让在大雪消融的南岩山头找到铁观音时，他们首先进行的就是对茶树实施"整株压条繁殖"，以解决茶树遭"雪灾"重创而大面积冻死之困扰。新品种的"规模繁殖"，使铁观音在安溪茶乡迅速传播开来。

在铁观音由发源地向外四处传播的轨迹中，我看到了一个发散性的古代中国社会结构，这显然不是由于安溪古代政府的极力推广，纯粹是源于民间的力量，正是这种生生不息的民间力量，使得铁观音没有在朝代更迭改变中消失，反而愈加生机强健。在解决温饱的生存大计面前，安溪茶农"创造"物质世界的热情始终高于政治"觉醒"：1920年，他们在"整株压条繁殖"的基础上，试验"长穗扦插繁殖"获得成功。1936年，改"长穗扦插繁殖"为"短穗扦插繁殖"，又获得成功，并成为当今世界最广泛运用和最先进的茶树繁殖法，不仅传遍国内各产茶省，还传播到印度、斯里兰卡、坦桑尼亚、乌干达等世界主要产茶国家。

由茶籽繁殖到短穗扦插，铁观音的"繁殖文化史"无意中书写了生物学"克隆技术"的传奇。这项世界首创的茶树"无性"繁殖技术诞生在安溪茶乡不是偶然，它从侧面说明物质文化的创造者永远都是普通大众。你我今天在"心安理得"地享用其创造的文明成果时，当有发自内心的敬重与感恩。

在我的动态描述中，读者们已经被告知："人为"的因素如何深刻地作用于铁观音物种本身，千百万安溪茶农一代代所连续创造的茶树"繁殖文化"直到今天都是一个无法超越的极限。有关那个时代的茶叶形制，我们只能在有限的人文典籍中披沙拣金，找到一丝难得的踪影。值得庆幸的是，现代铁观音几乎完整地保留了这一来自遥远古代的品性与工艺，不仅流风遗韵犹在，而且更加凝香聚气，承接先天的神秘造化，兼具后天的创新培植，是一个天、地、人"三元"并存的珍稀品种。

数百年来科学工作的宗旨，就是颠覆各种神话与传说，探究铁观音物种的源起亦然。理智的人们今天已逐步相信，在科学面前，覆盖在自然之上的神圣外衣终将被层层剥去，变化才是自然存在的本质，而科学工作的意义在于追寻物质文化的根本动因。单纯从气候、时间等自然环境因素研究铁观音物种是不完整的，人类的不断创新、持续创造，才是物质文明演进的唯一内在动因。

　　铁观音"繁殖文化史"所潜藏的丰富人文密码，是不是值得我们格外留意？其所集中体现的铁观音生生不息、严谨求实、不断创新的优秀品格，是否启发着人类，须有超越物质之上的、高尚的精神追求？

也是一个完整社会

　　笔者关于铁观音源起的系列文章见报后，陆续接到不少读者的来信来电，他们或指出笔误不足，或提供线索方向，其中，要求笔者循着既定思路深入探究铁观音人文密码的读者最多。

　　读者的批评使我意识到，我的历史研究尽管粗陋浅显，叙述不无松散，却要努力摆脱功能主义的立场、主观主义的分析，避免把读者引入虚幻妄无的空间。实际上，我觉得目前的铁观音文化架构是不完整的，我们仅仅把铁观音看做是社会生活的一个场景，而不是认为铁观音本身是一个完整社会，这里潜藏着纷繁的文化，蕴涵着丰富的民俗，同人的社会一样有秩序、有规范，与人的社会又存在着千丝万缕的联系。

　　"为什么铁观音奇妙香气在茶叶未被采摘时闻不到，刚被采摘下来时也闻不到，却在制茶工序中逐步地形成，呈现出迷人变幻的香气，被人们称为'制造香'？"多年前的一个下午，为了揭开这个谜团，我特地来到距城数十公里的一处茶农家，向这家主人——一位有着丰富制茶经验的柯姓老茶师请教。

　　老茶师尽管技艺精湛，但由于表达上的原因，他未能尽述其中奥妙，自然不能帮我解去众多困惑。但是，我仍然受益匪浅，在老茶师家中待了一个晚上，我目睹了炒制一泡铁观音长达十几小时的全过程，只是由此引发的思考更多，仅仅一个"半发酵"，我同时想到"什么是乌龙茶的半发酵？""与传统意义上微生物参与其他物质的有氧发酵是一回事吗？""半发酵之'半'如何具体量化？""半发酵是否为铁观音产生香气韵致的关键？"等一系列高难度系数的问题。本想在纷纭的尘世中找寻一个舒放身心的角落，反倒走入这深如海、了无界的铁观音茶天下……

　　我的一系列疑问经过数年的几方求证，终于逐渐明朗清晰起来，懂得"半发酵"仍是铁观音制作工艺的"核心技术"，关系到铁观音香气品质的形成，也关系到滋味品质的形成。由于"半发酵"技术的科学运用，使得铁观音的滋味既不同于绿茶，也不同于红茶，形成自己独特的鲜爽、醇厚、甘喉的品质，并具有"音韵"的风格。

什么是"半"？《现代汉语词典》的解释是"二分之一"，如此释义虽然不尽如人意，用来说明其他事物还是不成问题的，但用来描述铁观音的制作工艺，则不能尽其全部，显得捉襟见肘，因为铁观音纯粹是依靠传统的手工制作，属非物质文化遗产中的"行为传承"，无法进行技术量化。怎样熟练掌握好"半发酵"技术？老茶师的制茶经验告诉我，铁观音的"半发酵"体现在"看青做青"这道关键工序，一个优秀的制茶师光眼观手动还不够，还要依靠智慧、经验与悟性。

老茶师的"个人成长史"实证了这个道理：他的制茶技术传承自他的上辈，同时他又将技术毫无保留地传授给他的三个儿子，但显然三个儿子的制茶技术又存在着明显的差异，差异的原因自然是各自"智慧""经验"与"悟性"不同，个中原因纷繁复杂，恕我不能一一展开分析，留下更多的谜团。

由铁观音的"半发酵"制作，我又联想到儒家历来倡导的"中庸之道"。虽然在待人接物上采取这种态度是值得批判的，但凡事能够"不偏不倚""调和折中"又是最难做到的，由此可见恰到好处地掌握铁观音的"半发酵"技术之难。

我的目的只是借此披露铁观音制作工艺的"冰山一角"，提醒人们在分享体验铁观音物质世界时，要更多关注铁观音物质世界的忠实创造者，是他们一代代"衣钵相传"，一代代研究创造，使我们得以拥有一个芬芳四溢的茶香社会，并获得更多来自性情的体验，走向生命的成熟。

铁观音精益求精的制作过程再次说明，这是一个天、地、人"三元"并存的优异品种，她体现了物质与精神的高度统一。铁观音是平凡的，她只是一种茶品；铁观音又是高贵的，她是安溪茶农心血的结晶。

铁观音非思

最近一段时间，我发现茶叶这种我们司空见惯的东西，对于我们人在自身生活实践和观念视野中"创造世界"，竟有着不可忽视的重要性。我并非茶叶专家，但能清楚地意识到，茶叶或者消受茶叶所蕴涵的社会价值是值得分析的，所谓"观物见人"，从中可以洞察到社会生活的微妙层次，能发现"无意义之物"的"隐藏意义"。

中国是茶叶的故乡，茶叶之于中国人复杂人生的种种映射想来大家是不陌生的。而在外国人看来，茶叶实在是一种奇怪的饮品。明末来华的传教士利玛窦在他的《中国札记》中记述到茶，说"有一种灌木，它的叶子可以煎成中国人、日本人和他们的邻人叫做茶（cia）的那种著名饮料"，并认为，"它的味道不大好，略带苦涩"。

到了18世纪，当如火如荼的工业革命成为欧洲国家福利源泉的同时，个体生命的永久不幸开始"存在"，被"异化"的危险时常令人感受到人生的痛苦。作为东方的典范形象，茶，这时树立了自己的地位，成为发展资本主义社会中减少劳役之苦、消除心灵创伤的饮料。"喝杯茶，什么都会好起来。"茶特有的文化属性，茶与自身化学属性无关的心理学价值，很快在社会中找到道德的归属与转型，上升为一种精神现象。

上述流变在中国的演进似乎更早。中国饮茶最早，陆羽《茶经》云："茶之为饮，发乎神农氏，闻于鲁周公。"早在神农时期，茶及其药用价值已被发现，并由药用逐渐演变成日常生活饮料。中国人深谙饮茶的种种妙处，并与他们"苦乐相生"的宇宙观互为印证。有段时间，我经常徜徉于"十里诗廊"中，披阅镌刻其上、成百上千的茶诗，在如此宏大的茶的抒情史面前，我们可以强烈感受到茶叶所具有的社会生命，进而省察这种微观的、物化的社会生命对于解证复杂人生的关键意义。

自然万物之中，茶的发现被赋予超越其他物种之上的色彩，此所谓"神农尝百草，日遇七十二毒，得茶而解之"。由于茶是上天赐予人类的神树，故中国人早期并不喝茶，茶是拿来当做祭品的。你很难想象，世间竟有这样一株植物，鲜叶一旦离开母树，不是生命的无奈终结，而是生命的辉煌起点，并区别于咖啡、可可的日常食用功能，拥有庞大的文化价值。将铁观音茶与其他茶种相比较，我还发现，这个生长于福建安溪的茶种，除拥有天生的娇贵妩媚外，还有着安溪茶农后天血脉传承的精心繁育。此时，铁观音茶树和茶已经成为中国人推崇的"天人合一"理想境界的一个象征符。

研究铁观音作为乌龙茶系的特质，还可以发现诸多富有意味的差异性。无论是其对气候、土壤、海拔等生成环境的苛求，还是种植、采摘、制作过程乃至品饮的每道工序，都显现了铁观音茶一丝不苟、精益求精的物性。由此我想，物的存在、衍生、变异和终了，都有其特定的轨迹，如同我们的人生、感受及思想。铁观音既像儒雅书生，又像温厚女子，她传达的是一种逍遥自在的审美韵味，充满着健康活泼的生命气息，不需要借助语言便能四处传播，不需要构建体系便能深入人心。

对铁观音展开的思考，实际上还可以无限地加以延伸与拓展。由茶思人，我发现，世间任何一名男子或女子的潜在气质，都可与其对应的一泡铁观音茶相比拟、相勾连；又发现，同一生命个体的不同人生阶段，与品饮铁观音的过程，二者有着惊人相似的文化表征；当然，还发现，不同生命个体品味同一泡铁观音，每人因为生存背景迥异，所选择的情感认同或归属，更具强大的差异性。

如此发现，令人惊喜，但也使我心灰意懒，意识到，作为万物的灵长，人类在这株具有非凡感召力的植物面前，实在没有理由趾高气盛，应该学习铁观音的纯粹、铁观音的气质、铁观音的忠诚、铁观音的无私、铁观音的胸怀……物自身的境界即为"非思"境界，人生的种种重大隐喻，其实存在于草木、石头和动物中间。而我们总是躁动着扮演创造世界的"主体"角色，而无法真正面对风情万种、音韵万般的物（包括人）的世界。

茶在人类社会中扮演什么角色？人与茶的关系如何？千百年来人们提出了种种论调。但他们绝大多数还只是关心如何从物当中看到人；而非相反，从人当中，同样看到物自身，看到世界自身。这就是我写《铁观音非思》本篇的尝试。

性情铁观音

对铁观音日常生活形态展开持续的观察，使我犹如走入一个别样的"江湖"，虽然庞大，固有秩序，有踪可循，常常产生不由自主的想法。其中，牵扯到中国古代哲学"物我一理"的思想，更令人兴奋不已。

"物我一理"源自朱熹、吕祖谦的《近思录》。该书以摘录经典为形式，诠释儒家"格物致知"之说，当中采纳程颐答问一段，大意是，某年某月某日有人问于程颐："外物与自身，到底应该如何认识才好？是否应先认识外物，再反求于身？"程颐答曰："大可不必，外物与自身在理这个层次上是相通的，这就是内在与外在合而为一的道理。"那人又问："是不是应从四端（仁、义、礼、智）上追求达到认识的境界？"程颐答曰："在性情上求知固然切近于自身，不过，应该认识到，世间一草一木都蕴涵着理。在认识和理解事物时，我们须有这样的观察。"

答问中涉及的内容，于我并非全然陌生，但"物我一理"所蕴藏的奥妙，实在离我们这些长期受"新文化"熏陶的人太遥远。虽然如此，我发觉程氏这种返真于物我、不分彼此的思维方式，对于我们参透铁观音的性情，却有很大帮助。所谓"见人见物，见物见人"，即便我们所观察的对象为小草，从它荣枯随意、沉浮由他、美得真美、俗得不俗的植物本性，亦可从中悟出人之品质种种。

铁观音自然区别于小草，一开始她就具备古代中国思想家借以理解"物"的"天、地、人"三元（要素）。关于铁观音的源起一向众说纷纭，但基本倾向于"王说""魏说"并存已是事实。即便如此，我仍然感到对铁观音"物性"描述的不满足。最近整理书柜，偶然看到一本已经发黄的香港《明报》月刊，里边刊载一篇署名为王新俊的文章，觉得颇有价值，兹引摘如下：

观音是佛教中人，中国的观音是女性的，是慈悲的化身，她在慈云法雨中撒赐甘露，滋润养育芸芸众生。好茶汤具有甘露的功能，是人们生命的源泉。古人也许以此而命名之。那么何以加一个"铁"字？据茶农说，真正的铁观音茶特别厚重，泡开之后还可以呈现红色的边沿，这是其他品种茶叶所没有的。他们认为这种优秀的茶叶具有铁骨的分量，所以才以"铁"冠之。

我认为，这是目前为止对铁观音"物性"描述的最好的文字，因为它落实到人类的观念、历史的叙事及思考的方式上，从而赋予"物"以非凡的意义、生命和精神。写到这里，我突然想起东坡居士"从来佳茗似佳人"的诗句，猜想他的联想并非凭空而来，想必正是"见人见物，见物见人"，才有如此顿悟，臻于"物我一理"的境界。

对东坡居士认识和理解事物的方式有了新的发现后，我进一步想，就"物性"本质而言，诗句的最佳抒情对象应该是铁观音，虽然铁观音彼时仍未被发现创制，但唯有铁观音才具备"佳人"秉性，两者之间的性情互通将"物我一理"的思想表达得更加淋漓尽致。

那么，铁观音的"性情"到底是什么？不同背景的女性在面对这一具备"意趣"与"理趣"的课题时，其感受与体验必定会有很大的差异。这里我想提供一个例证来说明，也许更加形象可感。上海女作家潘向黎撰文分析难以言传的"观音韵"时，引述自己小说《永远的谢秋娘》里的细节："那个男人（韩定初）喝了她沏的铁观音，眼睛看着她，嘴里说，这茶好，有观音韵。"潘向黎进一步解释，韩定初是在说茶，更是说人，他应该是在那一刻，爱上了这位十多年如一日，同样的装扮，同样的服饰，同样的寡言少语，却有着谜一般吸引力的上海歌厅红歌女。

我从韩定初的经历得到启发，他品茶即品人，二者被品味的过程，同样都是一个审美的、文化的、社会的过程。当然，茶的品性，从细微处比较无一相同，故而铁观音的性情绝不是一个谢秋娘可以解证的。但是，当我们观察世界的方式产生根本性的改变，"见人见物，见物见人"，你会发觉铁观音本身包藏的世界是如此之博大，其性情当然是片言只语难以尽述了。我的意图是想说明，有着生命、性格、脾气的铁观音及其值得人类敬畏的灵性，与我们的人文世界有着千丝万缕的联系，关键的问题在于，我们怎样更贴切地理解包括铁观音在内的物与人的关系。

安溪图腾

考察安溪本土的氏族信仰，我发现一个令人沮丧的事实，即绝大部分氏族所固有的文化标志已经难以复原，这是十分遗憾的。但是，这从中却引发我的另一联想：所有安溪人的"氏族信仰"是什么？

氏族信仰亦即"图腾崇拜"，是一种宗教信仰，约发生于氏族公社时期。"图腾"一语来源于印第安语（totem），意思是"它的亲属""它的标记"。原始人认定，本氏族人一定起源于某个特定的物种，与某种动植物构成亲缘关系，于是某种动植物便成了这个氏族最古老的祖先。图腾崇拜与其说是动植物的崇拜，毋宁说是对祖先的敬重，这样更准确些。图腾物中动物多于植物。北方中原黄帝部落的图腾是"龙"，南方楚人的图腾是"凤"，当秦灭六国实现南北统一时，文化也互相交融，于是出现了"龙凤呈祥"的图案；又因为是中原部落统一中国，"龙"遂成为整个中华民族的图腾。在泉南，每逢节庆活动，大规模文艺踩街中必有民间拍胸舞一项表演。值得注意的是，舞蹈者往往装扮奇特，头戴一稻草与红布条绞合编成的草箍，草箍于头前向上翘起一个尖顶，酷似蛇头，而红布条恰在"蛇头"中央露出，犹蛇在吐信。倘若这舞蹈确如人类学者所推断，起于古闽越族的祭祀活动，那么这头箍无疑就是闽越人"蛇"图腾崇拜的表征了。（门字内加一"虫"——蛇也是虫，合而为"闽"）

根据 2004 年人口普查统计，安溪本土现有姓氏 469 个，其中单姓 466 个，复姓 3 个，但在如此众多的姓氏中，却鲜见氏族图腾。笔者曾对本族以"宝树"为族号不得其解，最近主编厚安谢氏长房族刊《尚志春秋》时，有了意外的发现：东晋孝武帝时代，谢安率领晋国八万兵马，大败强敌苻坚百万大军，取得淝水之战的胜利后，一日，孝武帝驾临谢安官邸，走到庭院里发现一棵雄伟的大树，长得青翠茂盛，非常特别，便指着大树对谢安说："真乃谢家宝树也。""宝树"称号由是传开。对于谢氏族人的上述说法，我没有在《晋书》及相关史料中找到佐证，但这并不影响我进一步探求的好奇。我的兴趣不在于"宝树"族号之起源，而是急于了解这棵"宝树"究竟是什么？后来有否成为谢氏族群的图腾物？又看到《清溪厚安谢氏族谱》收录一则传说，大意是讲，目前遍布厚安境域的柿树，系厚安谢氏始祖移栽自中原。对此，我深信不疑。因为中原（河南）乃中国柿饼之乡，柿树栽培历史悠久。那么，谢安庭院中栽种的大树是否柿树呢？当我把自己的猜想与长辈族人作进一步交流时，他们无一不表示认同。谢氏先祖当年的行为，与贾樟柯《三峡好人》中的移民一样，两者都初步具备人类学的普遍意义。它通过对某一自然物与本族关系的确认，上升为图腾物，并以此团结维系整个氏族，凝聚向心，"宝树"（柿树）自然成为谢氏族群的组织标志和精神象征。

不计笔墨地分析安溪氏族信仰的目的在于，我想循着这个思路与方向，指认所有安溪人的图腾物应为铁观音。换言之，铁观音作为一个天然物种，经过安溪茶农数百年的精心繁育栽培，已经具备超越物种自身的价值，提升为整个安溪包括所有安溪人的图腾物。"安溪""铁观音"两者已经融为一体，构成互为解证的结构关系。当然，我们还可以就此得出另一结论，即作为人类学意义上的图腾崇拜，不惟适用于分析传统部落社会，对于现代社会也仍有取之不尽的借鉴价值。

研读安溪置县以来官方组织修撰的邑志，我发现，关于茶叶的记述仅有片言只语，不能满足深度阅读的兴趣，且常有抵牾之处。如，明嘉靖壬子版《安溪县志》载："茶产常乐、崇善等里，货卖甚多。"清乾隆丁丑版《安溪县志》则说："龙涓、崇信出者多……然少鬻于市。"所幸的是，安溪民间社会关于茶叶文化作用的挖掘与光大，已不囿于官方典籍的规制，而是充分渗透在日常生活的各个层面。如，农历正月初一，人们早早即起，摆香案，放爆竹，谓之"贺正"，设"茶果以献先祖，拜祠堂及尊长，戚友相过贺"（《福建通志》卷56，陈寿祺等撰，台北华文书局影印，1968年10月）；又如，每年清明日、七月十五日、十月朔日，筑厉坛祭无祀鬼神于本城之北郊，至期，"祭品安于棚内正中，东西相向，名列香、茶、纸、烛、馒首、酒肉、米饭"（清乾隆丁丑版《安溪县志》卷二"祀典"，厦门大学出版社，1987年8月）。台湾人类学家李亦园认为，人类的崇拜体系由天、神、祖先和鬼四个崇拜对象组成。安

厚安谢氏宗祠

溪人在这个崇拜体系所举行的各种祭祀仪式中，茶叶，当然是铁观音，都扮演了不可或缺的重要角色。人们通过茶叶筑建平台，表达敬意，寄寓情感，隐含心态，此时，茶叶已俨然成为人类与未知世界探询沟通的一座"心桥"，人生的众多隐喻在一粒普通的茶叶身上找到重重寄托。

巧合的是，关于铁观音来历的"魏说"较之"王说"，我以为更加具备"图腾主义"的色彩。观世音在中国历来就是仁慈、伟大的象征，观音菩萨所做的既有救苦救难的善事，更有让勤劳善良的人美梦成真的好事。老茶农魏荫事佛（每日敬茶）虔诚，最终又得到观世音点化，发现、创制新的茶种铁观音。这个传说为我们指认安溪人的现代图腾提供了道义和情感支持。铁观音虽不具备图腾标志密切血缘关系、维系社会组织的作用，但她在安溪人社会生活中的重要意义，已成为超越物种本身的一种精神图腾。

虎邱龙溪谷　陈艺娜 摄

溪水音韵

大凡喝茶的人，都熟悉"扬子江中水，蒙顶山上茶""龙井茶，虎跑泉"等茶谚，这些茶谚不仅仅在说某种茶和某种水都好，它其实暗含着一个意思，就是水对茶的重要性，泡茶时假如没有优质的水，或者说，离开了水是没办法泡茶和谈论茶的。明代就有"无水不可与论茶"的说法，清代的杭州人袁枚在他的《随园食单》中说到茶时，不先说自己家乡名茶龙井，劈头第一句就是："欲治好茶，先藏好水。"

中国茶类繁多，制作方法各异，茶其实难分高下，只能说自己的喜好，但说到水的标准，历朝历代都有些说法，最早就是陆羽的"山水上，江水中，井水下"。后来，唐人张又新在《煎茶水记》中，将天下煎茶之水进行排名，分成二十等。张又新为河北深州人，元和九年（814）进士及第，历任刑部郎中和申州、温州、江州刺史等，尽管一生涉足范围很广，但较之日可行千里的今天依然非常有限，因而他对煎茶之水的划分自然不无疏漏，此是必然。

但是，张又新又在《煎茶水记》写道："此二十水，余尝试之，非系茶之精粗，过此不之知也。夫茶烹于所产处，无不佳也，盖水土之宜。"在产茶处烹茶，得水土之服，茶香一定馥郁，茶汤必然甘醇，应该说，张又新无意中点到茶与水关联的核心处了。

自古关于天下名泉的评说版本很多，又引起许多争议，其实有些无聊，因为谁都不可能遍尝天下好水，不过是自己经验加上著书立说掌握"话语权"，何况文人名士其实最容易情绪化。所以，欧阳修干脆说："水味有美恶而已，欲举天下之水一一而次第之者，妄说也。"想把天下的水排好座次，用名泉泡名茶，全是胡扯淡。何况，时代在动态变迁，环境在遭受污染，多少名泉今天已成臭泉？多少名泉淤塞干涸？这些年，我跑遍茶书上曾经标榜的一些"名泉"，发现大多空留好名，快要成为"历史遗迹"了。

寄希望于名泉不可能也不现实，那么用什么水来泡我们的茶？张又新"茶烹于所产处"的"水土之宜"论，启发我们：茶在产地喝最好，因为当地的水土和茶最搭配、最合适，"离其处，水功各半"，离开了当地，就只能发挥一半了。"碧螺春，太湖水""黄山毛峰，人字瀑""齐云瓜片，淮源水"等等这些说法，即是说，离开了当地的水，茶的风味、韵味就难以复现，在茶产地品饮时的那般难以言传的美妙，可能要大大减弱。

名山大川，钟灵毓秀，功用非小。铁观音原产于安溪，这里的山岩溪洞，是铁观音生长制作得天独厚的佳地，用秀丽澄莹的安溪水冲泡铁观音，茶叶的精华尽露，芳醇毕现，茶韵神完气足，不打一点折扣。我有时也用桶装矿泉水、纯净水泡茶，但更多的时候直接用自来水。安溪自来水取自晋江上游西溪，这里高山密林，长年云雾缭绕，生态环境优异，水质清澈甘纯——本地出产的茶，配上本地的好水，茶味自然就好，茶香自然能淋漓尽致。张又新持"水土之宜"论，想必是有切肤体会，回头再看上面那些茶谚——"碧螺春，太湖水""黄山毛峰，人字瀑""齐云瓜片，淮源水"，其实都是当地严正的声明：本地山水孕育本地名茶，本地名茶须用本地水冲泡。

安溪县境属戴云山脉向东南延伸部分，地势自西北向东南倾斜，明嘉靖版安溪旧志载：

> 水源之所出，流派之所经，凡二支：一支自北由常乐里建口渡，至于来苏里下林渡，源口渡，县治西北吴埔渡；一支自西北由崇信里、新康里、新溪里、依仁里至大洋渡，归薛坂渡；吴埔、薛坂二渡又合为一，环绕于县，抵晋江入于海。又，九峰山水，逆流自东北入漳州龙溪县九龙江。

就是说，安溪境内东部河流属晋江水系（晋江一大支流西溪也是晋江的发源地，即今安溪桃舟乡的达新村，晋江另一大支流东溪发源地在永春县），有两大支流，在县城汇合；西部河流属九龙江水系，流入漳州母亲河九龙江。

在茶人心目中，最美的风景一定是那翠绿的茶园，看着它，你会觉得满目生机，清风徐来，仿佛听到泠泠水响，闻到氤氲茶香。适合茶树生长的要素是什么？土壤养分，地形地势，温度湿度，阳光云雾……来到安溪，走进茶乡，你要深入到茶田中，俯下身子与铁观音茶树作灵魂的对话，有了这样的交流，才不会在喝茶时粗率潦草。当然，还要记得用那壶清澈甘纯的"安溪水"去泡安溪铁观音，这不仅是人生最奢侈的享受，还因为唯有"安溪水"才能泡出铁观音茶叶那和美醇香的"音韵"。

　　溪水倘使长流，音韵一定永在。

无茶不成礼

人类学家西敏司（Sydney Mintz）在《品味食物、品味自由》（中文版译为《吃》）一书中，有这么一段话：

> 对每个人而言，饮食行为是人类透过行为，把事物的时间与思想的世界连接起来的基础，因此也是个人与世界建立关系的基础。食物进入人体内会如何，个中奥秘尽管难以说清楚，不过大家直觉上认为，人吃什么会影响他变成什么样子，这种想法具有某种道德控诉。像我们人类这种爱用象征的动物，要是没有什么办法给摄食加上道德负担，那可能才更出人意料之外。

西敏司的意思，是说人类的饮食这种看似生物性的活动，是与人类的文化象征紧紧联系在一起的，并带有某种道德意味。他这里说的，主要是关于人类吃什么的问题，在我看来，研究人类用所吃的食物去维持"礼"的秩序，即保持人与人、人与世界和谐交流所具有的象征意味，更有着深刻的现实意义。

茶叶，已经成为今天礼仪世界不可或缺的食物（饮料），在安溪，当我们涉足这个地方的经济社会生活，无论是风土人情、庙宇祠堂，还是节庆祭祀、人文形态，都会发现，超越于茶叶"自然属性"之上的"社会生命"表现得尤为凸显。茶，不仅仅是一杯被"消耗的食物"，而是一种特别合适的"介体"，它是人与人之间最为亲密的一种礼仪，也是构成安溪整个世界秩序的基础，一种文化和社会现象。

安溪人种茶、饮茶已有千年历史，长期的生活积累，演变发展，世代的口传心授，积淀成一套独具特色的安溪茶俗。安溪茶俗涉及安溪人的衣食住行和日常交际，"安溪人真好客，入门就泡茶"，说的是只要你到安溪作客，主人必端出洁净茶具，煮水泡茶，以款款之礼相待。茶是上好的铁观音，茶具呢，是邻县德化产的"中国白"瓷盖瓯，只要你的茶杯刚一空，主人必定马上为你斟满清馨茶汤，一道道，让你渐入怡情悦性的佳境。

台湾种茶源自安溪，品茶方式"与中土异，而与漳、泉、潮同；盖台多三洲人，故嗜好相似"。城镇街巷，随处可见茶肆，俗称"茶桌仔"。过去，许多地方在旅人经过的路旁或树下摆着一个大水桶，上面写着"奉茶"，供行人免费饮用。比较讲究的还搭一个小棚称之为"茶亭"。闽台婚嫁喜事中，茶叶是重要部分，安溪至今保存着成套仪式。婚前，男女青年以茶歌茶调对歌，表达彼此爱慕之意；相亲时，准新娘端甜茶见客，准新郎一喝，喜事已成大半；男女婚期既定，男家于婚期前若干天，须备齐聘金、礼盘到女家，礼盘中除鸡酒、猪腿、线面、糖果外，还要外加本地产的上好茶叶；婚宴中，新郎新娘要按席敬茶，宾客接茶后则要回应予"四句"（闽南谚语），如"喝茶吃甜，明年生后生"，以示吉利；婚宴结束后，新娘要在新郎的带领下，"奉茶汤茶果"谒见公婆长辈，逐一启示各种称谓，翁姑和其他亲戚受茶后，"俱有簪仪答拜"，即回赠红包或黄金饰品，俗称"压茶盅"。

美国人类学家武雅士（Arthur Wolf）认为，在闽南人构建的民间文化信仰体系中，神仙、祖先和厉鬼这三类崇拜对象，分别对应一个象征社会上层、中层、下层的等级制度。神代表社区，祖先代表家和家族，鬼则代表社区和家族之外的陌生人。台湾人类学家李亦园指出，这个崇拜体系具有一定的宇宙观（天地人统一）内涵，人们在祭祀这些超自然力的过程中，十分谨慎地遵守着严谨的规则，祭品、冥纸、香火均有明显差别。我的母亲在我小的时候就告诉我，祭祀焚香时，神明应用三支，祖先用两支，鬼用一支，但我又观察到，无论祭祀神明，还是祖先和厉鬼，供桌上则一律少不了茶叶。成书于乾隆年间的《泉州府志》卷二十详细记载了这些民俗。农历正月初一，安溪人用清茶、美酒、蔬果等"贺正"（敬奉上天，祈福新年好运）；清明节、端午节祭扫先祖坟茔时，亦要恭敬献上香茗三杯。乾隆丁丑版《安溪县志》记载：每岁清明日、七月十五日、十月朔日，祭无祀鬼神于本城之郊，祭品有"香、茶、纸、烛、馒首、酒肉、米饭"。

安溪人以茶待客

安溪人不仅用茶叶招待远近宾朋，他们还以茶叶为祭品敬奉神明、祖先和厉鬼，与神明、祖先和厉鬼进行沟通，达成某种诉求契约，这是一个地方人民丰富的"日常实践"，更是这个地方人民深刻的社会性。茶叶贯穿着安溪人的一生，茶的仪式笼罩安溪人生存的一切时空场合，从新生儿满月用茶叶煮蛋洗澡，到人离开世间入殓装棺放入茶叶，茶叶何止是在维持一定的"礼"？而且他们还确信，即使人身已亡，忠诚陪伴一生的茶，死后依然要陪伴着灵魂，后来者以茶纪念祖先，当经年不辍。清末诗人林鹤年在《福雅堂诗钞》中曾记述，因"经年未依旧，登先观察坟茔，于弟侄还乡跪香虔泣"时，基于"先观察性嗜茶，云初泡过浓，二泡味淡而香始出，特嘱弟侄于扫墓忌辰朔望时，作茶供，一如生时"。

在中国，比较研究喝酒和喝茶的礼仪特别有趣，如西敏司所说，饮食具有某种文化象征和道德意味，还表现在食物都有一种对人的"考验"在里面。人们常说，"喝酒要有度"，喝酒需要有"度"去维持一定的"礼"，失去了"度"的饮酒，便成了"非礼之饮"，所以大多数人喝酒都会将自己的言行努力控制在一定的程度，即"礼仪"的范围之内。而喝茶则无需有这种担心，因为任你怎么喝茶、喝什么茶、喝多少茶，人们都不会"失礼"，有些人喝酒之后出现胡言乱语的情形，喝茶时是断然不会出现的。《说文》云："酒，就也。所以就人性之善恶。"可见，酒好比人性的"试金石"，在酒的火之内涵的"刺激性"作用下，喝酒的人的不同本性也许都彰显出来。茶呢，正好相反，它的木之内涵的"温和性"也许永远都无法映照出喝茶人的本性，不过，因为有了茶的存在，人们就可能更好地把握自己为人处世的分寸，做出恰当妥善的行为，去维护一个礼仪世界的良好规范和秩序。

人有人性，物有物性。在安溪，喝茶的人也喝酒，但喝茶的人、所喝的茶一定多于喝酒的人、所喝的酒，从茶与安溪礼仪的紧密关系，从"无茶不成礼"的安溪现象出发，从茶与安溪人一生的连接，以及他们以茶为"介体"去维持社会结构，沟通神明、祖先、厉鬼，我们是否发现了安溪文化的特质？

茶神辨

　　唐朝陆羽因为写出一部中国第一、世界最早的《茶经》，而被万千茶人尊为"茶圣"。这部《茶经》共三卷十篇，虽只有区区不到万言，但记述详备，将茶的性状、品质、产地、种植、采制加工、烹饮方法及用具等，皆尽论及。"夫茶之著书，自羽始，其用于世，亦自羽始。羽诚有功于茶者也！"（宋陈师道《重刻茶经序》）可见陆羽对茶业的开创之功。

　　就像鲁班之于工匠业，杜康之于酒业，黄道婆之于纺织业，"百工技艺，各祀其主，三百六十行，无祖不定。"已经成为茶行业偶像的陆羽，是否也是茶业界顶礼膜拜的茶神？笔者因为对茶叶研究的兴趣，特别留意全国各地茶区农家和城市里的茶店、茶行、茶馆，发现将陆羽塑像崇奉、焚香祭拜的还真不多，不仅陆羽一生足迹所到之处难见踪影，他没有涉足的南方大部分茶区更是如此。可见，陆羽与茶人心目中能够寄托希望、灵验无比的神明，还有不小距离。最可恨的是，唐赵璘在《因话录》中说，当时卖茶人家烧制了陆羽的陶瓷小偶人，作为消费者买茶器的赠品，倘"市人沽茗不利，辄灌注之"，类似今天茶盘上的那些茶宠，每天都要挨受滚烫茶水的浇淋！假如"茶神"灵验，他们如此冒犯亵渎，岂不怕有报应？土地爷、财神关公、观世音菩萨……谁又敢如此待之？

　　根据唐代李肇《国史补》的记载，与酒神杜康一样，陆羽曾经作为茶神被供奉在茶库、酒库里，后来没有被中国广大茶区茶农和鬻茶者视为神明，建造庙宇、塑像崇奉、焚香祭拜，确是一个值得研究的现象。时至科技发达的今日，即便进过课堂、被学术熏陶过的人，对待自然天地无法解释的若干现象，依然将信将疑，存在一种不合时宜的"迷信"思想和行为，何况文化本来就不多的普通百姓？所以，"民间中国"修建、重建寺院之风一直没有停止过。在安溪茶区，几乎每个村庄、每个山头都有这样的庙宇，无论袖珍或是宏大、简朴或是巍峨，都神秘庄严，香火鼎盛，成为茶乡耐人寻味的一道风景。这些庙宇中，有没有供奉安溪茶农崇为"茶神"的神明？如果有，那这些神明又因何与茶发生联系？

相对于其他茶类，安溪乌龙茶受制于自然条件等外部因素的影响更甚，故民间至今流传"看天吃饭""看天做青"等谚语，是说在采摘制作铁观音茶叶时，如果没有好的"天时"就无法制作出好茶，而因为茶叶质量一旦降低，来自茶叶的收入减少，全家的温饱就要受影响。实际上，"天时"对茶叶的影响不仅体现在采摘制作方面，种植管理环节受此影响也是非常大的，因此在科技水平不高的古代，安溪茶农就把依靠自己"智慧力量"无法解决的问题，求助于代表"神秘力量"的神明，表面上看与科学的理性相左，实则有特别的意味在，不可一概以"迷信"论之。

安溪大地的神明谱系有两大系统，一是中国民间普遍奉祀的神明，佛道释之神掺杂，如观音菩萨、土地、关公、神农氏等；一是起源于安溪本土的地方神祇，如清水祖师、保生大帝、茶王公、保仪尊王（大夫）等。前者是安溪移民对原乡文明的继承，后者则形成于安溪先民垦殖安溪的时期，千百年来又有很大发展，表现在信仰圈的扩大、信徒的增加及信徒活动的集中点——寺庙不断分炉分香的发展轨迹上。闽南人素有"逢庙必拜，逢神必敬"的传统，安溪人也不例外，他们既到佛寺拜佛，也到道观参神，同时也到村社守护神的宫庙奉祀，或者干脆把这两类神明"混合"于同一寺庙之中，日夜加以供奉。

除了信仰对象具有明显的混合性外，安溪民间信仰还带有浓厚的功利性和实用性色彩。民众对崇拜对象的选择主要根据自己的意愿，特别以神灵世界中的某位神灵对某人或社区是否有用，或希望某些神灵偶像能对本人、本社区提供比较特殊的保佑而加以选择。因而，只要对本人或本社区有用，不管哪路神仙都可以成为崇拜对象。这种心态之下，安溪茶神信仰同样具有"混合性"。铁观音起源一说（"魏说"）与"观音托梦"有关，所以安溪茶农素有敬奉观音菩萨的传统，西坪、龙涓、虎邱、蓝田等老茶区修建有不少观音宫、观音寺、观音亭，专门供奉观音菩萨。关公神系由三国蜀将关羽神化而来，约始于隋朝，此后逐渐发展成为全国较普遍的民间信仰。虽然关公信仰与茶叶没有关联，但

感德玉湖殿保生大帝

因为其是民众心中的财神，故安溪茶农、茶商会在社区立关帝庙虔祀，或在自己所开茶铺、茶行，奉迎关帝香火，西坪三安寨、龙涓楼台庙、湖头关帝庙均属于此种情况。

对土地公神的信仰和祀拜，是古代农业社会人们敬天敬地思想的发展，并成为历朝历代沿袭的一种信仰、祭祀习俗，安溪茶区流传着"田头田尾土地公"的俗语，可见土地神明在这里的信徒之多、寺庙分布之广。为求合境平安、茶叶丰收，安溪人在茶区、茶山、茶园建造规模不一的土地公庙、土地公龛，在每一间茶厂、茶店、茶行供设土地公神位，每天清茶香火虔诚祭拜。西坪龙地、松岩等茶村还在每岁春秋的二月二日、八月十五日举行"祈福"仪式，办牲祀拜，前者祈求新年茶叶好收成，后者酬谢感念土地公的恩德。

在起源于安溪本土的地方神祇中，清水祖师种过茶叶，并以茶禅修，广行善事；保生大帝则以茶入药，为人治病，极有神效。两位神明一佛一道，受到安溪广大民众的爱戴，修建了许多庙宇来供奉，仅安溪本土就有清水祖师庙120多座，保生大帝庙50多座。清水祖师、保生大帝虽然与茶叶有过关联，但安溪人并没有因此而特别到清水祖师、保生大帝的庙宇去焚香祭拜，表达诉求，一方面说明两位神明神通广大，无所不能，一方面说明两位神明还不是安溪专工茶叶事务的"茶神"。

毛蟹名茶发源地在安溪大坪乡，这里的居民以高、林、张三姓为主，乡中有三姓共同祭祀的集应庙，奉祀保仪尊王。清乾隆年间，大坪高、林、张三姓陆续有人随带保仪尊王的信仰迁往台北地区，种茶为生。同治六年（1867），高姓大坪移民等在台北景美市场旁兴建了集应庙，供奉保仪尊王，彼时保仪尊王的信仰圈已扩大至头重溪的深坑、石头碇、内湖的兴福、待老坑、大坪的新店、阿泉坑、六张犁，景美的溪子口，北投的淡水等村。咸丰、同治年间，保仪尊王的神格发生变化，逐渐成为农作物的保护神，据说遭受虫害的稻子、茶叶、花卉、蔬菜，只要迎请保仪尊王绕境，虫害很快便被消除尽净。由于保仪尊王的"神力"，保仪尊王的信仰逐渐跨出安溪人群居的地区，发展成为台湾地区配合农业生产需要的神明。而在安溪祖地，凡从大坪高、林、张三姓分居安溪各地群居的村庄，如虎邱高村、石山村等；凡有种茶的地方，均建有集应庙，崇奉保仪尊王。

保仪尊王起源于大坪茶乡，又随着安溪移民落户台湾，成为两岸农业保的神明，但终究不是安溪所有茶区专一的茶神。近年来，铁观音茶叶重镇感德的槐植、槐阳、槐东等村，正在大举兴建"茶王公"祠，准备迎请南宋民族英雄谢枋得入驻——当地传说，谢枋得当年兵败后曾归隐在感德，教导当地茶农种茶制茶——这是否是真实的历史，已经不重要了。安溪没有专一的茶神，又无神不是茶神，清水祖师、保生大帝、"茶王公"等这些神明在安溪的出现，以及安溪人尊为民做善事的人为神并加以膜拜，其中包含着中国人对传统伦理道德规范推崇的意义。而今天，当我们端起一杯铁观音，你品尝到的就不仅仅是自然的、植物的香气，它还蕴涵着安溪人对大地、对文明的崇仰之情。这杯铁观音，让我们思考了"人"自身，也思考了"天"和"地"，是一把带着密码的文化钥匙。

铁观音文化谈

茶行大道

陆羽在《茶经》里指出："茶之为饮，发乎神农氏，闻于鲁周公。"诸多历史典籍说明，我国自古就是茶的原产地，也是世界饮茶文化的起源地。

从神农时代到现在，茶已历经几千年，并在世界各地盛传不衰，成为世界三大饮料之一。除了世人皆知的优点——不仅有解毒、消食、下气、利水、通便等近30种功效，近代科学还发现饮茶可预防癌症，治疗冠心病、高血压、动脉硬化等心脑血管疾病；我想，茶叶中所蕴藏的深刻道理，才是真正使茶叶源远流长的主要原因。

那么，茶叶中究竟内含着什么深理，竟使历朝历代的人们对之情有独钟，既融入了饮者的身体，又弥漫在其血液之中，升华为心灵的追求——茶道精神？中国人不轻易言"道"，认为这是个神圣的字眼，是宇宙、自然的规律，人生处世的法则。在中国，饮食、玩乐等诸多活动中能升华为"道"的只有"茶道"。

茶道最早起源于我国唐代，经过宋代的发展传至日本，并非日本人的创造。唐《封氏闻见记》中就有这样的记载："茶道大行，王公朝士无不饮者。"中国茶叶品种繁多，中国茶道在历史不同阶段也有不同的表现，但万变不离茶道之宗旨：以饮茶为契机，在茶事活动中融入哲理、伦理、道德。借着茶道精神，人们彼此检视自己的内心，去除杂念，内省修行，达到人格和精神上的升华。

勾陈中国几千年的历史，影响人们思想伦理、道德风范、言行举止最大的就是佛、道、儒三家，而三家不论其外功、内涵，无不与茶道之精神相契合。茶作为至雅至善之物，巧妙地把净化人体、修身养性、陶冶情操完美地融于一杯香茗之中，深得亿万民众喜爱。唐代以前，古人就在世界上首先将茶饮作为修身养性之道，通过沏茶、赏茶、品茶来修炼身心。唐代的刘贞亮提出茶之十德："……以茶养身体，以茶可行道，以茶可雅志。"宋徽宗赵佶认为，茶的芬芳品味能使人闲和宁静、趣味无穷："中澹闲洁，韵高致静。"

由此可见，中国茶道本质上就是修身养性之道，通过饮茶活动，人们在世俗的各种物质诱惑和是非矛盾中，仍然能够廓清自己回归的道路，从而自如往返于物质现实和纯真的自然本性。

问题是，为什么中国人特别强调修身养性之道？修身养性又为何能够成为中国茶道的目标追求？这必然要涉及整个中国传统文化的核心价值体系——"天人合一"。"天人合一"的思想观念最早由庄子阐述，后被汉代思想家、阴阳家董仲舒发展成为"天人合一"哲学思想体系，并由此构建了中华传统文化的主体。

什么是"天人合一"？学界对此历来颇有争议，一种观点倾向于"天是赋予人以吉凶祸福的存在"，"天主宰着人、特别是主宰着王朝命运的存在"。笔者认为，"天"就是"自然"的代表，"天人合一"有两层意思：一是天人一致，宇宙自然是大天地，人则是一个小天地；二是天人相通，人和自然在本质上是相通的，一切人事均应顺乎自然规律，才能达到人与自然的和谐。老子说："人法地，地法天，天法道，道法自然。"即表明人与自然的一致相通。

同时，道家又讲天地人三才，认为从茶叶之"望、闻、尝、沏"中发挥修身养性的内涵，可以达到"天人合一"的境界。所以，中国茶道的真正源头乃是道家主张的"天人合一"思想观念。在道家看来，天是自然，人是自然的一部分，通过赏茶品茗，可以将人性解放出来，重新复归于自然，达到"万物与我为一"的精神境界。

从神农时代的"天赐解药"，到今日普及老百姓"开门七件事"之一，茶犹如一得道高人，以其清新自然、淡雅超脱的独特方式，不断地点化与提高人们的道德情操，默默地去除人体中的各种毒素……正是具备了"海纳百川，有容乃大"的博大胸怀，守着一颗善化众生、至性不移之茶心，茶道才能历经几千年而不衰，让茶道这一中华传统文化的精髓在现代人的身上重现，让每一个人都能步入身心健康的快乐殿堂，走向更高层次的精神境界。

和谐之饮料

原福建省委书记卢展工指出："茶是产业，是文化，是增收的渠道，又是和谐的饮料。"赋予茶文化以和谐的时代特征，高度体现了中华传统文化中的和谐思维，为构建和谐社会提供一份宝贵的思想资源和文化载体。

和谐思维源于《周易》中的"阴阳和谐"，与"天人合一"思想观念一样，是中国哲学与传统文化的另一显著特色。什么是阴阳和谐？阴阳，可以从自然属性和社会属性等多方面表现出来，如，阳是山，阴是水；阳是男，阴是女；阳是善，阴是恶，等等。和谐，《现代汉语词典》释为"配合得适当和匀称"。和顺、协调、一致、统一等，汉语中许多词都表达了"和谐"的意思。

和谐思维一经形成并被系统化，它便作为一种客观精神力量，反过来日渐渗入中国人的心灵世界，泛化到社会生活的各个领域，对中华民族的精神文化生活产生深远而持久的影响。如，祖国医学的理论基础是"阴阳调和"，"内外调和，邪气不能害"，表明人身体健康；"阴阳离决，精气乃灭"，当失调或失和，则意味着人身体有疾病。又如，和谐思维对中国艺术也有深刻影响，它直接制约和支配着民族传统的审美情趣。中国古典美学尤其注重美的对象的平和、凝重、庄严、典雅，"乐从和，和从平。声以和乐，律以平声……声应相保曰和，细大不逾曰平"。还有，中国古代建筑学也十分讲究对称、平衡、协调的风格，北京故宫堪称这种风格的代表作，从天安门到神武门，整个庞大的建筑群，以中轴为基准，前后左右处处展现出对称性。

和谐思维对中华茶文化的影响，已积淀并强化为一种文化的魂魄。上文已经说过，中国茶道是在吸收儒、佛、道三家哲学思想的基础上形成的。而儒、佛、道三家关于"和"的哲学思想又贯穿于茶道之中，成为中华传统文化的一种独特现象。儒家推崇中庸之道，倡导"礼之用，和为贵"；佛教提倡"父子兄弟夫妇、家室内外亲属，当相敬爱，无相憎嫉"；道家追求"天人合一""致清导和"的境界，崇尚自然，热爱生命，追求真善美。

陆羽在《茶经》中指出，煮茶的过程充分体现五行相生相克并达到和谐的

安溪铁观音茶艺表演

过程:煮茶的风炉用铁铸从"金",放在地上从"土",炉中烧的木炭从"木",木炭燃烧从"火",风炉上煮的茶汤从"水"。另外,陆羽对采茶、茶汤、茶具以及品茶环境等的论述,也充分体现"和美"的自然法则。

在新的历史时期,人们通过茶礼、茶俗以及茶诗、茶联等茶文学表现形式,以茶示礼、以茶联谊,达到以茶养性、以茶弘德的目的。这种习俗和礼节在人们生活中积淀、凝练和阐发,成为中华民族独特的处世观念和行为规范。和谐思维成为中华茶文化的大背景和主色调,是人们认识茶性、了解自然的态度和方法,是规范人伦关系和人际关系的价值尺度。

进一步看,和谐思维在中华茶文化价值体系中又表现为三个层次。

首先,是人与自然的和谐。"天人合一"思想认为,人是大自然和谐整体的一部分,应与整个自然界圆融无间,共生共荣。老子认识到保护生态环境的重要性,告诫人们不要凌驾于万物之上。而茶作为"天赐神树",对自然生态环境要求极为严格,无论是气候、土壤条件,还是品种繁育、采制加工,都是茶叶品质形成的关键,要求人在向自然索取的过程中,尽力增强其再生能力,保持原有生态环境,构建人与自然和谐统一的生态文明,确保茶业生态系统和社会系统协调发展。

其次,是人与人的和谐。茶之所以能适应各个阶层、众多场合,是因为茶的本性符合中华民族和睦相处、重情好客、尊老爱幼、陶冶情操的民族精神。作为"礼仪之饮",茶被视为文明使者,发挥着调节人际关系的作用:朋友相会,亲人见面,清茶一杯,交流感情;夫妻之间,亲子之间,清茶一杯,家庭和谐;政务交往,经济合作,清茶一杯,气氛融洽。倡导以"和谐"为时代特征的茶文化,和诚处世、以礼待人,对人多奉献一点爱心、多一分理解,可建立和睦相处、相互尊重、互相关心的新型人际关系。

第三,是人自身(心与身)的和谐。当今社会,生活节奏加快,竞争激烈,人心浮躁,物欲膨胀。有的人每天锦衣玉食、华屋香车,却依然感受不到人生的趣味。这是身体与精神、生理与心理不能协调的缘故。饮茶是解决这一问题的极佳办法,它能协调人的身心健康,使之处于和谐状态。兼具知识性、趣味性和康乐性的茶文化,能给人以美的享受,有助于个人人格的健全以及正确世界观、人生观的确立。同时,中华茶文化博大精深,欣赏茶歌茶舞表演,品尝茶点佳肴,阅读茶诗茶文,研究了解茶科学,能够丰富现代人的精神文化生活,提高生活品质。

　　社会和谐是中国特色社会主义的本质属性，构建社会主义和谐社会是贯穿中国特色社会主义事业全过程的长期的历史任务。以和谐思维为特征的中华茶文化，是中华文化的有机组成部分，是构建和谐社会的重要文化载体。要大力开展科学、文明、健康的茶文化活动，充分发挥中华茶文化的和谐社会功能，为构建社会主义和谐社会作出积极的贡献。

和，健，美

　　作为中华文化的源头活水，"天人合一"观念、"阴阳和谐"思维，必然对中华民族的生产、生活实践产生巨大、深远而持久的影响，逐渐造就中华儿女"天下和谐"的精神理念和"厚德载物"的博大胸襟。

　　在"天下和谐"精神理念的主导下，中华民族在茶的发现、栽培、加工、利用，以及茶文化的形成、传播与发展方面，创造了高度发展的物质文化和精神文化，安溪铁观音文化就是其中的杰出代表。

　　安溪铁观音文化是安溪铁观音在生产、加工以及被利用的过程中所产生的一种社会文化现象，她兼具融通性与独立性，既传承了中华茶文化的和谐特征，又体现了自身的个性追求，可以用三个字归纳：和、健、美。

　　"和"分三个层次。一是安溪铁观音茶性"中和"。原福建省委书记卢展工曾对媒体记者说，宣传安溪铁观音最准确、简练的表达应该是"不冷不热二十斤"。他进一步阐释："红茶热，绿茶凉，'铁观音'乌龙茶属半发酵茶，不冷不热性温和，一年四季男女老少都可以喝。而二十斤则是指常年喝安溪铁观音的爱茶人一年所需要的茶量。"卢书记对安溪铁观音的评价形象而风趣，却极具科学根据。因为，从安溪铁观音的制作工艺看，她属于半发酵茶类，这与中医"调和"理论是一致的，万物（内与外）处于平衡协调状态为最佳状态。安溪铁观音既不同于不发酵茶类（绿茶，性冷），也不同于全发酵茶类（红茶，性热），但又同时兼有绿茶的清香和红茶的醇厚，茶性中和中正，适合一年四季品饮，使饮者始终处于内外平衡、动静协调的最佳状态。

　　二是人与茶之和，人与人之和。安溪铁观音是在"天、地、人"，即天气气候、鲜叶原料与人的制作水平三者有机结合下形成的。茶农在时常变化的天气条件下，针对内含物质结构各异的鲜叶原料，采取灵活机智的"看青做青""看天做青"技术，使鲜叶内含物的转化与合成向优异品质方向发展。另外，安溪铁观音制作工艺难度大，技术要求高，要经过采摘、做青、炒青和揉烘四个阶段十一道工序，每一道工序环环相扣、缺一不可，茶农与茶农之间必须密切配合，协调统一，方可制出风味形质兼优的安溪铁观音。所以说，一泡好的安溪铁观音犹如一件艺术品，是"天、地、人"各要素密切配合的天然结晶，因她的可遇不可求、不可重复和不相互雷同而充满创造的魅力。

三是涵容不同文化之和。安溪铁观音文化对主流文化与亚文化、雅文化与俗文化、传统文化与时尚文化都有包容性。她传承着中华茶文化的和谐精髓，同时，她又吸纳中原文化、闽南文化、海洋文化、茶乡文化、民间文化、都市文化等各种文明精华，具有超越茶品本身的物质表现形式，上升到精神层面，成为一种特殊的文化载体。安溪铁观音不仅是物质的范畴，更是社交礼仪、修身养性和道德教化的载体，人们在品茶中沟通思想、增进友谊，在茶理中纯正思想、悟出真谛，达到人与自然、人与人的和谐，人自身（身与心）的和谐。

"健"，是养生保健之健，"天行健"生命价值观之健。首先，安溪铁观音是保健养生的天然饮品。扁鹊说："上工治未病。"最高明的医生能医治还没发生的病。最明理的智者总是在年轻力壮时，就懂得固守养生之道，而品饮安溪铁观音正是当今世上保健养生最便利的方法之一。安溪铁观音富含人体必需的各种有机成分，长期饮用能增强人体的综合免疫功能，还能使人静心安神，用中医的理论讲就是能驱邪扶正，帮助调节人体阴阳，使之达到平衡，可谓身心双向调控，外调内养，标本兼治。现代科学研究结果表明，安溪铁观音主要成分是茶多酚和茶多酚经氧化后形成的茶色素，其具有提神醒脑、利尿解毒、消炎抑菌、减肥健美、抗衰老、抗过敏、降血压、降血脂、降胆固醇、预防癌症等诸多功效，深得国内外消费者的喜爱。

其次，安溪铁观音是自强不息的奋进音符。"天行健，君子以自强不息"。安溪铁观音虽仅有不到300年的历史，作为中国茶叶大家庭的后起之秀，近年来异军突起，在制作工艺、行业管理、市场推广、兴茶理念等方面，与时俱进，开拓创新，硕果累累。安溪铁观音是一个"天人合一"的优秀茶树品种，更是一个"事在人为"完全属于后天崛起的强势品牌，既有勤劳勇敢的安溪人通过世代努力而形成的历史底蕴，更是现代安溪人把传统文化与市场经济有机结合

"音韵"之美

的杰作。在安溪铁观音的身上,我们强烈感受到:她严谨求实,创新变革,温柔儒雅,雍容华贵,永葆活力。尤其是铁观音自强不息的顽强品格,以及平静、平和、平淡的文化秉性,可以使人们领悟:不论做什么事情,在努力的过程中一定要坚忍不拔、尽力而为;看实际结果时,一定要心平气和、无怨无悔。

"美",安溪铁观音茶美、韵美、艺美,是适应时代发展、应运而生的一种高尚休闲文化,是人们追求"科学、健康、文明"的现代生活的一个重要载体,是新生活的代表。

茶美。大自然的造化,孕育安溪铁观音的非凡。安溪境内多山,常年云雾缭绕,气候温和;光照适宜,多漫射光、紫外线光;降雨丰沛,相对湿度大;山地土质多为酸性红壤和砖红壤。得天独厚的自然地理条件,非常适宜安溪铁观音的生长,也正因为如此,即使在栽培技术高度发达的今天,品质最好的铁观音仍然只能产自青山绿水的安溪。安溪铁观音茶叶的纯正品种、天然花香和独特"音韵",是其他茶类和其他地方的铁观音茶叶所无法比拟的。

韵美。安溪铁观音"美如观音重似铁",具有靠得住、过得硬、信得过的品质,独具"观音铁韵"(卢展工语)之美誉。安溪铁观音的"音韵"之美是品饮过程反映出来的,其内涵包括茶品本身的特性和品饮后上升的精神文化两方面。茶品本身的特性包括:一是在同类中具有最优异的品质特征;二是由"天、地、人、种"四因子相辅相成的独特的品质特征;三是香气和滋味有机协调融合,形成味中含香、香中有味的独特风味。"音韵"之美表现在精神文化层面,是在品饮安溪铁观音过程中获得的情感愉悦、精神意境,属于高品位的精神文化境界。"音韵"之美所创造的人与茶的和谐状态——工艺精湛的茶师制作加工出最佳境界的茶叶以及品饮者在品茶过程中所获得的美的享受,正是安溪铁观音始终坚持不懈的民生追求!

艺美。安溪铁观音的神奇之处,在于其代表着中国茶叶境界的最高水准,能通过独特的品饮艺术,演绎出精美绝伦、令人如痴如醉的茶艺文化,又可为普通大众所共享,让每个人都能真实而满足地拥有和享受她的无穷魅力。安溪茶艺源于安溪铁观音的泡饮技艺,是安溪铁观音文化最直观的部分,有舞台式表演和生活中待客两大类。舞台表演式安溪茶艺,简古纯美,清新脱俗,通过示范性的冲泡表演,阐释铁观音的本体茶性和沏泡技艺,并以此展示铁观音文化的包容性、品饮艺术的亲和性。生活待客式安溪茶艺,自由随意,气氛融洽,虽不像舞台表演那样规整严谨，却也环环有序，择茶、选水、用具等，均自然精致。"安溪人真好客，入门就泡茶"。在铁观音的故乡安溪，以茶待客是代代相传的一种高尚礼节，人人都是泡茶行家里手，同时也把独特的佳品奉献予世人。休闲时空，亲朋欢聚，不妨杯茶在手，既可闻香品味、察颜观色，又可怡情悦性、妙趣横生，既是一种物质上的享受，又是身心放松的调节。

"和、健、美"尚不能涵盖安溪铁观音文化的全部，但和睦共处、平等博爱、惠及万民、促进和谐，永远是其始终不渝的追求目标，也是安溪茶业不断发展的总方向。

铁观音、无限多样性和社会

"中国的食物激发其思想者的想象,使其学者的智慧愈加敏锐,手工劳动者的才能增加,民众的精神活跃。"F·T·程以上的这段陈述,对许多西方人来说是难以想象的。食物,竟然有这生存之外的文化功效,致使许多人把中国人视为有着食物中心倾向文化的民族。他们不仅有着广泛的食物选择范围,而且可以在社会的所有层面关注饮食,不管是在国家电视台将"中国"置于"舌尖上"的立场,还是在中国人见面问候语"你吃了没有?"都可见饮食在其中所扮演的重要角色。饮食不仅是平常的交谈话题,而且经常是支配性话题。正如林语堂所观察到的,中国人把进食当成生存必需,也作为难得的生活乐趣之一,他们对此事的专注超过了对宗教和知识的追求。

告子曰:"食色,性也。"战国时代这位哲学家对于人性的敏锐观察和大胆陈述,使得饮食和性活动一样具有同等价值,一个维持生命的存在,一个维持种群的存续,当然,这两项活动颇不相同,我们在性的努力中,比在吃喝的习性中,更接近于我们的动物基础;但是,饮食的变化范围,比起性活动的变化范围,则不知宽泛了多少倍。事实上,饮食在理解人类文化方面的价值,恰恰在于它的无限多样性——对于种群的存续来说并非必需的可变性。因为就生存而言,任何地方的所有人,都可以吃同样的食物,只要满足其热量、脂肪、糖分、蛋白质和维生素等即可,但事情并非如此,地域不同、背景不同的人们,吃喝十分不同。如果把文化作为一个划分工具,饮食文化的"变量"更甚,经济、政治、阶级、种群、职业、场合、宗教……凡是社会生活的各个层面均可联系起来,还有什么检验性的个案比饮食更能深入研究中国人?

一部中国的历史,就是一部饮食的历史。而饮食,包括吃和喝两个方面,相比较而言，"吃"的"变量"较"喝"的"变量"要来得复杂，因为"喝"无非就是水、汤、酒和茶。这里重点说说"喝茶"。与"吃东西"一样，茶被中国人发现以后，就一直在中国的官府政策、宗教仪式和身体营卫诸方面占据中心位置。我无意探寻人类喝茶的历史，只想把视角一直伸向当代中国，尤其是铁观音的原乡安溪，去描述这种茶叶复杂繁变、丰富迷人的无限多样性，以及与社会颇有意味的种种联结。中国人讲究食物和烹调法，又用礼仪和礼节将其制度化，形成独特的饮食文化体系，喝茶作为饮食文化体系的重要一环，我们在分享其有益身体的蛋白质、氨基酸、多种维生素及多种矿质元素时，也得益于茶中无形的精髓，开展社会联谊，净化心灵，传播文明。饮茶成为中国人智慧文明的生活方式之一，也是中国人精神气质的组成部分。

安溪铁观音属于乌龙茶系，纯正的种质、独特的生长环境和半发酵制作工艺，决定了其产品的不可复制性和无限多样性。安溪是一片神奇的土地，极其适宜种茶。20世纪初，这里曾发现蓝田古茶树、剑斗野生茶、朝天山种、萍州苦茶、福田苦茶等大量茶树种质资源。1985年，安溪铁观音、黄金桂、本山、毛蟹、梅占、大叶乌龙等6个茶树品种，被全国农作物品种审定委员会认定为国家优良茶树品种。近年来，我国新育成一批乌龙茶品种，其亲本也大多来源于安溪，如台湾茶业改良场以大叶乌龙为亲本，选育出台茶2号和台茶11号，从白毛猴的人工杂交后代中，选育出台茶14号（白文）和台茶15号（白燕）。目前，以铁观音和黄金桂遗传基础为核心的乌龙茶衍生（创新）品种，有金观音、黄观音、黄奇、春兰、瑞香、金牡丹等10个，占全国和省级新品种系谱总数的52.6%。

安溪大地，不仅是孕育乌龙茶优良品种的宝库，也是培养技艺精湛的茶师的"摇篮"。数百年来，安溪茶农在品种选育、栽培技术、乌龙茶制作加工以及茶叶营销等方面，均有出色表现，清雍乾年间，安溪人发现并培育铁观音，铁观音是世界上最早的无性系品种，其育成时间比其他国家早了近200年，日本民间育种家杉山彦三郎到1903年才育成日本最早的无性系品种——八重穗，而印度、斯里兰卡、印度尼西亚等国更晚，直至20世纪40年代才开始推广无性系品种。制茶工艺方面，世代传承的乌龙茶半发酵技术，被经验和悟性集于一身的安溪茶师运用得炉火纯青，他们敬畏天地，尊重规律，与自然融为一体，从茶叶的采摘到制作，均顺应环境的动态变化，从而保证铁观音茶香释放，醇

婚礼请茶

经短穗扦插成活的铁观音茶苗

厚鲜爽，回甘持久，齿颊留芳。而每一泡铁观音都是不同的，这种区别于其他茶类的无限多样性，又建构了一个具有无穷魅力的铁观音世界，满足万千茶人的品饮需求。安溪铁观音繁琐严格、均衡和谐的种制过程，充分体现中国传统文化关于人和天地融合一体的精髓，她在此中所扮演的社会角色，是一个值得探究的丰富领域。

不论是本土的儒教、道教，还是西来又华化的佛教，渗透到中国哲学、宗教和医学思想的一个基本观念是，人是宇宙万象的一个缩影，如同后者，人体中所具有的"气"是身体的"生命力"或"力量"。内在的气被认为是弥漫全身的，并能使身体适合各种生存需求、保持健康状态。内气与存在于大气中的外气（寒、温、热、风、干、湿）相交换。外气字面上是"空气"的意思，广义上却包含影响人类的整个环境。一个人的内气和外气的交换要保持平衡，否则就会引起功能失调，而要维持内部的和外部的力量在身体中的平衡，中国人在饮食的内容和方式选择上，特别注重阴阳两种力量的平衡，这也是由中国人以阴阳观念为核心的世界观所主导。铁观音为半发酵乌龙茶，介于全发酵的红茶和不发酵的绿茶之间，其不冷不热的中和特性，有助于人保持身体的平衡和恢复到平衡状态。当然，前提必须是科学、适量饮用。

与食物强调烹调方法和仪式一样，喝茶的讲究更多。一般认为，功夫茶起源于宋代，在广东的潮州府（今潮汕地区）和福建的泉州府（今厦漳泉地区）最为流行，是对唐宋以来品茶艺术的承袭和发展。来到闽南，安溪，你会发现这里的饮茶之风比潮州更盛——广泛、民间、专注。家家户户备有工夫茶具，款式各异，制作精美，有过去的品茶"四宝"，也有简易的电磁炉、随手泡、白瓷盖瓯、飘逸杯。但凡客人登门，安溪人第一件事就是烧水沏茶，待茶礼仪中传递着看似平常、实则严谨的道德观念，尊重朋友，长幼有序。一个公道杯，茶量、茶色均匀相同，示为公平公道，"关公巡城""韩信点兵"，是要更细致地检验自己是否偏颇，是否心里还在亲疏远近地掂量，所要表达的也还是平等和尊重的精神。杯中乾坤大，累了、渴了，且喝杯茶，举杯置杯之间，你可以从中得出一些人生的暗示。

中国人用食物来判别族群、文化变迁、家庭事务以及社会交往。没有一样商业交易不在宴会中完成，没有一次家庭拜访不在佳肴中进行，没有一次宗教大事不在合乎礼仪的特定食物供奉中举办。所以，食物在社会中体现规则，受到道德的制约，人们利用食物来满足其对多样化、信息交换和社交联系的需要。饮茶呢？社会意义的倾向更明确，虽然没有正式的规范文本，但不妨害其普遍施行的公正严明，安溪人把铁观音用做社会的润滑剂、强化剂和社会关系的指标。不仅家家户户喝茶，朋友、亲戚来了泡茶、敬茶，出门办事、联络感情送茶，甚至吵架调解、矛盾化解的"武器"也是茶，在安溪，喝茶的时间总是松弛、欢乐、悠闲的时刻，安溪人都是在茶水浸泡中长大的，茶的朴素、温和、谦逊深深影响了安溪人，安溪人的智商、能力得到很多人的承认，这也许和铁观音不无关系——设若没有茶烟轻飏，茶香缭绕，茶甘在喉，安溪人的生活一定难以想象。而安溪以外，受铁观音影响日深的这个世界的美好，乃至人生的况味一定也要减弱几分。

厥土惟沃掌地成田石巖黏洇秀麗澄瑩皆可書也

語出文哲先生之

鐵觀音風土人文

茶葉原鄉的

考察

歲次癸巳

五月鍾古

山房居者

曙峯又記

卷二

风土之种种

茶　路

> 一棵植物，改变了一个地方、一群人，丰富美好了这个世界。
>
> ——题记

"林乾太"的传奇

月初，吴合对从北京来电说，林炳坤、刘岚等准备拍摄电视连续剧《林则徐》，问我剧中可否有茶叶的结合点。我告诉他，林则徐发起禁烟运动，而鸦片战争的直接导火线是茶叶，来自中国的茶叶，包括武夷茶、安溪茶。

研究19世纪的鸦片贸易，不可能避开茶叶贸易，反之亦然。这两种商品的国际贸易及其复杂关系影响了19世纪的中国，并使中国深深地陷入经济全球化的漩涡。英国人接受了来自中国的"绿色黄金"——茶叶，却"回赠"给中国罪恶的毒品——鸦片，使19世纪的中国人经历了罕见的众多灾害。

国难当头，林则徐力排众议，销烟于虎门，向全世界宣告了中华民族决不屈服于外来侵略的决心。虎门销烟，历时23天，销毁鸦片19,187箱和2,119袋，总重量2,376,254斤，旷古未有，而林则徐作为这一事件的组织者、指挥者和完成者，他必然毫无愧色地成为中华民族的英雄了。

我还告诉吴合对，如果时光能够倒流100多年，便带他乘船沿着桨声灯影的汕头港进入韩江梅溪，靠岸后寻声来到"茶铺多过米铺"的汕头城，在盛极一时的"乾太厝内"，品尝用小杯小盏冲泡的潮汕功夫茶。茶具呢，是被称为"烹茶四宝"的潮汕炉、玉书煨、孟臣罐和若琛瓯；茶呢，都从福建安溪辗转运来，都由一个叫"林乾太"的人经营着。这位做过茶叶大买卖的安溪茶商，还曾经得到过两广总督林则徐的亲自举荐。

　　林乾太为何许人？这里生活了大半辈子的老人也说不清楚。而据《泉州名人录》记载，"乾太厝内"的主人叫林朝阳，字罴章，谥桐轩，清安溪县新康里罗岩乡人。林朝阳生于嘉庆十五年（1810），卒于同治初年（1862），早年在汕头开茶庄，货行叫"林乾太"，时人均以此称之。并创建有福安街一条，取福建安溪之意。

　　福安街，在今天汕头市金平区西堤码头附近，是一条骑楼集中、商铺密集的老马路，在20世纪30年代汕头埠兴盛之时，曾是繁荣的商业中心，汇集了国内许多做北货南调或南货北调生意的"南北行"，以及德国人、英国人、日本人开设的洋行。

　　为了写作《安溪铁观音——一棵伟大植物的传奇》，2010年元旦，我们在当地安溪籍茶商的引路下，来到了汕头市区俗称小公园的地方。虽然城区东移，这里正在进行旧城改造，到处刷着大大的"拆"字，但马路两边依然是各色商铺鳞次栉比，街上车水马龙，川流不息。问了不少人，费了不少的劲，我们终于在小公园的僻静之处，找到了破陋的福安街，起承转合步入后巷，只见两边是一幢幢西式洋楼，洋楼的外墙早被风雨剥蚀，墙角遍布青苔，临巷的窗户也大多用红砖填满，空无人居的楼顶平台上却是草木繁茂、一派生机盎然。虽然当年雕刻的手指早已化作尘埃，洋楼门窗边的石雕花朵却鲜活如初。

　　这便是安溪茶商林朝阳当年在汕头做茶叶生意发家后，创建的"一街三弄"之一——乾太厝内。听当地一位老人说，那时"乾太厝内很大，可以撑船"，可岁月沧桑，如今整个老院已消失大半，曾经集中居住200多人的热闹喧腾已成过往，只有彩蝶的飞舞才能让你感到时光还在流动。林朝阳的传奇不止于茶叶商贸上的成功，为当地人所津津乐道的两个故事，若在今天翻拍成影视作品，几乎无须再编织情节，本身就已经十分引人入胜、扣人心弦了。

　　其一，道光年间（1821年—1850年），林朝阳卖茶所得的十万两纹银，一夜之间被汕头一董姓钱庄老板以倒闭形式侵吞，虽向当地官府上诉却不获受理，反被买通衙门的董姓老板讥讽道："若要索回这些纹银，当待你任潮州父母官。"因此，林朝阳发愤弃商入仕，志在报失银之恨。后经钦差大臣林则徐荐举，林朝阳先至四川押运铜锭，表现出色；后到潮州任职，历任潮粮分府钦加潮州府同知衔、前山军民府特授潮州粮捕、潮州水利分府兼海关税务随带加

由林朝阳创立的街道　李玉祥　摄

汕头"林乾太厝内"　李玉祥　摄

三级，潮汕一带和安溪故里民众称之为"林三府"。颇富戏剧性的是，就在林朝阳任潮粮分府钦加潮州同知衔时，董姓钱庄再度与人发生诉讼，直接受理此案的恰是林朝阳。虽然此次理在董姓钱庄，但旁人皆谓其必然败诉。不料，林朝阳丝毫不计旧恨，秉公办案，判处董氏胜诉，时人竞相赞誉。董姓钱庄亦深感愧疚，遂将前所吞没的纹银归还原主。

其二，林朝阳在潮州任职时，正处于第二次鸦片战争期间，广东沿海一带常有小股英军骚扰，走私鸦片的不法奸商更是频繁出没。有司勒令林朝阳领前山军民府职前往绥靖。林朝阳虽为文官领武职，但竭力勤政，外抗敌军侵扰，内治不法奸商，有效维护了潮汕沿海一带的社会稳定。1860 年，咸丰皇帝钦赐"绩著韩江"一匾，以彰其绩。1862 年，林朝阳病卒于任上。卒时，同治皇帝又特别钦赐"克襄王事"一匾，褒扬其一生卓越功勋。

林朝阳在汕头书写安溪茶的商业传奇，以时间推算应是在第一次鸦片战争时期，而他治理潮汕韩江两岸恰在第二次鸦片战争时期。100 多年前，林朝阳凭借勤劳与果敢、智慧与诚信，为故乡安溪闯出了一条经久不衰的茶路；100 多年来，一代代安溪茶商沿着林朝阳当年开创的茶路，由安溪而厦门、漳州，由汕头而深圳，由深圳而香港、澳门，直至台湾、海外……"乾太厝内"的巷口就有一家安溪茶行，店主来自安溪西坪镇，叫林荣彬，他虽然不知道"乾太厝内"为谁所建，因何命名，但他无意中是踏着林朝阳的足迹来到汕头，卖的同样是故乡的铁观音。林朝阳一手开创的汕头茶叶市场，而今已容纳数以千计的安溪茶商在此安身立命，形成独特的"安溪村"现象。

值得一提的是，第二次鸦片战争结束后，在中英、中法、中美签订的《天津条约》中，汕头被迫开辟为通商口岸。此时，林朝阳恰在潮汕主政，1860 年前后，他任庵埠通判一职，作为地方官员，有考察选址的义务。他会同粤督劳崇光与陵水县知县俞思益等人，周历踏勘，最终在澄海县汕头设立新关。1860 年 1 月 1 日 (咸丰九年十二月九日)，汕头如期对美开市。此乃继上海、广州两地之后第三个由外籍税务司控制下之"新关"。

而汕头的正式开市，也印证了汕头开埠的时间应为 1860 年，结束了长期以来史学界关于汕头开埠时间的论争。一个来自福建安溪的乡下人，竟以这样一棵普通的植物，以这样神奇的方式，勾连着一座特区城市的百年成长史，个中的偶然与必然，因缘与际会，传奇与伟大，又岂是这一篇短文所能尽述的？

茶叶漂洋过海去

调查中我们得知，清廷当年御赐林朝阳的"绩著韩江""克襄王事"二匾尚存于安溪故里。于是，从汕头回来后，我又立即赶到虎邱罗岩村探访，觅先贤之故迹，发思古之幽情。

在林朝阳同族乡人的热心帮助下，我们找到了坐落于青青茶园中的林氏祖祠，但发现祖祠厅堂上悬挂的"绩著韩江""克襄王事"二匾是仿制品。真品在哪里？林朝阳其人其事是否已经湮没在岁月的风尘中？人类心灵深处的记忆残片，是否总待历史的零星研究才逐渐拾起？

耙梳着《罗岩林氏族谱》里的记载，虽然剩下的就只是每一代的人名和继嗣，那些发生在大时代的情感故事没有一点点回忆之源，但我还是在林氏后人林仙查不无漏洞的讲述中，慢慢描画出一个茶叶家族的根系、茎络与枝叶，它犹如一棵根植于家乡沃土的茶树，枝繁叶茂，茁壮有力。

林朝阳同宗之后林诗国，年轻时就随其祖父、父亲经营茶叶，因对茶叶种植、焙制、品评、销售深有研究，被称为"茶叶专家"。1918年，土匪围困罗岩村，他带领全家70多人离乡到厦门避难，并开设了"林金泰"茶行。通过厦门港，林诗国将安溪茶销售到新加坡和马来西亚。

林诗国的侄子林庆年，1924年从北京大学毕业后，"痛感地方不静、举家外逃的苦楚，决意回乡继承父业，借此捍卫桑梓"，于是回乡组织民团，受赣军独立团番号并任团长。同年，与张贞、叶定国、陈国辉等部联合，进攻盘踞在漳州的北洋军阀张毅部，但因民军缺乏训练，结果为张毅部所败。之后，林庆年听取叔父林诗国的安排，前往吉隆坡创办"林金泰"茶庄。1925年，又在新加坡设立了总行。几年间，林庆年的业务就扩展到了金融、橡胶等行业，成为新加坡著名富商。在经商的同时，林庆年热心于新加坡的公益事业，在华校推行华语教育，获"有功民族之举"之赞誉，并逐渐成为众望所归的侨领之一。1935年，林庆年当选为新加坡中华总商会第二十届会长。同年，林庆年又被推选为参加南京国民大会的四名南洋华侨代表之一。抗日战争爆发后，林庆年担任新加坡筹赈会委员，积极捐资筹款，后又回国支援祖国的抗日战争。直至1946年，林庆年才返回新加坡，重整茶行。1955年后，林庆年历任新加坡中华总商会董事、副会长、会长，新加坡茶商公会主席，新加坡安溪会馆常委、名誉主席等职务，为故乡安溪和新加坡华侨倾尽了心力。

　　林庆年的侄子林文治，虎邱罗岩小学的创建人，曾于新加坡经营茶叶，著书立说，专论安溪茶的历史与文化。林文治还根据家乡名茶黄旦的品质特征、首次将之改名为黄金桂，赋予文化内涵，进一步提高茶叶的身价。

　　从汕头到安溪，随着民间调查的逐步深入，一个个关于人与茶的传奇簇拥而来，包围着我，困扰着我，在我的脑海中闪现不定，令我深感历史的神秘、奇妙与幽深，解读不尽，欲说还休。

　　从当年的林朝阳到今天的林仙查，罗岩林氏家族的传奇还在续写，这个家族的沿袭与变迁，同中华民族的所有家族一样，不仅是关于自身的传承与开拓，而且也还映照着时代的经纬脉络，塑造着时代甚至国家的灵魂。一个人经营一个家族，能风云数十载；而一个伟大的家族，足以改写历史。

　　罗岩与漳州长泰县接壤，是安溪另一茶叶名种黄金桂的发源地，全村3000多人口全部以茶为业、以茶为生。其中，又有多少人沿着林朝阳当年开创的茶路走了出去，越走越远，直至漂洋过海，去寻找安身立命之所？是谁给予他们离开家乡的勇气和力量？是什么在支撑着他们，于绝境中总能激发出顽强的生命力，背井离乡却总能白手起家拓出一片天空？

　　安溪文庙有一幅《邑民垦荒图》，记录了安溪先人挥锄开荒、筚路蓝缕的情景。大多数安溪人的祖先，是古代从中原地区南迁而来。为了躲避兵荒马乱，他们隐居深山，开荒造田，顽强地生存了下来。安溪人的祖先籍籍无名，但他们的热血奔涌于一代代安溪人的血管之中；他们顽强的生命力，仍在子孙后代身上焕发着勃勃的生机。这一种生命的大美，也正是安溪茶历久弥芳、飘香万里的原因之所在。

　　清朝起至抗战前夕，安溪茶商纷纷到厦门开设茶行，通过厦门港出口茶叶。据安溪县志记载，1921年至1945年，"开设在厦门的茶号有泰美、泰发、尧阳、金泰、和泰、奇苑、联成、三阳、锦祥等40多家"。

　　而清朝光绪年间，安溪人已开始到新加坡开办茶行。到1928年新加坡茶商公会成立时，22家茶商会员里，安溪茶商就占了15家，安溪茶商已成为新加坡茶叶界的主力。

　　包括新加坡在内，到1948年，安溪人在东南亚各国开办的茶行、茶庄、茶店共有100多家。其中新加坡30多家，马来西亚10多家，泰国20多家，印尼 10 多家，缅甸 10 多家，越南 10 多家。一波又一波的安溪人就这样闯出了一条条茶路，将安溪茶带到了世界各地，同时也造福于子孙后代。

抗战爆发后，安溪茶销往海外的茶路一度中断，安溪茶叶生产受到影响，茶叶不值钱，茶农含泪挥锄砍下茶树当柴火烧。战争结束后，安溪茶重见光明，茶价一路飞涨，堪比黄金，安溪茶商借此发家致富的人比比皆是。

在中国，茶承载着一部厚重无比的历史。在西方，英国人以茶为神（god tea），视作"中国时尚"的高级奢侈品。林朝阳时代，英国对中国茶叶的需求增长迅猛，但英国并没有适合中国人消费的商品运来，所以英国人只能用白银交换茶叶。但问题是英国并不生产白银，为了换回国内急需的茶叶，英国人一方面设法从美洲弄到白银，一方面又庆幸在印度找到了引起中国人购买欲望的鸦片。于是，世界因为茶叶、白银和鸦片而连接在了一起。

因此，当安溪茶的社会史以文化的图式展开，以历史的方式再现，这种研究视角早已超越了一般物的研究，而具有"像人一样的社会生命"（阿帕杜莱）的了。透过一棵普通植物的起伏命运，从安溪茶的源起、流动和传播，我清晰地看到一条绵延流转的中华大历史运脉，窥视一部中华文明史的变迁和延续。

武夷岩上安溪茶

铁观音的发源地西坪镇有一座建于清雍正四年（1726）的三安古寨，古寨闻名远近不仅因为它供奉忠义之神关公，传说可给前来顶礼膜拜的香客带来滚滚财运；还在于它连带着一个当地人所津津乐道的茶商传奇。

这个关于安溪茶、安溪人的商业传奇，在安溪没有任何官方说法，更多的是民间口碑，但却丝毫不影响其影响力，它一再表明，安溪茶人敢于冒险、乐于尝试、勇于开拓的精神，不仅体现在对内，对外也是如此。

青年女作家林筱聆祖籍西坪西原村，她曾在《武夷岩上安溪茶》一文中披露，其祖上曾是非常显赫的家族，雾山林氏十一世祖林燕愈当年曾在武夷十八岩开过荒种过茶，并拥有幔陀峰、宝国岩、霞宾岩数座茶山业产。林燕愈生子有二，分别开出幔陀东、幔陀西两个脉系。对此，《武夷山市志》有详尽的记载："清嘉庆初年（1795），安溪人林燕愈流落在武夷山岩厂当雇工，后来购置幔陀峰、霞宾岩、宝国岩茶厂，积极开荒种茶，所产岩茶运至闽南出售。"

当年，林燕愈把家乡的茶种在武夷山十八岩上

《武夷山市志》以及后来出版的《武夷茶经》还记载，"同治年间（1862—1874），林燕愈的后代林心博在泉州创立'林奇苑'茶庄，专营武夷岩茶。清末在厦门设立茶栈，将武夷岩茶运至香港、澳门、新加坡、马来西亚、泰国、缅甸等地销售"。民国初年，又在云霄县设立茶栈，茶运漳浦、诏安、东山等地，其主营的"三印水仙"远销东南亚，在闽南一带享有盛誉。鼎盛时期，"林奇苑"茶庄开出的茶票曾一度作为银票，在闽南一带商家店铺中流通。

如果单纯只是垦荒植茶，只是营销茶叶，林燕愈的故事还不足以打动我、征服我，因为，类似的故事在我组织写作《安溪铁观音———一棵伟大植物的传奇》所进行的人地调查中，俯拾皆是。这些故事即使再一波三折、扣人心弦，也无非是一个庞大茶叶王国的组成单元，但正是有了这些精彩的组成单元，一部安溪茶的传奇才拥有了生动的细节，着上了绚丽的色彩，显得那么的真实可信。

青年林燕愈当年外出谋生，缘于母亲在三安古寨抽中的一签，称北向发展必大福大贵。于是，林燕愈辗转来到武夷山岩茶厂当雇工。后来，因为一次梦中为白马所引，他意外挖得几坛白银，并用这些银子买下天心岩禅寺邻近的幔陀峰、宝国岩等几个山头，慢慢开垦成了茶园。没有茶苗怎么办？聪明的林燕愈又回到了安溪老家。他一边召集西坪族亲大面积繁育茶苗（彼时，安溪茶农已发明茶树压条繁殖法），一边在同房兄弟中游说去武夷山种茶"淘金"。就这样，水仙、肉桂、梅占……一棵棵在家乡繁育成功的茶苗，被林燕愈带到了武夷山，落户于十八岩上。几年后，经再次压条繁殖、大规模推广，这些来自安溪原乡的茶苗遍栽武夷山丘丘壑壑。林燕愈的茶叶生意也因此越做越大，盛极一时。

2010年春节过后，我与林筱聆来到了武夷山，在坊间巷里找寻一位安溪茶人在异乡留存下来的故迹。岁月已经飘然远去，林燕愈已经淹没在历史的烟尘之中，其后人对先祖当年的辉煌大都茫然无知，反倒是武夷山人于林燕愈其人其事还感念不忘，不仅明载于史志，还盛传于民间，给予一位来自异乡的茶人应有的尊重。

民国期间，西坪雾山林氏因宗族蒙冤，所有谱志、房契、家财均被焚毁，致使世系不明，故此行我没有在武夷山了解到林燕愈及其后人更多的茶叶方面的素材，只约略知道他在武夷山的传人现只有50多人。林燕愈传至十六世林孝逸迁往厦门，开办"林奇苑"茶庄，带出厦门中山路茶叶一条街，今繁衍有

500多人，分居厦门、漳州等地，但都已不事茶叶。我还知道，林燕愈开出幔陀东、幔陀西两个脉系的后人，今天也大都从事与茶叶无关的职业，那么，林燕愈勇于拼搏、敢于开拓的精神又是以何种方式在默默传递着？

2009年8月，我随安溪参展团到香港参加首届国际茶展。展会开幕式上，一家盛装迎客的"林奇苑"茶行引起了我的注意。经与展位负责人交谈了解，这家"林奇苑"茶行果然是林燕愈后人当年在海外创立的分支机构，可惜的是，如今茶行的老板并不是林氏后代。一家茶铺，百年间，几代人，个中曾经的风雨，曾经的沧桑，曾经的突变，岂是三言两语所能尽述？在寸土寸金的港岛上环文咸东街105—107号，"林奇苑"茶行每天都是门庭若市，所经营的茶品也不再只是安溪茶、武夷茶，但只要是"林奇苑"三字在，林燕愈这位安溪茶人的精神就在！

而在中国内地，经营着"林奇苑"和"奇苑"茶号的两家茶商也都不是雾山林氏后裔，一为林氏脉系的族亲林庆同四兄弟，一为武夷山青年才俊徐茂兴。询问其中缘由，徐茂兴告诉我，"林奇苑"这段辉煌史是安溪茶人的骄傲，一直激励着武夷山茶人。林庆同则说，虽然自身家族并非林燕愈直系后裔，但同为雾山林氏后裔，也都在从事茶叶营销，与其另起炉灶，不如重振这一老字号。

也许是因为林燕愈当年从三安古寨抽中灵签，而三安古寨又供奉着忠义之神关公，林庆同四兄弟把企业文化锁定为"忠义和"，这是当年"林奇苑"茶庄"忠义"文化的继承发展。而一个"和"字，也许无意之中撕开了当年"林奇苑"茶号式微的伤疤，对茶叶事业的忠诚，对消费者的诚信，加上企业内部的和睦、和谐，如果历史的列车真要行驶在这样的轮回，那么，"林奇苑"老字号重新回到辉煌的舞台将指日可待。

美国学者亨廷顿的"文明冲突论"认为，"文明冲突"是文明发展演进的动力。德国学者米勒则明确指出，这不是文化的对抗，而是文化的共存和对话。只有对各种文化表现出宽容，全球的和平共存才可能得以实现。武夷岩，安溪茶。漫山遍野的安溪茶虽然身居异地，但她们吸取着武夷山的土壤养分，适应着武夷山的气候条件，一样肆意蓬勃地生长着。一如女作家林筱聆在她的文章中所写到的："不断往外拓展的、林燕愈一样的安溪人，义无反顾地适应着这里的环境、气候、风土人情。安溪茶在武夷山同化、变异、同化……亦如世代在武夷山生存的林氏后裔，已经与当地人融为一体，密不可分。"

几年前，关于乌龙茶最早起源于何处，曾经有过一场争论，这次争论至今未有定论。争论是冲突，共存是交融，只有对话才会走向发展。这是多极世界的新潮流，也是茶叶的精神要义。从物种传播学的意义上说，雾山林氏祖先无疑是安溪与武夷两地茶文化交融的介质。当然，这种传播并不是单向的，而是双向互动，最终还要走向融合。安溪风骨，武夷气质。人与茶，茶与人。这里，我们不妨将亨廷顿和米勒的看似对立的理论观点看作是同一命题的合题——这两位思想家就在智性和善性的目的上汇合了。

海峡对岸的茶香

《安溪铁观音——一棵伟大植物的传奇》一书完稿时，我去电台湾学者龚鹏程，邀他拨忙作个序，龚教授爽快答应并很快邮来文稿《吃茶的经验》。

2008年秋天，龚鹏程利用到厦门出差的机会，与台湾出版界人士刘文忠专程到安溪看我。记得那天，沐着徐来清风，伴以淡淡茶香，我们三人在凤山公园明德楼脚下谈了一下午的天。

龚鹏程说，早知道淡水龙山寺之茶和木栅铁观音都源自安溪，但安溪茶到底又是什么样呢？在两岸未通之时，虽蓄疑已久，却无意求取答案，只把一种不可知的怅惘当作品茗时的情调，兀自享受着。来到安溪，龚鹏程说，一路走去，越走，竟越觉得像走进了木栅后山。山色、林相、茶圃、烟霭，均是再熟悉不过了。待喝上一盅铁观音，人情、乡音相伴，更有不辨身在安溪抑或在台的错觉。

龚鹏程在《安溪铁观音——一棵伟大植物的传奇》的序文中再次谈到安溪茶："我的饮茶经验微不足道，于茶史茶法茶礼茶贸易之奥妙，所知亦甚有限，但安溪铁观音销行、移栽遍及台湾、东南亚各处，以其滋味启沃人之生命与心灵，像我这样的例证何止万千？我们只要端起茶，就自然会想到安溪，会闻到铁观音的香气，少年的岁月、人事的缅念，参错于其中，不须说禅，不必讲道，人生便已有了悟啦！"读着这些来自海峡对岸的深情文字，任何人都会对安溪铁观音这样一棵植物心生敬意。

直至2010年底，我之前一直未能跨越海峡去过台湾，两次申请都未获通过，于龚鹏程所熟稔的淡水龙山寺之茶和木栅铁观音，只能是埋藏在心底的深深向往。但对于两地的地理和人文，安溪茶的滋味和香气，清水岩寺的神像与香火，我又是不陌生的。

淡水有座台岛最大的清水祖师庙,那是安溪传去的信仰,而木栅则有一个安溪茶师纪念馆,是为了铭记安溪人张乃妙成功移栽"木栅铁观音"的功绩。张乃妙祖籍安溪大坪乡,这里是国家级茶树良种毛蟹的发源地。清光绪年间,张乃妙曾两次把家乡的铁观音茶苗带到台湾,在木栅繁育种植,并采用安溪制茶工艺制作成铁观音茶。

明代开始,安溪人陆续迁往台湾,参与台湾的开荒建设。他们携亲伴友,一起迁往台湾,垦荒务农,种粮种茶。到了清朝,安溪人又有几次大规模迁台。郑成功东征台湾时,许多安溪人加入了他的军队,仅官桥赤岭一地就有500多人。清廷平定"三藩"后,大量安溪人携眷迁往台湾北部,开垦那里的平原和山区,这是安溪人规模较大的一次迁台。近代,一些安溪人为避匪乱、避抓丁,仍有零星迁台。到今天,安溪籍台胞已有200多万人,占台湾人口的十分之一。

台湾茶种源自安溪,采制技术也与安溪一脉相承,许多安溪移民是台湾茶叶生产的先驱。清嘉庆三年(1798),安溪西坪人王义程创制出台湾包种茶,并大力倡导乡民种制,又四处传授制作技术;清光绪八年(1882),安溪茶商王安定、张占魁在台湾设立"建成号"茶厂,专事研究茶叶栽培、制作技术;清光绪十一年(1885),安溪西坪人王水锦、魏静相继入台,在台北七星区南港大坑(今台北市南港区)致力于包种茶制作技术的完善,后被台湾方面聘请为讲师,教导茶农种制包种茶,使台湾包种茶销量稳步直升。

安溪人还开拓了台湾的茶叶贸易。安溪移民早期在台湾开设的茶行,包括西坪人王德的"宝记茶行",王金明的"王瑞珍茶行",王庆年、王庆泰的"尧阳茶行",柯世钦的"正达茶业公司"等。而安溪历史上第一个铁观音茶王——祖籍西坪的王西,也是在台湾产生的。1916年,王西在家乡制作、台湾"天馨"茶行经销的"万寿桃"牌铁观音,在台湾督署举办的茶叶评选活动中获得了金牌。

还有一位安溪人,尽管历史的风沙漫漫,他依然经得起时光之尺的衡量;尽管岁月的洪流滚滚,依然掩不住他的铮然硬骨,依然能感受到他对于故国家园的那份真挚的赤子情怀。他,就是祖籍安溪芦田乡的林鹤年。

1892年,林鹤年被清廷调到台湾任知府,后提升为道台,承办茶厘及船捐等事务;又应板桥林维源之聘,商办垦务,在台湾开发土地达数百里。1894年,中日"甲午战争"爆发后,林鹤年积极襄助敌前军务。

1895年，腐败无能的清廷与日本签订《马关条约》，将台湾割让给日本，林鹤年被召回大陆定居于厦门鼓浪屿，建怡园，为"心怀台湾"之意。台湾人民和官兵拒绝割台，总兵刘永福等率领黑旗军进行反抗，林鹤年暗中给予支持。但由于外援断绝，黑旗军只坚持了四个月就败退回大陆。林鹤年闻讯后痛心疾首，专程到南安孔庙前的"郑成功焚青衣处"痛哭，并赋诗八首。

　　两年后的四月七日，林鹤年再次登上鼓浪屿日光岩，面对台湾方向赋诗曰："海上烟云涕泪多，擎天无力奈天何！仓皇赤壁谁诸葛？还我珠崖望伏波。祖逖临江空击楫，鲁阳挥日竟沉戈。鲲身鹿耳屠龙会，匹马中原志未磨。"吟毕，仰天长叹，泪面饮泣，奔下山去！

　　林鹤年承办台湾茶厘时，开创了哪些历史功绩，我不得而知。这位晚清著名诗人一生留下了1900多首诗歌，其中咏茶诗写得最多。台湾的秀美山川、安溪的特产名茶和淳朴民风，在诗人林鹤年笔下尽显风采，既有记录闲居生活的"睡听秋声赋，慵煎雪里茶"，也有描绘清末芦田一带种茶兴盛的"千村学种茶，杉茶遍户栽"。安溪芦田至今还保存有林鹤年故居，包括龙美居、天伦书屋、私塾"兰圃学校"等建筑，规模宏大，布局讲究，是安台两地茶缘的历史见证。

　　两岸割舍不断的血肉情缘，再一次说明，虽只是一抹浅浅的海峡，但两岸从来就未曾分开过，那是大陆架的延伸，是血脉的相承，是情感的依归……铁观音她勾连着安溪的"内外""上下""左右"关系，所展开的历史进程和文化图景，使我们更微观地发现安溪不同族群之间、安溪与不同文明体系之间千丝万缕的关系。飘在海峡上空的安溪茶，是两岸的和平使者，是精神依归的和谐精灵。

　　我的另一位朋友、著名人类学家王铭铭则把安溪当成他的"田野地"，1991年至1994年间，他曾两度在安溪的一个村庄常住，围绕地方性社会互助制度及"草根权威"等主题展开研究，并完成了其学术奠基著作《溪村家族》。

　　承蒙王教授的信任，《溪村家族》付梓前他曾请我做最后的校勘，我以是能在一个更广阔的人类学视野，对安溪茶有了更宏大的认识。王铭铭认为，若以足够广阔的眼界回望中国的茶史，我们即可知晓，茶叶这样的"一般物"，本有着"非常意"。他还说，福建安溪，一个幅员并不算大的县，与一个辽阔的世界，相互之间正产生一种值得思索的关系，而这一关系的纽带，正是铁观音本身。

今天，中国茶都安溪之外，受其茶文化影响的人，越来越多，对于铁观音也逐渐有了更多依赖。因铁观音结缘，相伴、相知、相惜，演绎精彩人生的故事每天都在上演。其中，铁观音既是配角，又是主角。如此说来，通过铁观音的历史人类学研究，来解读安溪历史上的"关系"丛结，解读安溪社会结构、经济行为的变迁，以及安溪凭借这棵植物对安溪以外世界所造成的影响，就是铁观音的"非常意"。

福建最早之于世界的意义，乃是茶、瓷和丝绸，这恰好是19世纪中国被卷入经济全球化进程中的三种重要商品（何伟亚）。茶是最好的饮料，瓷是最好的工艺品，丝绸是最好的衣料。丝绸是茶的柔软外衣，茶被包裹、缠绕，之后安详而华贵地躺在茶盒中，等被取出来品饮时，便与精美的瓷器发生了关系。

时至今日，安溪人依然固执地认为，只有三者的结合，才能传达出一种中国式的声音。置身于广袤安溪大地，乡乡野野，每一家每一户，身与心沉入随处可见的饮茶场景，老少同娱的寻常画面，你便可享受华夏三大物质文明带来的精神愉悦，进而在内心产生安静坚守的强大力量。

一种普通而又独特的植物，安溪乌龙茶铁观音，神话般地出现在安溪的土地上，与安溪人相伴相知后，安溪的山川从此便拥有了伟大的地理和动情的历史，安溪人从此便拥有了丰富的内涵和非凡的气度，安溪也从此拥有了庄严且生动的"国家意义"和别具一格的世界影响。

这，是安溪铁观音的"韵"，也是中国茶都安溪的"韵"。

铁观音风土

安溪铁观音产自安溪

铁观音能种在花瓶里吗？不能。能种在屋顶上吗？不能。那么，铁观音只能种在哪里？答案是：土地。铁观音只有种在安溪的土地上，才具备独特的"观音韵"和"圣妙香"，也才能称之为安溪铁观音，换句话讲，安溪铁观音只能产自安溪。

《铁观音密码》中，我多次谈到茶叶原乡安溪所处的地理区位，这个特殊区位所聚拢的复杂地理因素，纬度、阳光、降雨、流水、风向、云雾、土壤，在绵亘高山、纵横溪流的切割下，天然形成一个个微域小环境，山南、山北、山巅、山腰，此山，彼山，造就安溪铁观音不可复制的复杂性。以至于在安溪茶乡，凡有询问茶农如何制作一泡好茶，他们必会异口同声告诉你：靠"天、地、人、种"等要素，几者缺一不可。

"天""地"合为自然，是一个和谐整体。"天"在这里指气候，天气的变化对采制铁观音影响至巨，不仅影响茶青的质量，也影响着做青即发酵茶叶的过程。茶树牙梢的生长发育与气候密切相关，它内含物的转化、分解、合成，更是随着气候变化而变化。而针对"隔山不同风，同时不同雨"的天气变化，安溪茶农所摸索出的调控茶树农艺性状，以及"看天做青""看青做青"的"半发酵"技术，则使安溪铁观音初制工艺，无愧于国家"非遗"保护名录的一员。

"人"即安溪茶农，是贯穿茶叶文明的主轴。而"地"，即铁观音赖以生长的大地。如果茶园土壤富含茶树生长的多种营养元素，特别是有机质，那么

大坪茶园　林思宏 摄

茶树生长就旺盛，采摘的茶青就肥壮，叶片宽阔、油润，内含有效物质丰富，采制的成品茶香气高长，滋味醇厚；反之，茶树生长乏力，采摘的茶青叶片窄长、单薄，叶质较硬，不耐做青，也就难以制出好茶。维持着万物生息运行的土地，是人类所有文明成品的最重要载体，离开了土地，一切创造均为空中楼阁。铁观音就是一个完美范例。

研究表明，安溪铁观音茶青及成品茶中含有的生化成分，明显具有三大特点：一是有机成分相当丰富，其三叶梢水浸出物总量为36.29%，茶多酚含量为21.14%，儿茶素总量为146.71mg/g。二是香气成分丰富且种类特殊，在铁观音成品茶中已知有香气成分90多种，其中10余种为安溪铁观音所独有。三是安溪铁观音矿质营养元素种类多，内含30多种矿质元素，这些元素中以钾含量最高，其次是磷、钙、镁。特殊的生化组合，丰富的芳香物质，奇妙地融注在一片小小的叶子上，组合成安溪铁观音的密码基因。

2012年，我到访过法国罗马尼康帝酒庄，酒庄对葡萄树生长园地的重视、对土地的虔诚，深深感染了我。那是个雨天，一望无际的葡萄园阒无一人，唯有围墙外高耸的十字架在提醒着人们，就是这种对土地宗教般的敬畏、热爱和尊重，才得以酿制出全世界最昂贵的葡萄酒，创造出全世界最高的亩产。法国酒农视土地为生存的根基，他们细心耕种田园，与土地建立起物我一体的亲密关系，为我们提供一个用以透视人与自然关系的新视角。

陪同我们参观的当地葡萄酒专家介绍，法国葡萄酒闻名全世界，其优异品质源于土壤、气候、人为干预和葡萄品种四个因素。土壤构成中间性，为葡萄生长提供所需的营养物质，气候构成即时性，人为干预则体现了技能，不同的葡萄品种使葡萄酒的感官特征表现得更为直接。安溪铁观音品质成因强调的"天、地、人、种"要素，在异国他乡找到了知行结合的知音。大地是万物之根本。世界上任何一种植物，它们对于土地、土壤的依存，强化了我们对大地的敬意，并在内心涌起对土地的深深感激之情。

而土地对于生长其上的自然万物，从来就像《西游记》中那位身处最基层的地方官，任劳任怨，和蔼可亲。孙行者一碰到困难，就把土地公叫来喝骂一通，甚至举棒欲打，而土地公总是打不还手，骂不还口，谦卑恭谨，有问必答。于是乎，就有了中国民众质朴的土地公信仰，并成为一种普世的理念——"福德文化"，迅速仪式化，广泛久远地传播和传承。

土地公又称福德正神。福德文化的核心，就是对土地的敬畏和感恩，施之以德，收获幸福，厚德载物，取之有道。在闽台两岸，庙宇最多、信众最多、影响最大的民俗神，一定是那尊长着白胡子、笑容可掬的土地公。闽南人家家户户都安放土地公的神位，朝夕虔诚敬奉。台湾民间的土地公信仰源于闽南，非常普遍，仅桃园县的桃园市，就有300多座土地公庙，每天香火鼎盛，成为一大民俗特色。

和蓝溪水一样流淌，历经千年不曾衰微的，是安溪民众对于土地的崇仰。散布在茶山地头的一个个土地龛、土地庙，和茶农日常以及非日常的仪式行为互为表里，形成了安溪茶乡一个绵延到深邃的历史隧道，又覆盖广袤地理空间的土地信仰传统。在安溪邑志中，书页行间，我们都会触摸到古人对于赐予他们世俗幸福的大地的敬畏：安溪僻落一隅，而山产万物。厥土惟沃，掌地成田。石岩溪洞，秀丽澄莹，皆可书也……

五序幕火山喷溢

大约三四年前，在与福建农林大学教授郭雅玲的一次闲聊中，她告诉我，安溪境内的地质构造与周边县份迥然不同，与全国其他产茶县也不同，表现在各时期地层均有分布，出露面积约1800平方公里，地层厚度变化幅度达0~2295米。郭雅玲还告诉我，安溪境内侵入岩活动特别频繁，燕山早期晚侏罗系曾发五序幕火山喷溢，有十三个岩体侵入，呈现六种岩石类型。

郭雅玲没有告诉我安溪几次火山喷溢的发生地，也没告诉我资料的来源，以至这个信息曾困扰我很长一段时间，成为我一块不能放下的心病。年纪愈大，在安溪生活愈久，我愈发觉得，一个整体时空架构中发生的多个事项，其中必然存在某种逻辑性，这种逻辑性看似乱作一团，其实是有序化配置，就像马克思总结的"偶然性的总和是必然性"一样，难道，"安溪铁观音只能产自安溪"的题解，竟然与这几次火山喷溢有关？

在没有找到相关资料并经土壤专家认定之前，一切猜想都只能是猜想。后来，又是一次偶然的机会，我竟然在1994年编修的《安溪县志》卷二"自然地理·地质篇"中，找到了五次火山喷溢活动的记载。向来，我有收藏各种志书特别是地方志的癖好，安溪修志肇始于宋代，历元明清三代，至民国初期，共成书七部。

但其间仅存明嘉靖和清康熙、乾隆三种版本，余皆散佚。即便如此，保留至今的这些版本，还是详尽记载了安溪的自然变迁和社会更迭。笔者在《铁观音密码》开篇关于"雪灾年代"的推论，即是读志偶得，虽然这个推论还有待于科学的进一步证实。

依县志记载，安溪五序幕火山喷溢后形成的侵入岩（含次火山岩），出露于县域城关、感德福德、新田坪、芦田紫云山—莲花山、龙涓宝都、祥华旧寨等地，恰与盛产优质铁观音的地理"高地"相吻合。多次岩浆喷溢活动，对地质构造影响极大，原来的沉积岩系变质，金属矿产迁移富集，成为工业矿体，故安溪矿产资源丰富，已发现煤、铁、锰、锌、石灰石、高岭土等28种矿藏，储量均居闽省各县前列。而铁观音茶叶富含的多种矿质元素，是否与此相关？

一般认为，茶园土壤中最有利铁观音茶树生长的，应为有机质含量较高、矿质营养元素丰富的红壤或砂质红壤，有的茶园在80至100厘米的深土层还含有一定数量呈半风化状态的碎石块。《茶经》中认为茶生"烂石为上、砾石为中、黄土为下"，不是没有道理。土精为石，石多为岩。安溪山体是戴云山脉向东南延伸部分，地势自西北向东南倾斜，西北部千米以上高山2461座，东南部475座。安溪将近3000座的这些高山，是漫长地质时期的多次构造运动的结果，山上岩石丛生，直接以岩命名的山峰更多，烂石间、砾石中，茶农开垦的茶园一丘丘一垄垄，正吻合茶圣陆羽关于茶树生长理想所在的论断。

古代帝王在辨方正位、建置疆域时，必据山川形胜，或背岷而面洛，或襟江而带湖，皆相度其地，非仅仅出于美观考虑。安溪置县时（五代后周显德二年，955）始名清溪，后取溪水安流之意改县名为安溪（宋宣和三年，1121），沿袭至今已近900年。有位作家曾在文章中写道，无须抵达安溪，单凭县名想象，眼前便已是清湍碧莹一片，水声波影盈耳间，心头温情无比。安溪的溪流属晋江、九龙江水系，是泉州母亲河晋江的源头。穿越在崇山峻岭之间的各条干流、支流，与峻峭林立的山峰互相交切、错落，形成一个个河谷盆地，串珠分布在西溪、蓝溪两岸。山峦起伏，降雨丰沛；地形抬升，云雾缭绕；春日夏雨，秋风冬霜；林木繁茂，松竹被岗。生长在如此美妙洞天的铁观音茶树，臻天地之英气，沐日月之精华，其成茶优异品质自不待言。

土地的伦理

最近几十年，从城市到乡村，两种前所未有的变化正在逼近着我们。一种是更多适于居住的土地已经消失和正在消失，另一种是由于经济全球化而产生的世界性多元文化的混杂。这两种变化中的任何一种，我们似乎都无法阻止，而且它们大概也不应该被阻止，这可能是人类的宿命。

造成前一种变化的原因，是把土地视为一种属于我们的物品，而非我们同样隶属于她的共同体，也就无法带着热爱和尊敬，与之友好相处，而是践踏着、污染着她，这样做导致的直接结果就是，土地像一名忧郁感伤的病患者，步履蹒跚，时时刻刻困扰于自己的健康。

山川组成了大地的构造，大地哺育着我们，也创造了我们的文化，提供给我们欢悦，当然还有智慧，然而，我们却在文明的行进中，失去了大地母亲曾经给予我们的道德滋养和美学收获。仁者乐山，智者乐水；大地似锦，山川如画。今天，还有哪一位作家，会像诗人艾青一样噙满泪水，再去歌咏土地那招人喜爱的东西？我们在改变土地的同时，也渐渐疏离了对土地的情感依赖。

伴随着中国茶产业的一路走高，十多年来，全国各种茶类、各个茶区都在量上进行雄心勃勃的扩张，垦荒种茶，填田种茶，个别地方甚至不惜毁林种茶，一会儿绿改乌，一会儿绿改红，你方唱罢我登场，给本来已经十分脆弱的土地再添一份重荷。虽然我们已经知道，在人类历史上，征服者最终都将祸及自身，但依然阻挡不了我们对土地的"热情"，百般践踏，任意宰割，土地从来没有像今天这般"值钱"，而土地问题似乎也从来没有像今天这般严重。

欧洲回来，葡萄园边那个高耸的十字架一直提醒着我，人只是土地上庞大生物队伍中的普通一员。对于众多历史事件，我们至今还都只是从人类的角度去认识，而事实上，它们都是人类和土地之间相互作用的结果。土地的特性，有力地决定了生活在她上面的人和植物的特性，法国葡萄酒和安溪铁观音就是其中的典型样本。

但是，这样的事实并不能减少我们对土地的损害。现实的状况是，一方面，环境污染和生态破坏相当严重，环境状况不断恶化；另一方面，虽然经过广泛普及宣传，我国公众的环境意识依然非常欠缺，依然粗暴地置人的各种行为于土地之上，而不是把土地视作一个由相互依赖的各个部分组成的共同体，人只是共同体中的一个普通成员。今日的人类，正在宣称自己是保护环境的使者，是拯救地球的救星，而这一责任身份的认同，又是以承认自己是破坏环境的祸首为前提。在我考察芦田紫云山—莲花山火山喷溢活动时，就有人指着山的峭壁一面对我说，这里的生态"保护"得很好。那时我在心里想，不是你们"保护"得好，而是你们根本没有办法破坏！

既然人只是土地共同体中的一员，那么，处理人与土地的关系问题，就应该具备一种崭新的立体的观念。乾隆十八年（1953）任安溪县令的庄成，曾于任内（1757）主修安溪有史以来的第七部县志，这部县志记载了安溪建县至清乾隆800多年的历史。志中卷四，庄成特别撰文，从安邑地理、信仰、农工商业、贸易以及社会、政治、军事等方面，详细阐述"大有可纪"的安邑"风土"。风气和则土气养，欧洲葡萄酒也特别重视"风土"的研究，将葡萄树置于人与土地、人与植物、植物与植物、植物与动物的"土地共同体"中运行，并保持其自然能量的平衡。

中国人对"风土"的研究始于周朝，比西方人要早许多。所谓风土，即是指一个地方特有的自然和人文环境（土地、山川、气候、物产以及风俗、习惯等）总称，就是人与土地的关系全部。风土是一部大书，无论哪个国家或组织，没有谁敢于宣称已经了解土地与人的关系全部。为什么安溪能够诞生茶中极品铁观音？铁观音与安溪大地以及大地上的自然万物之间，构成互为依赖的一种什么关系？安溪铁观音的植物基因之外，还有哪些人文基因？这些谜团我们永远都无法解开，要紧的是对安溪"风土"永远保持一颗敬畏之心。因为，懂得一箩筐的土壤学、环境学、植物学、生态学知识固然重要，但这一定比不上永远对土地怀有一颗热爱、尊敬之心重要。把土地的合理使用当成一个经济问题，显然是一种简单思维，我们还应该在高度认识她的价值的前提下，建立起一种对土地的伦理关系。当你的行为有助于保护土地共同体的和谐、稳定和美丽时，你就是正确的；当你走向反面时，肯定就是错误的，必将受到她的惩罚。

土地，是任何时代都要搞清楚的思想问题，但是迄今为止，还没有任何人完全搞清楚。保护主义已经被证明不仅是无用的，反而是相当有害的，因为他缺乏对土地的最起码的伦理认识。谁能寻得观音韵？安溪铁观音的"音韵"在哪里？在安溪3000多平方公里的大地上，在安溪广阔敦厚的"风土"中。

西坪平原村　刘伯怡 摄

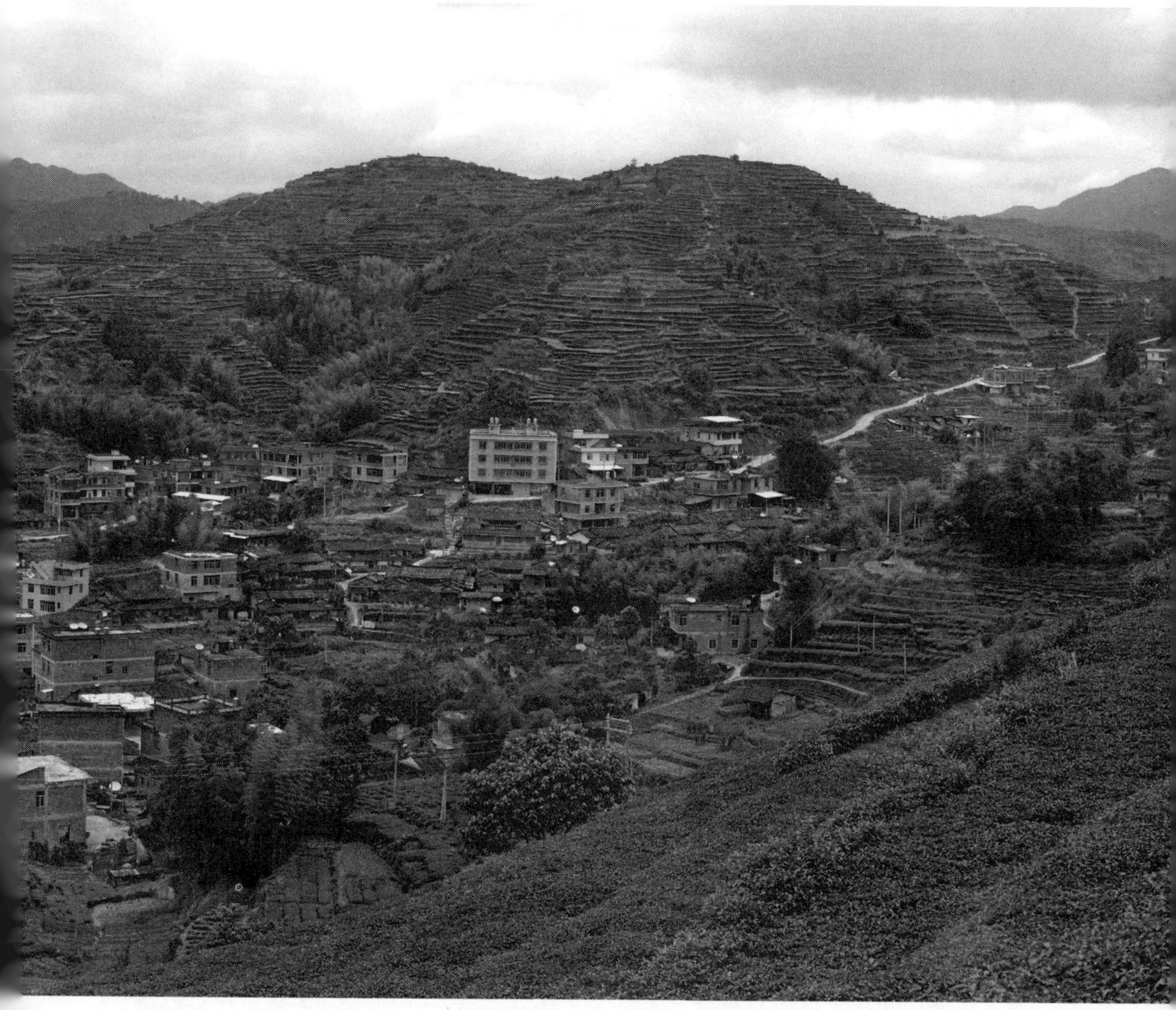

寻找祖母的气息

以我仍然浅薄的学术积累和学识而言,要回溯七八十年的老时光,还原中国茶叶文明史的这段传奇,难度肯定不小。好在一些重要的历史机缘常常垂青于有准备的人,在不经意之间悄悄来到我们的面前,而懵懂好奇的我们也为文明的未知性和奇特性所吸引,不由自主循着历史文本的"蛛丝马迹",一路求知探寻,思考甄别,由此发现了自然和社会的许多隐秘。

1990年9月,"台茶之父"吴振铎回到祖地福安探亲,重启两岸茶叶界中断四十年之久的交流大门。此后,两地茶叶专家多次组团到对方处考察技术、交流文化,企业茶人之间的互动则难以其数。吴振铎到访之后,福建茶叶部门引种了台茶12号、台茶13号等6个台茶新品种。台茶12号、台茶13号于大陆茶农可能是陌生的,但如果说起"金萱"和"翠玉",他们便非常熟悉,"金萱"、"翠玉"分别是吴振铎祖母和母亲的名字,被他用来命名自己成功培植的台茶12号、台茶13号两个新品种。

台湾本土生产和大陆引种的金萱和翠玉,七八年前我就品尝过,一脉相承的两岸制茶工艺虽然有着风土差异,但两款金萱、翠玉一样鲜爽甘醇,沁人心脾。也许是美好名字影响的缘故,茶香萦脑的同时,一个疑问也在我心中扎下根来,吴振铎以一种特别的方式命名这两种茶,难道仅仅是为了纪念在他生命中占据重要位置的两位女性?吴振铎是台湾大学农艺系茶作学教授,生前担任过台湾省茶业改良场场长,精于茶种研究和茶树繁育,但是,茶树繁育的最先进技术并不肇始于他,也不是他的老师、茶界泰斗张天福首创,那么,它的发明者又是谁?台茶12号、台茶13号以"金萱""翠玉"为名,显然有着吴振铎情感因素之外的科学依据在,而这个科学依据又是什么?

人类创建社会，形成文明。在历史研究中，我们可以创立并接受一些理论，编制一些时间表或大事记年表来帮助我们了解过去，但我们往往忽略一个简单的事实，即人是我们一切探究的基础。在以往的中国茶叶史研究中，相对于理论和事件而言，人往往作为陪衬而处于次要地位，我们经常忽略他们的名字——尤其是当这些人来自乡野民间，文化不多无法"立言"——而几乎无人注意其在历史和社会推进中的作用。王成文即是其中一位。

　　王成文是谁？目前世界上最先进的茶树繁殖技术——短穗扦插法的发明者。何许人？安溪西坪镇平原村一个普通的茶农。这是历史和事件的真实，可惜的是，表彰这项技术成果的1978年全国科学技术大会，上台领奖的并非其本人，而是安溪另一个劳动模范（王文章）和单位集体（县茶叶局）。当然，王成文从事这项研究的初衷本不是为着日后的获奖，他只是用自己的方式无意间诠释了何谓真正的历史：民间、普通人、大地……是构成历史的本质要素，离开它们而去关注被史书神化的那些"高大全"，历史研究也就严重脱离现实生活了。

　　在原安溪茶叶局干部谢志群、刘渊溟等人历时一年多（1981年3月至1982年）开展并撰写的一份《茶树短穗扦插历史渊源》调查报告中，我们清晰地看见中国茶叶文明史这段传奇的行进轨迹。是年，王成文依然健在，他详细地向调查组讲述了1936年与堂弟王维显，如何运用短穗扦插技术成功繁育铁观音茶苗的过程。已经八十高龄的王成文的回忆，得到虎邱乡罗岩村傅水寿（时年65岁）的证实。地缘相近的关系，傅水寿自1941年到西坪平原村学成此法后，又向邻村双都村、萍州村（现属大坪乡）传播。平原村地处偏僻，罗岩村虽只与平原相隔一座大宝山，但交通便利，是通往长泰、漳州、厦门、华安的枢纽，文明的火种在平原村点燃后，便呈燎原之势，由中心向四周，一棒接着一棒，迅速扩散开来。

　　新中国成立后，各级政府行为的组织推广，使茶苗短穗扦插技术成果迅速向全县、全省和全国传播。1953年，福建省农业厅派人到安溪做专题总结茶树短穗扦插技术；1955年，分别在安溪、政和、福鼎等县农场建立苗圃，使用短穗扦插法规模化育苗；1956年，召集全省茶叶干部在政和县农场，现场交流茶树短穗扦插技术；1957年，农业部组织全国14个省、市代表和专家，到大面积育苗成功的安溪萍州村观摩学习，此后茶树短穗扦插技术推广到全国各产茶省；1977年9月20日，安溪县茶叶局在一篇题为《实践出真知，科研结硕果》的文章中总结道："采用短穗扦插的铁观音、黄旦（即黄金桂）、毛蟹、梅占、大叶乌龙等五大良种，适应性强、抗逆性强、高产优质，不但适应制乌龙茶，而且适应制红茶、绿茶，品质也正佳……在这二十年（1957—1977）中，我县用短穗扦插育苗法，共繁育各种良种茶苗达4亿多株，除满足本县自用外，还提供商品苗2亿多株，支援10个省40多个县发展茶叶，支援越南一批铁观音茶苗短穗扦插苗。"文章还说，这段时间，安溪还先后派出100多名有育苗技术经验的茶农，到云南、广东、广西、湖南、湖北等省，帮助当地茶农运用短穗扦插技术繁育茶苗，种植管理茶园。目前，印度、斯里兰卡、日本、肯尼亚、坦桑尼亚和乌干达等世界主要产茶国采用的茶苗无性繁殖技术，均传承自安溪的短穗扦插法。一茶一世界，一杯茶中，潜藏着多少安溪的风土密码，多少安溪的人文气息！

　　茶树苗木繁育，经历了从茶籽直播到压条分枝，从压条分枝到长穗繁育（即一芽二至三四叶），从长穗繁育到短穗繁育（即一芽一叶，也称一叶一节扦插育苗）数百年漫长演化过程。从唐朝陆羽的《茶经》到晚清、近代，中国总共留下110多种茶书，这些茶书中，《茶务佥载》和《种茶良法》是最为特殊的两部。前者为中国人胡秉枢所著，外国人翻译后在外国出版，后者为英国人高葆真所写所译，在中国出版。《茶务佥载》专章讲述茶籽植茶之法："宜于茶树结实之初，择植株长势强旺、结籽壮硕者采之。至初春惊蛰之时，要将茶籽浸水令湿透，耕作其种植之土……"《种茶良法》则介绍中国栽茶之法，"其茶秧法，以修剪茶树之枝，插入泥内，迨苗芽生根……始移栽大园"，讲的是长穗扦插繁育。《茶务佥载》光绪三年（1877）初撰成，《种茶良法》撰写时间不详，翻译本出版于宣统二年（1910），两部茶书成书及出版年代说明，彼时茶树短穗扦插技术尚未发明。中国种茶、制茶历史悠久，但茶业近代化进程缓慢，一直到1936年王成文改进茶树繁殖方法、发明短穗扦插技术后，中国茶业才迎来革命性的时代。

　　而西方，按照《茶务佥载》和《种茶良法》的说法，则是直到19世纪下半叶才开始种植茶叶并从中国学习种茶、制茶技术的。西方茶业界吸收中国茶叶数千年生产加工经验，并利用当时西方近代科技成果，如高葆真认为中国当时的茶叶生产最欠缺的土壤化学、耕作施肥等方面的知识，对茶业进行全面创新改造。大约自 1850 年以后，借助于英国工业革命的成就，各种用于茶叶加工的机器相继发明并投入使用，印度、锡兰对采摘后的茶叶加工逐步实现了机械化，不仅加工水平高、速度快，而且成本和价格降低，茶叶质量大大提高。而此时的中国仍完全采用传统手工操作，效率低下，而且品质没有保证，谈何竞争力？胡秉枢和高葆真两部茶书的编写和翻译出版，就反映了这一事实。

技术成果的推广运用，在茶业发展中起着至关重要的作用。纵览中国历朝历代留下来的这 110 多部茶书，充斥其中、大量重复的是民众饮茶的风尚情趣和茶器茶事，较少涉及茶叶生产加工技术；加上近代中国的内忧外患、动荡战乱，19 世纪 90 年代之后，茶业遭受重创一蹶不振，被印度、斯里兰卡等国迅速赶超。新技术的研究推广，对于新中国成立后中国茶业凤凰涅槃的重要性，使我们应该重新评价王成文的重要历史贡献。1936 年以来，几十年过去，王成文发明的茶树苗木短穗扦插法，依然是世界上最先进的茶苗无性繁殖技术，它使用苗穗最省，成活率最高，最关键的是既能保持母本特性、不致变种，又能大面积大量快速育苗。

当我追寻历史的影踪，来到王成文一辈子生活的村庄，翻看着产第乡（平原村旧名）竹林派族谱，听着他的侄子王益忠对其不无敬佩的讲述，我突然明白了吴振铎将台茶 12 号、台茶 13 号命名为金萱、翠玉的缘故。吴振铎不仅为了纪念他生命中两位重要的女性，还因为茶树的无性繁殖，一代代的传承、永远保持着母本的特性，今天的每一杯金萱、翠玉，每一杯铁观音，都潜藏着我们每个人熟悉的祖母、母亲的气息，意味深远，割舍不掉，这份熟悉的气息，是故土家园的气息，是历史文化的气息，同时也是我们民族一代代人传承、生生不息发展的精神和力量加持！

人类文明史是一部连续创造的历史，缺点是进步之母，不管是自然还是社会，永远存在缺点，永远有待改进，一代人的发现发明、设计创新，都是站在前一代人肩膀上的改良改进，王成文也不例外，如此，观照茶树无性繁殖技术数百年漫长的演化史，我们应该铭记的何止王成文一人？时光无情，先贤的背影已经远去，湮没在漫漫的风沙中，但他们用心用脑创造出的一段段传奇，因其推动过世界茶叶史的演进，而应当永久镌刻在人类文明的谱系坐标上，像那一杯杯潜藏着祖母气息的茶，留存在我们的记忆深处。

我自安溪来

清水祖师来看我

2010年12月4日凌晨5时许，福建安溪清水岩香火缭绕，来自台湾四鲲鯓龙山寺等清水祖师分炉分庙的几十位代表，与安溪蓬莱当地信众一起静穆肃立，"一上香、再上香、三上香，敬茶"……随着司仪的一声号令，霎时钟磬齐鸣，鞭炮震天，安溪清水岩清水祖师金身，被请上等候好的金辇大轿，在大批信众的簇拥下，鸣金开道，启程赴台，开始为期一个月的巡安活动。

时值初冬季节，风冷水凉。然而，在台南市议员郭和元等前来恭迎清水祖师金身的台胞信徒心里，却是按捺不住的欢腾和幸福，为着这一吉日的到来，他们筹备了很长时间，期间多次往来海峡两岸商讨细节事宜。手扶清水祖师的神轿，郭和元仿佛看到，清水祖师金身乘车翻过龙门岭到达厦门五通码头，乘船经"小三通"航道到金门，再从金门乘飞机抵达台南，台南当地数万名虔诚信众已准备好接驾仪式，恭迎清水祖师这位被闽台民间视为"慈善助人的恩人"。

清水祖师，生于宋仁宗庆历七年（1037），原籍福建永春小岵乡（今岵山镇），原名陈荣祖，法号普足。"幼出家大云寺，长结庵高泰山，往事大静山明禅师，业就辞还，后又移庵麻章，为众请雨，如期皆应。元丰六年（1083），清溪大旱，便村刘氏与乡人谋往请之，比至，雨随沾足，众情胥悦，有筑室延居之愿。乃于张岩山成屋数架，名清水岩，奉居焉"（清乾隆版《安溪县志》卷之九"仙释"）。驻锡清水岩后，普足禅师足迹遍布闽南各地，穿行于闽泉、漳、建、汀各州府间，或修桥筑路，或治病施药，所之处，官府认同，族长首肯，百姓更是感恩之至。

公元 1101 年，65 岁的普足禅师安详离去，远近乡邻感念其生前大德，尊为"清水祖师"，塑像于清水岩，世代供奉至今。

宋代时人均寿命不足四十，清水祖师却以五十多岁的高龄，开始修桥造路。十多年里，在乡绅刘公锐等人的帮助下，他建造了数十座桥梁。此后，历代清水岩的僧人，都以修桥造路为主要修行的功德。史料间，这些桥梁只是一带而过的寥寥数语，在时空里也已经是无影无踪的飘飘尘埃，但在世世代代安溪人、闽南人的精神世界里，却是撑起他们勇气和希望、走向美好生活的巍峨大桥。而普足禅师生前身后，也借着这座人们心里的桥，从凡人一路走向万民敬仰的神祇。四十六年间，清水祖师四次受到南宋朝廷的敕封，每次两个字，即"昭应、广惠、慈济、善利"，层层递进、逐步升级，述说着清水祖师信仰在闽南大地的流变过程。

几百年来，随着安溪人、闽南人移居海外，清水岩不断分灯，香火绵延，清水祖师宗风蜚声海外，在整个台湾，在中国的近邻泰国、缅甸、新加坡、马来西亚、印尼，以及更遥远的国度，落地生根，开花结果。900 多年来，它早已超越了地缘和宗族的界限，以一种民俗化的方式，与散落纷杂的民间思想、传统文化，交汇，融合，形成统一成熟的思想体系……凡有安溪人、闽南人居住的地方，都有着对清水祖师虔诚的崇奉，尊清水岩为祖庭，人们慕德归心，从善如流，这种对圣贤完美道德的追随，恰恰契合了安溪人、闽南人对德行的理解，对智慧的赞赏，以及人生在世的感悟。

清水祖师金身游台巡安期间，我恰好随安溪虎邱镇洪恩岩管委会考察团在台考察民俗文化。清水祖师金身启程前一天即 12 月 3 日，我们一行七人从安溪出发，一路换乘汽车、轮船、飞机各种交通工具，当晚抵达台北，往台路线和清水祖师金身一样。此番访问台湾，我们由北往南走，而清水祖师则是由南往北行，首站抵达台南，先后在台南、高雄、彰化、台中、台北等地，九座清水祖师的分炉分庙轮流驻驿，其中有建庙最早的台南四鲲鯓龙山寺，也有新落成的彰化福兴乡大清兴宫。本次清水祖师游台巡安活动，台湾方面还推出"清水祖师来看我"的口号，希望借由此次宗教交流活动，告诉两岸人士"清水祖师行善精神"就是台湾精神。虽然此行我们没能与清水祖师在台岛"相逢"，但因为此前就清楚其"行程"，加之台方安排周密，神佑助我们旅途一路顺风愉快。

12 月 4 日，当全台 300 多座清水祖师分炉分庙代表、数万名信众和 20 多座金辇大轿，聚集在台南机场准备恭迎清水祖师金身抵台的这一天，我们正好

大坪集应庙

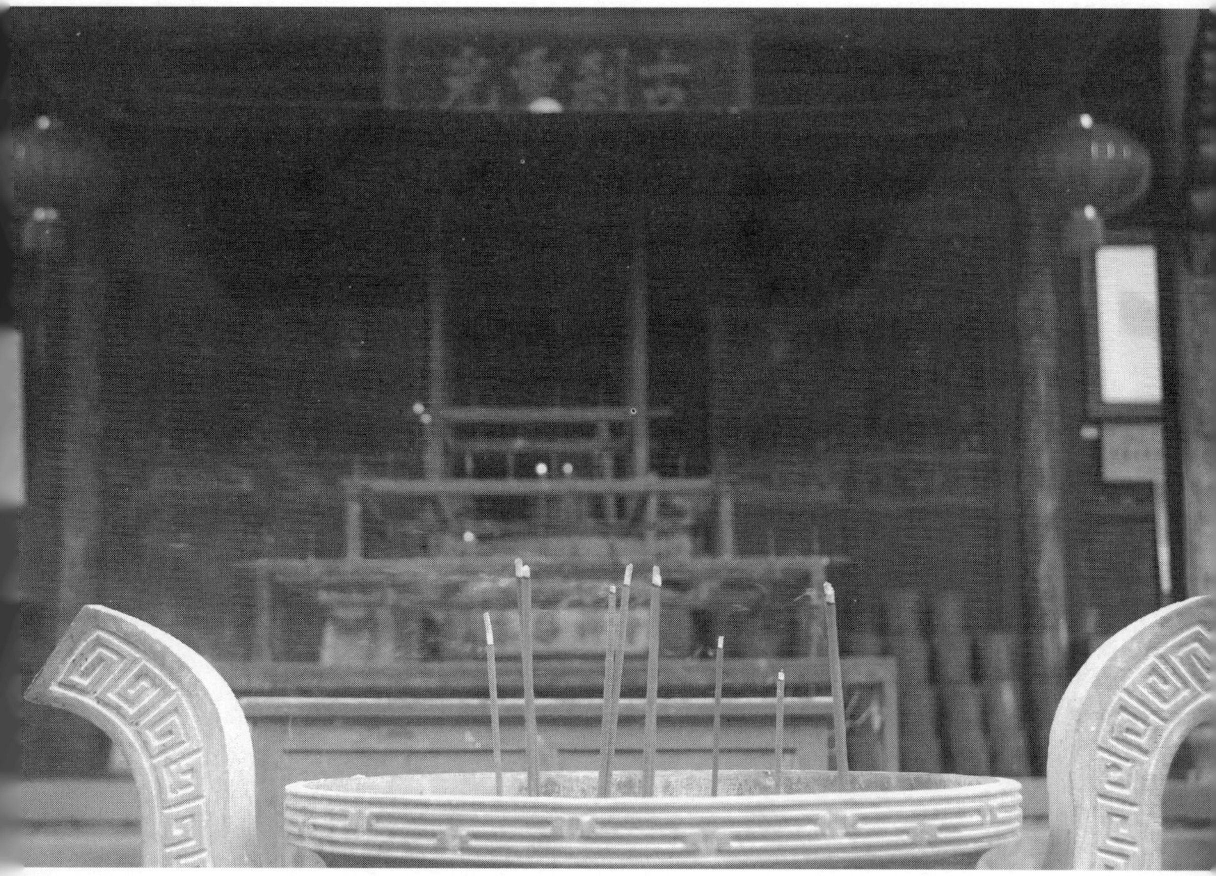

清水岩祖庭　叶景灿 摄

来到台北三峡清水祖师庙参观拜谒。三峡清水祖师庙，位于台北县三峡镇，原名长福岩，创建于清乾隆三十二年（1767），与万华龙山寺、大龙、峒保安宫并称台北三大寺庙。我们到达三峡时已近中午，阳光照耀下的祖师庙金碧辉煌熠熠发光，仿若一座东方艺术的殿堂。殿宇道光十三年（1833）重建，全部采用石材、五门三殿式，铜门铜雕，多达100多根的台湾原生观音石柱，呈圆形、方行、棱形、螺形、四角形、五角形、八角形、十二角形，为全台庙宇之冠，雕工精湛，繁复多样；屋瓦之下，壁柱之间尽是木刻，皆是七八厘米厚的樟木、柚木，大大小小，上上下下，里里外外，错综钩结，互相连接，引经据典，将中国传统建筑艺术的精细、典雅、宏伟，表达得淋漓尽致。

据庙方介绍，早期到三峡垦荒的人大多来自福建安溪，故乡的清水祖师信仰也随之东渡，至清朝中叶以后，三峡清水祖师庙已是这里居民的信仰中心。三峡镇居民有刘、陈、林、王七大姓氏，每逢农历正月初六清水祖师诞辰时，这几大姓依照原乡安溪蓬莱镇的规矩，轮流主祀举行祭典活动，庙里寺外，门庭若市，热闹非凡。庙方说，每年这天，三峡还要举行盛况空前的"赛神猪"活动，将赛出的最重"神猪"运抵庙前广场，祭拜后宰杀献给祖师爷。我无缘万人争睹、抢摸神猪的比赛场面，却在庙方的虔诚讲述中，在举目所及的"安溪街""安溪桥""安溪学校"户外招牌中，在熟悉亲切的乡音、风俗和建筑中，找到土地与土地的连接，以及土地之上、人心之中那道融入血脉的隐秘通道。

此淡地好溯源流

12月6日，我们洪恩岩赴台考察团一行来到台北林口乡顶福村，参观林口顶福岩，与庙方探讨交流事宜。顶福岩奉祀显应祖师，是虎邱洪恩岩的分炉，始建于清光绪二十三年（1897），也是林口乡的安溪移民从家乡随带来的信仰，清光绪二十七年（1901），又挂香分炉至顶泰山岩。虎邱洪恩岩非显应祖师的祖庭，它分炉自安溪湖头镇的泰山岩，那里才是显应祖师修行得道之所。

显应祖师也是永春人，原名黄惠胜，宋宣和年间居安溪"小尖山"（后去尖上"小"字，改名为泰山）时，山发异光，"人皆怪之，往观，则惠胜在焉。因岩架屋，屋用铁瓦，悉飞递而至"。"安溪称三岩之奇。曰：普足构清水自出米，法胜利、构泰山自出瓦，道源构太湖自出木。邑人称普足曰昭应祖师，道源曰惠应祖师,惠胜曰显应祖师"。这些史料,我抄录自清乾隆丁丑版《安溪县志》卷之九"仙释"篇,林口顶福岩的《显应祖师神迹事纪》,与安溪官方记载分毫不差,并附录每年例行祭典法会日期。

显应祖师的信仰在安溪、闽南和台湾,有着深厚的民间基础,我的家乡城厢砖文就有一座显应庙,供奉着清水祖师、显应祖师等,家中的两座神龛上则赫然有"显应庙诸神"一行字。从湖头泰山岩传到虎邱洪恩岩,从虎邱洪恩岩传到台湾林口顶福岩、顶泰山岩,再传到安台两地家家户户,信仰传承的脉络是如此清晰。科学技术发达的今天,闽台两地的人们依然确信,给予心灵安定和富足的,依然是千百年来这些来自民间的信仰,而这些信仰之所以翻山越岭,跨江出海,生生不息,全在于传承信仰的族群,他们有着割舍不断的共同血缘。

闽南的开发从闽越人就已经开始,从晋到唐、宋,陆续又有北方大批汉人辗转南下,翻过武夷山入闽,沿晋江(晋人南迁,沿江而居,故名晋江)而居,筚路蓝缕,屯田垦荒,可看作一种继发性的开发。至明、清以后,闽南人又开始向外移民,跟随郑成功渡海到台湾,既是国家战略,也是生存型移民。移民中的群体往往处于劣势,动荡的迁徙过程中,移民更需要团结,需要心灵与精神的支柱。数百年前,对于闽南移民来说,要横渡风信潮汐变化莫测的台湾海峡,要征服瘴疫横溢、野兽出没的茫茫荒原,要对付突然袭击的土著居民,依靠自身的力量往往不够,此时家乡所崇信的神明就成了他们的唯一希望。

台北土城市永福岩岩志清楚地记载着:"郑成功自江南回师,决先东征,以台湾为进攻基地,永历十五年福建省泉州府安溪县民邓士高、邓淡水等十三人,决定渡台开垦耕作,乃商议至安溪清水岩恭请清水祖师公金尊圣驾随行护佑……"很多安溪移民告别故土、踏上艰辛的路途前,都会到家乡的寺庙祭拜,祈求神明保佑,并带上清水祖师等的神像伴其渡台,或怀揣寺庙中提取的香火袋以作护符。到台定居形成村落后,先结草庵将伴随自己渡台的神像或香火供奉起来,之后又建成庙宇专门供奉。随着开拓的进展,新的村落不断出现,旧村落的香火继续分去,加以供奉,于是,来自原乡的信仰,迅速在安溪移民、闽南移民群居的地方落地生根。

目前,在台湾、东南亚,从清水岩分灯的庙宇,有上千座之多,它们尊安溪清水岩为祖庭,已知台湾最早的清水祖师庙是建于南明永历年间的台南楠梓区清水寺和彰化二林镇祖师庙。清康熙二十年(1682),安溪湖头人李光地举荐施琅将军平台，和之后的林孇总兵（也是安溪湖头人）镇台，更有大批安溪人赴台。不少人先落户台北平原，后迁往各地山区垦殖，台湾供奉清水祖师的寺庙，便雨后春笋般出现。凡有安溪移民聚居的地方，必有清水祖师庙。

除清水祖师、显应祖师外，随安溪移民传播到台湾的民间信仰还有保生大帝、广泽尊王、保仪尊王、保仪大夫等，这些神祇皆修行成道于安溪，又通过安溪移民播扬到世界各地。保生大帝，俗称大道公、吴真人，宋太平天国四年（979）生于安溪感德镇石门村，自幼学医，采药炼丹，为民治病，妙手回春，闽台民间誉为"医神"（清水祖师为"雨神"，妈祖为"海神"）。宋景佑三年（1036），上山采药，坠崖谢世。吴真人谢世后，南宋绍兴年间，朝廷批准建庙，即今青礁慈济宫，明永乐十七年（1419）褒封为保生大帝。初步统计，福建厦、漳、泉三地有奉祀保生大帝的庙宇数百座，在台湾则有600多座保生大帝庙，保生大帝信仰被闽台两地数以千万计信众称为"慈济精神"。

广泽尊王，也称郭圣王、郭王公、圣王公，其祖庙在福建南安县的凤山寺。广泽尊王的神力来源于他拥有一个"风水宝地"，而这个"风水宝地"——太王陵，就在圣王公的家乡安溪金谷乡尚芸、河美村一带。放远望去，满目尽是青青的茶园，如果说真有"万代血食"的"十八重案"宝地，那么，这生长铁观音、养育万千子民的安溪大地就是。太王陵收纳了广泽尊王父亲的灵魂，广泽尊王则在南安诗山羽化成神，故台湾有"封莹祭祖"的习俗，既到南安凤山寺朝拜，也来安溪太王陵"封莹"。据台湾屏东县琉球乡谢耀芳统计，目前，全台广泽尊王庙宇多达300多座。

清水祖师、保生大帝、保仪尊王这些来自故乡的信仰，更多带上了族群、民族的文化色彩，不仅可以代代传承，还能够影响和传播给周边的族群。台北的景美、木栅、万隆均建有集应庙，由当地高、张、林三大姓轮流供奉保仪尊王（也有奉祀保仪大夫的），而保仪尊王的祖庙是安溪大坪乡溪尾大坂的集应庙，也是当地高、张、林三大姓的共同神祇。安溪大坪乡只有1万多人口，而祖籍安溪大坪乡的台湾同胞则有20多万人之多！同样，集应祖庙只有一座，而台湾的分炉分庙则有数十座，这些庙宇多半是散布在台北盆地内，而台北盆地早期为农业社会形态，相传保仪尊王的神格特征上具有"驱逐虫害"的功能，在科技尚未普及的年代，自然为事农的民众争相供奉。台湾茶叶贸易兴起后，文山包种茶须要加花拌合，台北盆地的内廊区成为供花区，保仪尊王此时便跨出宗族和祖籍神祇的界限，普遍为台北盆地内的事农民众所奉祀。

我们造访台北万华清水祖师庙那天，正好碰到一个来自当地的参拜团，虔诚祷告的人群中，一位老者正拿着相机对着庙联拍照，我走近一读："佛是祖师，我先人已称弟子；岩乃清水，此淡地好溯源流。"文字朴质无华，却饱含安溪移民、闽南移民对来自原乡神祇的敬重，和对故土灵山的深沉情感。面对神坛上的"黑面祖师"，我突然忆起台湾教授龚鹏程在《吃茶的经验》中的那段话："大学毕业后，我萍飘浪走，在许多地方喝过茶，也喝过各种好茶，但清水祖师、观音山、龙山寺、铁观音所组成的意象，始终萦回于舌尖心头，挥之不去……"

一种清芬忘不得

这几年，我与台湾文化界朋友的联系渐渐多了起来，其中一位是龚鹏程。龚鹏程曾任台湾淡江大学文学院院长，南华大学、佛光大学创校校长，是享誉海内外华人世界的知名学者，他曾两次到访安溪，与我有过推心置腹的长谈，回台后还专门为此写了《安溪茶旅》《密码1989》和《吃茶的经验》三篇文章。龚教授这三篇文章都写到茶，写到安溪乌龙茶、铁观音与台湾的渊源，纵贯古今，情真意切，读来感人至深。他说，到安溪访友，"一路走去，越走，竟越觉得像走进了木栅后山。山色、林相、茶圃、烟霭，均是再熟悉不过了。待到了地头，再喝上一杯铁观音，人情、乡音相伴，更令人有不辨身在安溪抑或在台的错觉"。这次到台湾，沿海岸线一路往南行，眼观耳闻，我的体验和感受与龚鹏程一样。

台湾茶史较短，却一直是台湾的重要产业，早期主要出口产品之一，有"南糖北茶"之说。台产茶叶，向有红绿乌白之分，以半发酵乌龙茶最为著名，约占台湾年产茶叶的70%。《台湾通史·农业志》记载："台北产茶近约百年，嘉庆时，有柯朝者归自福建，始以武夷之茶，植于鱼坑（今台北石碇乡），发育甚佳。既以茶籽二斗播之，收成亦丰，遂相互传植。"虽然一开始传入台湾的茶种来自武夷茶区，但我们知道，靠茶籽繁殖容易改变物性，品种、品质会逐步退化，因而对台湾茶叶影响最大的还是安溪人，除了茶树无性繁殖技术由安溪人发明、茶苗得以大面积繁育原因外，安溪人移民历史较早，与台湾早期垦殖关系密切也是一个重要因素。

明末清初，安溪人入垦台湾后，即选择地形与原籍相似的地区拓荒垦殖，大面积种茶，运用家乡发明的半发酵技术制作乌龙茶。清嘉庆三年（1798）前后，安溪人王义程在台湾把乌龙茶制作技术进一步改善，创制出文山包种茶，并在台北茶区大力倡导和传授。清光绪八年（1882），安溪人王安定、张占魁等人合股在台北开设"建成号"茶庄，销售包种茶，生意兴隆。光绪十一年（1885），安溪人王水绵、魏静相继渡海，被台湾当地聘请为讲师，在台北七星区南港（今台北南港区）传授包种茶产制技术。1920年起，每年春秋两次，举办包种茶技术讲习会，1930年前后，台湾各产茶区均能制作包种茶，产量逐年增加。

文山包种茶原产于木栅，安溪传来的铁观音最早也试种于此，故木栅今天已成台北著名的观光茶区，山径一路茶香不绝。而书写这段历史创造这个芬芳传奇的，也是一位安溪人——张乃妙。光绪二十二年（1896），安溪大坪人张乃妙返乡探亲时，随带12棵安溪铁观音茶苗回台湾，种在木栅樟湖山居屋后的岩缝间。1919年，张乃妙以台湾"巡回茶师"的身份再次回到故乡，购买铁观音茶苗千株，广植于木栅樟湖地区，是为木栅铁观音的始祖。除了成功引种安溪铁观音外，制茶技艺高超的张乃妙，1916年还在台湾劝业共进会举办的"初制包种茶品评"比赛中，获得"特等金牌赏"；1935年，台湾茶叶宣传协会褒奖张乃妙"功在台湾茶业"荣誉，并奖给其青铜花瓶一对。1936年冬，张乃妙回到安溪，在胞弟张乃省的安排下，与安溪当地制茶大师交流制茶经验，聘请家乡制茶师傅到台湾木栅，指导改进铁观音制作技艺。第二次世界大战爆发后，因外销市场受阻，台湾茶业陷入低潮，许多茶园都改种了杂粮，张乃妙仍坚持开垦新茶园，种植铁观音并免费提供茶苗，无私传授制作技艺。

台湾茶种茶苗和制茶技艺源自安溪，茶叶贸易也是安溪人一路拓展出来的。安溪移民早期在台湾开设的茶行，包括西坪人王德的"宝记茶行"，王金明的"王瑞珍茶行"，王庆年、王庆泰的"尧阳茶行"，柯世钦的"正达茶业公司"等。这些茶行大量销售台产乌龙茶、包种茶，掀起台湾茶叶的一个蓬勃时代。而安溪历史上第一个铁观音茶王，也是在台湾产生的。1916年，安溪西坪茶商王西在家乡制作、由台湾"天馨茶行"经销的"王寿桃"牌铁观音，在台湾督署举办的茶叶评选活动活动中获得金牌，奖状、金牌今天依然珍藏在安溪西坪王西后人家中。

历史风沙漫漫，一部台湾茶史，究竟与安溪人发生多大的关联？而当中又隐藏着多少动人的传奇？就像来自故乡的那一尊尊信仰，清水祖师、保生大帝、保仪尊王……润物无声，却早已融入人心，化为一体。那些远走他乡的安溪人在不知不觉间，以蒲公英的姿态，裹挟着原乡的种子洒向广阔天地。茶之味愈久弥香，这一抹嫩绿，又见证安溪人多少顽强和坚韧？曾经，安溪人把家乡带去的茶苗种在台北、桃竹苗、中南部、东部和高山等茶山上，又运用家乡乌龙茶初制技术，创制出包种茶，对台湾茶叶发展做出历史性的贡献。今天，祖籍安溪的台胞二代、三代，又对茶叶栽培、加工技术加以改进，整理弘扬台湾茶道文化，把台湾茶业带入一个现代产业的时代。

当我走在三义木雕一条街，在嘉义触角品茶闻香时，在台南看到一片片苍翠的茶园，心里都会想起曾以台湾道台之职，承办台湾茶厘船捐事务的安溪芦田人林鹤年，默念台湾史学之父连横的那首《安溪铁观音》："安溪竟说铁观音，露叶疑传紫竹林。一种清芬忘不得，参禅同证木樨心。"连横非安溪人，但其本人在厦门经商并寓居过，据考证，连横妻子祖籍安溪金谷镇渊兜村，其一定到访过安溪，铁观音于其心中的分量自然非同寻常了。

于台湾茶史茶礼茶艺，我所知极其有限，但安溪乌龙茶、铁观音移栽、行销台湾乃至东南亚各处的茶路，是如此的清晰，铁观音以其滋味启沃人之生命与心灵，又何止连横、林鹤年和龚鹏程等人？这里，我不敢放纵情感，缅念历史，只管品呷着这来自原乡的时光茶，她融入乡情，气息依然，也有"不辨身在台抑或在安溪的错觉"了。

祖籍安溪的台湾人

20世纪60年代，西方人类学界出现了一批有心于中国研究的青年学者。"神秘的中国"是他们最想研究的国度。然而，历史的原因，中国大陆的"田野地"当时并不向外国人开放，这批学者只好前往台湾乡村，那里的被研究者，多数来自"泉州府安溪县"。之后，西方学者们根据"田野之所见"，写出了他们的论著，这些论著在汉学人类学中有里程碑的地位，"祖籍安溪的台湾人"也因此成为学术界的一个关键意象。

40年后，在陆续读了那么多关于"祖籍安溪的台湾人"的西方人类学著作后，我强烈意识到，要改变"隔岸观象"的学术局限，必须到对岸、到台湾去，这不仅是一种务实的态度，更是一种乡情的连接，我想探究一种民间信仰，一种文化基因，是如何"或数百年，或数十年，或远至千年，潜移默化，中于人心，而卒为群德，故其所以系于民族者实大"（连横）的？那些在海内外安溪人血脉中传承不断地对善的信仰、对义的追随，能否帮助这个审慎聪明、团结凝聚的族群，又一次驶向无垠的蔚蓝，续写新的传奇？

在台考察期间，我们访问团一行每天都为浓浓的乡情所感染，"祖籍安溪的台湾人"以最高礼仪接待我们，争相设宴，邀请参观他们的宗祠、创办的企业，个中情形，难以尽述。12月4日，台北安溪同乡会设晚宴欢迎我们，八十高龄的周桐尧副理事长，热情周到，频频起身依次敬酒，觥筹交错之间，乡音盈耳，乡情盈怀。席间，他对我说，只要有大陆安溪团来台湾，台北同乡会必定出面接待，而每次他都会一醉方休。台北安溪同乡会成立于1956年6月，是台湾较早成立的乡亲社团，50多年来，致力于两岸安溪人的感情联络、合作发展，做了许多有益的工作。酒是情感交流的媒介，是试金石，也是燃烧器，我虽不善于此，却也不知不觉间喝高了……

史载，明朝万历年间（1573—1620），安溪人开始入垦台湾，龙门榜头村白圭移住台湾旗后（今高雄）盖寮，捕鱼为生；崇祯年间（1628—1644），芦田三洋村三位安溪人到台湾苗栗开垦；永历年间（1647—1662），参内乡黄日旭到台北三峡落籍开垦。明末颜思齐、郑芝龙开辟台湾时，他的部属有不少是安溪人。时逢闽南灾荒，郑便鼓励灾民渡海到台拓荒，每组7至10人不等，安排给一头耕牛，披荆斩棘，开垦耕作。

郑成功东征台湾时，随征军民约2.5万人，其中仅安溪官桥赤岭就有五百之众。赤岭林目棍当年随郑成功收复台湾，返乡时还从台湾带回四棵芒果苗，如今传遍安溪各地，俗称"目棍羡"。自郑成功复台至郑克执政的二十多年中，由沿海迁移台军民达数十万人，其中包括很多安溪人。至清代，安溪乡民大量迁台，达到一个高峰。据周桐尧介绍，入台的安溪乡亲经历代繁衍生息，目前已达270多万人，约占台湾人口的11.8%，超过安溪本土人口的一倍多，安溪县因此成为台湾同胞最主要的祖籍地。

安溪是茶叶之都，茶种繁多，世代传承的制茶技艺，开创了中国茶叶的一个崭新时代。安溪人移民到哪里，就把茶叶种到哪里。台湾纬度气候、地形土壤、温度降雨与安溪相仿，安溪人入垦台湾后，便选择在台北地区种茶制茶，由于茶叶经济价值高，至清末，安溪人已是台湾社会最重要的族群。刘铭传可以募集到五百士勇，一方面文山地区有这样打仗的人，一方面安溪人在清末的台湾社会里最有钱，而钱则来自于他们开展茶叶贸易所得。

清初，安溪湖头人李光地举荐晋江人施琅担任福建水师提督，平台湾郑克爽。施琅又采纳另一位安溪湖头人林孺的建议，招抚台湾。林孺熟悉水战，勇武过人，曾率兵攻克金门、厦门等36个岛屿，后来他随施琅赴台，并留居台湾数年，帮助施琅处理招抚后的善后工作。由于李光地、林孺、施琅三人的特殊关系，参加施军的安溪人自然受到特别关照，大量携眷往台，垦殖台北平原及山区，台北地区成为安溪人最集中的地区。台北万华、三峡能够建造巍峨宏伟的清水祖师庙，与安溪人的大规模聚居和社会影响不无关系。台湾至今流传一句谚语："正月初六，满街都是安溪仙。"说的是，每年农历正月初六，清水祖师都要举行例行春巡活动，每当此时安溪籍移民万人空巷，成为一大景观。

安溪人富有吃苦精神，迁台乡民中十有八九一开始从事垦殖，他们从泉州、厦门出发渡海，至淡水登陆后，溯流而上，在北投、树林、莺歌、三峡、平溪、景美、木栅、石碇、新店、坪林及古亭、大安等地，聚族而居，开垦水田、坡地，种茶制茶，以农为生。此外，也从事酿造、塑胶、五金电器、渔业、运输、钢铁和文化教育等。台湾曾经十分流行的"红露酒"，是安溪红酒、老红酒的别称。红露酒源于安溪，郑成功光复台澎后，随郑往台的安溪籍士兵，在台试制老红酒饮用，借以聊慰乡思。后来，安溪人黄纯青、陈纯青分别在台北、宜兰开办酒厂，生产红酒，一时风行台岛，还外销美国、加拿大和南洋各地。

世界"塑胶大王"王永庆祖籍安溪长坑乡玉湖村，清道光年间，王永庆的高祖母许雪娘携儿子王天来和儿媳林谨，从泉州府金田乡（今安溪县长坑乡玉湖）入台，即来到台北直潭山上种茶为生。之后，王天来传王添泉，王添泉传王长庚，王长庚传王永庆、王永成、王永在，王永庆又传王文洋、王文祥、王贵云、王云龄、王雪红、王瑞华、王瑞瑜、王瑞惠和王瑞蓉兄妹九人。几个世纪以来，一棵神奇的茶树漂洋过海，落地生根，哺育的又何止"经营之神"王永庆这个庞大的家族？她上述祖德，下延世系，无论是家族还是个人，都得以枝叶繁茂，血脉贯连，直至永恒。

安溪人不仅积极参与郑成功复台斗争和施琅统一台湾的活动，而且高扬民族大义，在清晚期抗法、抗日斗争中，以清水祖师庙为指挥部，正气凛然，英勇善战，用生命和热血保卫自己家园。据记载，中法战争爆发时，法军入侵台湾，淡水人请去清水祖师神像为我军助阵。战斗胜利后，淡水人以为祖师爷法力无边，保国安民，拒绝归还神像。艋舺人追讨无果，只得另刻一尊。据说，在一段时间里，艋舺人和淡水人也因此结了仇。现在淡水祖师庙中，仍供奉着这座神威显赫的祖师爷神像。

　　清水祖师神迹是否出战迎击侵略者，无从考究，安溪移民抗法、抗日事迹，史书赫赫载明。清光绪十年（1884），台北安溪人白其祥（祖籍龙门榜头），在中法战争中组义军至淡水抗法，被赐五品军功。清光绪二十一年（1895），中日《马关条约》签订，清政府把台、澎割让给日本，安溪大坪籍人高义闻讯加入抗击日本侵略者的行列，历经数年血战、上百次战斗，给敌人很大的杀伤，终因后援不继，内渡暂避漳州，等待时机，以图东渡收复台湾。由于清政府腐败无能，高义抗日复台的愿望迟迟不能实现，他在弥留之际还说："不见台湾收复，深以为憾！"同年，日军进逼台北三峡时，安溪人以清水祖师的令旗为大红旗，以祖师庙为军械库及粮仓，在山重水复的三峡地区，给日军以重大打击……即使到日据时代，当"皇民奉公会指定演剧挺身队"在全台巡回演出时，安溪人仍坚持祭拜清水祖师、保生大帝、妈祖等神明，在神明诞辰时，冲破日本殖民者的禁令，举行隆重的庆典活动。

　　人类的迁徙是文化传播的途径，移民是文化的载体。一部台湾发展史，就是安溪人的移民史。当闽南人大量移居台湾时，必然把闽南文化传播到台湾，又与台湾本土文化不断交融，逐步形成闽台地域性文化，是中华文化的延伸和发展，在中华文化体系中占有重要的地位。在台湾移民的祖籍分布上，占绝大部分的是属于闽南文化体系的泉州府、漳州府、永春州，据统计，闽南移民占福建移民总数的97%，所以，在闽台文化的交融过程中，闽南文化是主要的影响源，不仅表现在台湾的上层社会中，更反映在平民文化上，闽台民众在语言、衣着、饮食、居住上十分一致，在祖先祭祀、民间信仰、婚丧礼俗、节日风俗上完全相同。行走台湾，走街串巷，你会发现，这里分明就是"第二闽南"！

　　时光迢迢的今日，别离还在上演。当安溪人离乡远行之时，依然会把清水祖师佛像带在身边，以保佑平安。和过去稍稍不同的是，安溪人还会带上产自家乡广袤土地之上的铁观音茶，他们确信，有了清水祖师和铁观音相伴，故山别后，即使浪萍踪迹，梦魂也不怕风波险。安溪人在世界各地书写着一个个传奇，而每一个传奇的背后都有故乡的背影。无论走多远，安溪人都走不出茶的清香，也走不出祖师的恩泽。这片土地上的神与人、人与茶所构成的值得思索的关系，怕是永远都无法厘清了。

紫霞云天林鹤年

形骸终要化灰,陵谷也会变异,而伟大的精神总是不朽。

谨以此片献给奔走两岸,为国家统一而殚精竭虑、不惜牺牲的人们。

——题记

奇妙的建筑

芦田镇,是中国铁观音之乡安溪一个主产茶叶乡镇。这里地域宽广,却是人口稀少,全镇一万八千居民,有三分之一常年外出谋生,经营茶叶,留下来的村民,习惯每天追随着太阳的脚步,日出而作,日落而息,同外界接触最多的时候,就是茶季。

这是小镇一年中最热闹的时候,空气中弥漫着扑鼻的茶香,家家户户都有从各处赶来收购茶叶的本地、外地茶商,他们取样,冲水,泡茶,讨价还价,脸上满是幸福的笑。这样的热闹,往往会持续前后个把月,茶季一过,镇上很快又恢复往常的平静。

但是今年(2009),有细心的村民发现,虽然茶季已过,隔三差五却不时有陌生人造访,他们的目标也一样,就是去看,镇政府后面、茶园中那几栋残砖断壁、杂草丛生的老房子。

究竟是什么事情,打破了小镇往日的宁静?那几栋业已破败的老房子里,究竟又隐藏了怎样的秘密,引得人们频频踏访?

编者注:本篇为三集历史人文记录片《紫霞云天林鹤年》解说词,薛德芳参与本文写作。

林赐生，芦田中心学校的教师，每次有人来参观老房子，都是他做向导。因为他是首先发现这些老房子秘密的人。

林赐生的老家，就在这些老房子旁边，小时候，他与玩伴没少到老房子里玩耍，除了空旷无人，奔跑起来无遮无拦，还因为房子建得好看，那木雕的房梁，栩栩如生的窗花，和墙上色彩鲜艳的壁画，曾经吸引了林赐生等少年的目光。

　　林赐生：小时候不懂得那么多，就知道房子好看。也不知道房子是谁的，就听老人们说，是属于一个叫林远芳家族的，在广东一带做生意，很有钱，具体做什么没人说得清楚。师范毕业回到镇上当老师后，没事又经常到那几栋老房子里转悠。特别是看到墙壁上的"朱子家训"，让我感觉这些老房子非同寻常，房子的主人肯定非富即贵。

除了房屋主人的身份，让林赐生感觉奇怪的，还有这几栋房子的布局。有一天，他按照行走路线，用笔把几座房子的位置标注下来。等标注完后，林赐生惊呆了：几个代表房屋位置的圆点，依次连接起来，呈现在眼前的，就像经常在夜空上看到的北斗七星图。

仿照天上北斗七星的形状，建造一个人间"七星坠地"？难道，这就是房子布局的秘密？林赐生还不敢贸然下结论，因为按照他的行走路线，所标注的房子只有六个。如果房子是按照北斗七星的布局排列，那么，第七颗星在哪里？

林赐生想进一步印证自己的推论，他爬上房屋对面的小山头，从高处俯瞰，发现六栋房子确实与北斗七星排列方位一致。而且，在第七颗星的位置，也的确有一栋建筑——那就是珍田祖祠。

但，这又让林赐生陷入了新的疑惑：因为珍田祖祠年代更久，与其他六栋房子并不是同时修建的。如果珍田祖祠并不属于林远芳家族，那"七星坠地"之说就无法成立。

　　林赐生：我又特地去查阅族谱，发现珍田祖祠的确是芦田林氏祖屋。芦田林氏，一共有四个支派，珍田祖祠是当中三个支派的祖厝，包括林远芳家族这个支脉。所以，我推测林远芳家族是借珍田祖厝为第七颗星，来建成这个"七星坠地"古民居群。

一个僻远乡村为何会有如此奇妙的建筑？到底是真正的"七星坠地"，还是纯属巧合？如果是，其背后又隐含着怎样的奥妙？谨慎起见，林赐生查阅了不少地理和建筑风水学的书，可惜相关论述甚少。谜团，一个套着一个，在林赐生心中越滚越大。

直到2009年的春天，随着紫云山的旅游开发，林赐生心中的谜团才逐一解开，而揭开这古民居玄机的，不是别人，正是福建紫云山旅游投资开发有限公司总经理韩文元。

> 韩文元：我们做整个紫云山的旅游开发，芦田是主体乡镇。几次勘查后，听说这边有一个古民居建筑群，属于清朝一个大家族。我本身对建筑风水学感兴趣，也拜师学过一些，走到第四个老房子的时候，我就觉得有蹊跷。等到七处房屋都走完后，我更加肯定，房屋的建筑一定是按北斗七星的方位排列的。

为了进一步印证自己的推断，韩文元像林赐生一样，又爬到对面小山坡，站在坡顶俯视。

移步换景，韩文元有了新的发现。只见整个村落四周环山，呈环抱之势，而七座老房子散布在茶园中，错落有致。一条蜿蜒的小溪从老房子建筑群当中穿过，极像太极八卦图的分割线。韩文元到访过浙江兰溪诸葛八卦村，据此，他大胆推测，这个"七星坠地"极有可能又是个太极八卦村。

如果是这样，"白鱼的黑眼"和"黑鱼的白眼"在哪里呢？兴奋的韩文元急急下山，终于在小溪的两侧，各找到已经堙塞的一口水井和一个池塘，无疑，这就是太极八卦图的两个"鱼眼"。

遥望浩瀚的苍穹，亿万年以来，那由天枢、天璇、天玑、天权、玉衡、开阳、摇光七星组成的斗形，曾激起中国人多少浪漫的情怀？古人以七星组合为斗形酒器，天枢、天璇、天玑、天权组成斗身，玉衡、开阳、摇光组成斗柄。大地是酒瓮，七星是酒勺，这当是一壶多大的酒？这壶酒又可以醉倒多少人？

在不同的季节和夜晚不同的时间，七星出现于天空不同的方位，聪明的中国人，又根据初昏时斗柄所指的方向，来确定季节。将七星加以人格化，作为重要的天神加以崇拜，并对之作出种种神学解释。

而太极八卦，则集中体现着中国人对于大千世界的朴素认识，阐明了宇宙从无极而太极，以至万物化生的过程。天地未开、混沌未分，是为太极。太极分为阴阳两仪。《系辞》又说："两仪生四象，四象生八卦。"太极和八卦组合成的太极八卦图，又为历代道家所运用，成为中国古代哲学最重要的思想核心。

在闽南茶乡，自然、人文相生相成，天象、地势融为一体，七星、八卦合而为一，历史就是这样的玄妙，将一幅"七星太极八卦图"，以这样的方式，恩赐予安溪这片神奇的土地。

现在，就让我们借助科技的力量，沿着时光的隧道，穿越到100多年前去领略芦田人于传统建筑学的大智大慧吧。

（三维制作"七星坠地"建筑群，逐一介绍）

梳妆楼，北斗第一颗星——天枢的位置所在。这是一座三层阁楼，是大家闺秀的起居之所。为了保护小姐们的隐私与安全，阁楼一层和二层之间没有固定的楼梯，只有从二楼递下梯子，方可上到二楼。

与梳妆楼一水之隔，便是第二颗星天璇的位置，这是处典当行。乍一看，典当行似乎一水隔绝完全无从进出，仔细观察之下，则发现其中的奥妙。玄机就是岸边的两个石桩。原来由于典当行内贵重物品甚多，为安全起见，典当行用早搭帆布晚收帆布的方式进出，而帆布就系于这两块坚固的石桩上，不得不佩服设计者的周全考虑。

出了典当行继续前行，来到一座宽敞大宅前，这是天玑星的位置——天伦书屋。书屋内，雕刻精湛，工巧华丽，位于门边的壁檐上，瓷料拼接的风景画，历经岁月的淘洗依然色彩艳丽，外墙工艺仿若刀割般整齐，为加固稳定，还模仿钉镙进行拼接。岁月过往，依稀可见当年孩童琅琅读书与快乐嬉戏的情景。

大山深处，这座书屋，曾滋养了多少人的心灵，把多少人带出愚昧和贫穷？

走出天伦书屋，耳边荡漾着的昔日笑声渐渐远去。不远处便是宗祠——龙美居。龙美居房屋构造损害严重，但残留古迹最为浓厚，正对着鲤鱼山的门梁柱上刻有一副对联：龙门跃鲤云腾瑞，美景临江月泳波。上联由地至天，下联由天至地，一昼一夜，一动一静，虚实结合。

龙美居大门可称龙门，大门正对鲤鱼山，恰似鲤鱼跃龙门。大门外是八卦阵内的一弯溪水，月圆之夜，放眼望去，只见粼粼月光倒映水中，极致景象与门上对联内容相符，足见主人之学识渊博。

在龙美居徜徉，细细详勘，屋檐的出游图栩栩如生，横梁上的花鸟图案清晰可见，不仅如此，连柱子的油漆也是仿宫廷式，先在木头上包上一层布料再刷上油漆，岁月流逝，依然可以辨认得出色彩。

厅堂木墙上彩绘有《朱伯庐治家格言》，是关于嫁女择佳婿的持家规定：勿索重礼，黎明即起，洒扫庭院，内外整洁。来到屋后，临山墙居然是采用了半圆形设计，放眼看去，整个天伦书屋俨然像一顶状元帽，让人不住惊叹古人的奇思妙想。

天权星龙美居的隔壁，便是作为仓库之用的四合院，也就是玉衡星。查阅旧版安溪县志，这个四合院曾用来做学堂，是安溪最早的学校之一，称兰圃学校。

麟德居代表了开阳，其最令人惊叹的是屋顶的房檐工艺。造型变化别致，正面看壮观宏伟，换个角度又犹如比翼齐飞的展翅之翼，足见建造者有很高的工艺水平，绝非一般人所为。

林氏祖屋——珍田祖祠，代表着最后一颗星摇光。天枢、天璇、天玑、天权、玉衡、开阳循路而来，万宗归一，又象征延续不断的林氏血脉支流，汇聚于此繁衍生息。

  古建筑专家（分析"七星太极八卦"古民居建筑群特色、功能时）称：芦田这个古民居建筑群，确系模拟天上北斗七星实景，来进行空间形态布局的，施工时又结合太极八卦的原理，是目前我国首次发现。从这七栋房子现存资料来分析，这是始建于清代的古民居，距今至少有100多年的历史了。

  采用的是二进式土木建筑，有左右护厝，是典型的闽南古大厝风格，看出建筑时是花费了很多的心思的。七栋房屋不仅仅是装饰非常细致奢华，工艺也很精湛，包括雕刻、描绘、工艺、材料的珍贵，而且功用也是非常齐全。

  在整个七星八卦阵中，还有一座鲤鱼山，形似鲤鱼深藏于古民居建筑群中，神似点睛之笔，使得整个建筑群充满了灵气和活力，可见设计者一定是学识丰富，而且家境非凡。

在大地复制天上北斗七星，已是不易。融进太极八卦，更让人心生震撼。探访的人们一拨拨来了，又一拨拨走了，只有"七星坠地"依然兀立日月晨分，散发着来自遥远的气息，让人们瞻仰和凭吊。

她像一位饱经沧桑的老人，含光默默，在述说着绵绵若存的历史。然而，人们并不一定知道，这是文化成长的一份真实记忆，是时代之外的另一种借喻。

七星和太极八卦在我国古代都具有非同凡响的象征意义，因此常被用在建筑风水学当中。但是，像安溪芦田镇这七栋古民居一样，将北斗七星天文景象投射于地形建筑，并结合太极八卦布阵的建筑群，在我国还是首次发现。究竟是何人，在这样一个偏僻的闽南小山村里，建造了这样一处集天象、地势、风水于一体的神奇建筑群？

脚下的土地

安溪产茶始于唐末，五代后周显德二年设清溪县后，县令詹敦仁以茶为立县之本，力推茶叶种植，开安溪茶产业发展之端。由于民间种茶普遍，制茶工艺先进，宋初，安溪"土有茶谷桑麻之出，地多麟鹿禽鱼之产"，已是闽南富庶之乡。

宋元时期，随着泉州刺桐港的兴起，安溪茶叶开始出口海外，饮茶也成为人们生活中最重要的部分。到了明代，安溪大面积种植茶叶，又发明乌龙茶半发酵制作技艺，茶业步入鼎盛时期。明嘉靖时的《安溪县志》记载，"茶，龙涓、崇信出者多"，"安溪茶产常乐、崇善等里，货卖甚多"。崇信、崇善，即今天安溪西坪、芦田、祥华等地。

在中国茶叶的地理版图上，西坪，因为发现、培育了铁观音茶树，而名扬海内外；祥华产茶之多，与首任安溪县令詹敦仁辞官隐居此地后的推广，关系密切；而芦田，成为安溪最重要的茶叶生产基地，除了是国家级茶树良种梅占茶的发源地之外，是否还有别的原因？

与铁观音一样，梅占茶的由来也有两个传说。一说是，清道光元年（1821）前后，芦田紫云山下长有一棵茶树，树高叶厚，但不知其名。有一天，西坪尧阳王氏前往芦田拜祖，特意考问茶树的名字。芦田人抬头看见门联一边写着"梅占百花魁"，急中生智取名"梅占"茶。

一说是，清嘉庆十五年（1810）的一个夏日正午，天气十分炎热，芦田三

采茶时节　叶景灿 摄

洋村有个农民叫杨奕糖，在百丈坪田里劳动，见一位肩挑茶苗的老人气喘吁吁在他身边停下，想舀稻田里的水喝。杨奕糖连忙阻止并盛了一碗稀粥递给老人，老人喝了粥后，遂挑了三株茶苗送给杨奕糖。杨奕糖将茶苗培植后，所采制的茶叶冲泡时韵味独特，醇香无比，可谁也叫不出茶名来。最后，是村里的读书人杨飞文，发现此茶状似梅花，"独占花魁"，给命名为"梅占"茶。

无论传说如何美丽，我们都要佩服芦田乡民的智慧，但真正让梅占茶登上中国茶谱，引种各地，驰名中外，不能不提到晚清一位著名诗人，林鹤年。

茶文化史研究者（介绍林鹤年茶诗）：在安溪众多的咏茶诗或涉茶的诗词中，林鹤年写得最多，有数十首，五言的七言的，有绝句有律诗。在林鹤年的茶诗中，安溪茶乡的秀美山川、淳朴风情尽显风姿。林鹤年的茶诗，是当代研究清末中国茶业生产的宝贵资料，更为安溪茶文化写下浓墨重彩的一笔。

"采茶莫采莲，茶甘莲苦口。采莲复采茶，甘苦侬相守。"这首《莲洞茶歌》，是林鹤年取材芦田风光，创作的八首分景诗之一，极富乡土气息，又饱含人生哲理。

林鹤年还写过一首名为《田家述》的茶诗，有64个句子，320个字，"酒不向妇谋，茗或呼童焙。种梅三万株，终老吾何悔。"动手滤酒，唤童焙茶，酒是自酿的红酒，而茶，就是芦田的"梅占"茶。性灵山水，使诗人畅意释怀，青青茶园，收服了诗人的全部灵魂。

文学源于生活，林鹤年这些茶诗，没有生活经历肯定是写不出来的。那么，他到底是不是安溪芦田人，可曾在芦田真正生活过？有段时间，这些疑问，像"七星坠地"一样，也时常困扰着喜欢思考的林赐生。

林赐生偶然在安溪乡土教材上，读到《莲洞茶歌》这首诗，作者恰好跟自己在龙美居宗祠牌位上看到的"林鹤年"一致，林赐生心里想，该不会是同一人吧？随着自己研究的深入，林赐生猜想一一被证实。

芦田林氏族亲（用族谱，介绍林鹤年与林远芳的关系）：我们的《林氏族谱》记载，林远芳，安溪崇信里胪传乡（今芦田镇）人。幼通十三经，却不屑科举，时粤海防开禁，林传芳因而治商，先后于安溪娶王氏，于广东娶梁氏。林远芳育子十一人，林鹤年为梁氏于广东番禺太平沙所生，排行第四，是清朝举人、著名的诗人。

1963年春天，《台湾风物》创办人、台湾文史专家陈汉光在台北旧书摊上，买到一本《福雅堂诗钞》第三册，虽然残缺不全，却据此了解到作者林鹤年与台湾的关系。时隔三年，即1966年，幸运的陈汉光，又在旧书摊买到"诗钞"的第一、二、四册，合齐完整一部《福雅堂诗钞》。

引起陈汉光重视的这部《福雅堂诗钞》，收入晚清时期台湾及闽粤两地甚多资料，对研究清末闽粤台关系有重要的参考价值。尤其是篇首的《林氅云先生家传》，使我们得以比较全面地了解林鹤年传奇的一生。

虽是家传，但作者名叫吴鲁，并非林鹤年本人。吴鲁是清末政治家、教育家、诗人，福建晋江池店钱头村人，也是泉州历史上最后一位状元。吴鲁这份林鹤年家传所记载的，与芦田镇林氏族谱相一致。而且，在《福雅堂诗钞》的《山园集》中，轻易就可以找到林赐生先前读到的《莲洞茶歌》，还有那首长茶诗《田家述》。

《山园集》由刘嘉琛题署，收录古体诗102首，反映的都是林鹤年有关安溪芦田故里诗作，山曰紫云，园是茶田，林鹤年以山园为诗集命名，指出了一个人与自然和谐共处的最佳契合点——当然，乱世之中，最美的山园，只在故乡，在人心之中。

还有一个耐人寻味的细节是，《福雅堂诗钞》初版于清光绪二十九年（1903）三月，再版于中华民国五年（1916）十二月，12位编校者中赫然有台湾史学奠基人、《台湾通史》作者连横。连横为国民党前主席连战的祖父，他也写了大量的安溪铁观音茶诗。连横何以写作这些经久传颂的茶诗？本人是否来过安溪？这又是个颇有意思的历史研究课题了。

辗转闽、粤、台三地经营茶叶积富后，林远芳便返乡开建"七星坠地"。至于当初他是受高人指点，或是自出心裁建造这一奇观，现在已经无从得知，或许，通过构造"七星坠地"的方式，对话苍穹，参悟天地，一直是林远芳内心深处的愿望。

林鹤年毕竟是林远芳最有成就的儿子，他接过父亲开创的祖业，续建"七星坠地",并不时回来居住,除了中兴林氏家族的责任感外,更多的应该源于其个人对于芦田环境的钟爱。林鹤年在这里开办学校,纳徒讲学,登高呼啸,临流赋咏,把胸中的丘壑化作诗歌和丹青。又在父亲安排下,置室施氏,建起家庭,"茶熟山妻长对品,花开小婢惯先知",把外界的纷扰、离乱,隔绝在松涛和亲情之外。

  茶文化史研究者(分析林鹤年的茶诗):林鹤年确实在"七星坠地"居住过,1895年秋天他从台湾归厦门后,曾回安溪掌教考亭和崇文两个书院,担任主讲多年。还有另一位主讲是陈浚芝,安溪城厢镇经岭人,他们与唐景崧一起曾在台湾创办过台阳吟社。

  在安溪,在芦田生活期间,故乡丰富的茶叶资源,紫云山秀美的自然风光,激发了林鹤年的写作灵感,他创作了大量以紫云山、以山居生活为题材的诗歌,淳朴自然,清新隽永,有陶渊明、孟浩然之风。
  "紫云山上景万千,春尝百花夏消凉。秋观日出冬尝雪,琳琅满目胜仙乡。"
  "枝枝草木凝霜脂,朵朵冰花遍地开。晶莹剔透玉遍地,满目珠玑尽朝晖。"
  透过林鹤年的这些诗句,我们依稀看到诗人游遍了芦田的一山一景。他可曾在幽谷中,共消泉溪流瀑之音?在紫云山林中,冥游在忘我之间?可以肯定的是,紫云山的造化恩宠于林鹤年,而林鹤年也用生命和灵魂,亲历了紫云山的瑰丽与神奇。
  亿万年前的地壳运动,造就了紫云山的一身灵气。这是一座自然和心灵的神山,无论大小佛事,四乡八里的乡民们,都要翻山越岭前来,钻石取火,上香拜祭。
  紫云山巅有几处火山口遗迹。其中一个火山口,由于虹吸现象,长期流出一泓山泉,形成天池。池水终年不干涸,清澈如许,不溢不漫。池中,生活着起源于3.2亿年前,和恐龙同时代的国家一级保护动物——中国小鲵。
  站在池边俯视,只见蓝天白云倒映池底,"鸟在水中飞,鱼穿云层过"。"水火交融、冰火两重天"的自然景观,在这里奇迹般出现,令人叹为观止。
  紫云山的云海与日出,才是这片土地上最具灵气的存在。雨后,登上紫云之巅,只见云海似海非海,飘忽不定。四周群山如座座小岛,在云海中沉浮,

紫云山日出

令人神摇襟荡；紫云烟雾如丝如缕，缥缈弥漫，像炊烟熏染了时空，像仙境跨越了地界，迷茫了心神。层峰与云彩情意绵绵，仿若轻云之蔽月，流风之回雪。

紫云山的日出，则是一场以色彩为献祭的仪式。当太阳马车从天边奔腾升空，将群山纳入神圣的光晕，化为太阳神麾下的仪仗。霎时，转为气势雄浑的交响乐，美得触目惊心。白色、紫色、金色、红色，就像油画大师笔下恣意挥洒的画布，层层覆盖的油彩，让景色越来越显饱满亮丽，为大地容颜笼上一层神奇的光晕。

如果幸运，在紫云山上是可以看到日月同辉的极致景象的。造物主赋予世间的无限精彩，在紫云山生命也以多种形态出现。无论春秋冬夏，她都会出其不意地给予人们难以估料的惊喜，雾凇、冰凌、云海，还有四季不断漫山遍野的杜鹃花开，将水墨画般的山色点缀得更加绚丽多彩。

紫云山本身已极具灵性，而龙藏岩、龙山寺等诸多庙宇的存在，更是为紫云山锦上添花。龙藏岩，原名龙崇庵，始建于唐朝末年，清朝康熙年间重修，改为龙崇岩，乾隆年间，定名为龙藏岩。不知从何时起，龙藏岩就一直安放着一口古钟，对此，林鹤年曾写了一首《新岩梵响》："白云一声钟，下界动清响。即此悟真如，乾坤小方丈。"想必当年，他一定常常到寺中虔诚朝拜，寻找精神之寄托。

扫落花、采山药、听秋声、品茗茶。紫云山的灵气，让林鹤年找回心灵的寄托。暂且不论，家乡之外的林鹤年是什么模样，至少，在返乡居住期间，他是快乐的、自由的、率真的。穿越时空，我们看到的，都只是一个醉心山水、逍遥世外的诗人的身影。究其原因，恐怕只有一个——他是脚踩在紫云山上，踩在故乡这片温情而坚实的土地上。

而于无声处，一个拥有博大人格力量的山岳，也在文化的层垒堆积中拔地而起。

人与山，山与人，交相辉映，给这个文明史挥洒出闪亮的传奇。

一首《田家述》，一卷《山园集》，把"南中十子"林鹤年和七星八卦古民居联系在了一起。作为古民居建造者林氏家族林远芳的第四子，林鹤年曾数次返回安溪，并在紫云山下的家乡芦田居住，种茶品茗，留下大量咏茶诗歌。林鹤年究竟为何返乡，难道，他仅仅就只是一位诗人，一位只会歌诗酬唱的诗人，壮志未酬退回内心寻找寄托？历史恐怕没这般简单。

历史的天空

这里是厦门鼓浪屿福建路 24 号，这座编号为 A6-07 的建筑名叫"怡园"，2002 年作为重点历史风貌建筑单位和全国重点文物保护单位，被厦门市政府保护了起来。

建筑为两层民居，是典型的闽南民居格局，全清水红砖，借鉴部分西洋风格，圆拱高柱，前房呈三面突起，可吸收更多的熏风和阳光，同时建有地下隔潮层。由于建筑风格独特，加上有众多文物古迹，每天都吸引着很多游客前来参观。

怡园林氏后人（介绍怡园由来及历史）：这是我们的先祖林鹤年当年（1896）从台湾内渡后，花巨资建造的。取名怡园，就是心怀台湾的意思。他在这里住了五六年时间，一直到去世。

怡园竣工后，林鹤年买来太湖石，将周围旷地建成花园，闲暇时，常邀友人来这里作诗唱和。有一次，几位志同道合的挚友，在一起饮酒作诗后，书法家吕世谊当即挥毫写下"小桃源"三字，寓怡园可与陶渊明的桃花源相比。林鹤年甚是兴奋，马上叫人在花园入口处修一截短墙，将书法刻在石头上嵌进了短墙，并加镌"避氛内渡，筑园得吕不翁书小桃源石刻，人以为忏"等碑文。

寥寥数句碑文，掩不住林鹤年内心的无奈和悲伤。究竟，林鹤年与台湾有着一段怎样的关联？末了，他为何要从台湾返乡，选择在厦门居住？这其间，又发生了哪些惊天动地的故事？

1846 年，林鹤年出生于广东番禺，母亲梁氏。少年时，林鹤年聪明异常，博览群书，为文有英气，尤工于诗，36 岁时考中举人。1883 年，参加礼部考试，力拔头筹，任国史馆誊录员。后因支持"公车上书"，受到牵连，直至 1892 年，才调任台湾。

彼时，台湾仍是一片蛮荒。到台后，林鹤年不因远离大陆的舒适生活感到失意，开始，他主管台湾的茶叶生产和贸易，后又兼管港口船政。台地边界，开发较晚，苗栗原住民因生活困苦，时常滋扰，林鹤年与邵中濂、林维源等人商议，出资帮助他们屯田垦荒，拓地数百里，发展农业。又花自己的钱，买来西方机器，兴修水利，开办金矿，发展樟脑业，每天用工数以千计，解决台南众多民众的就业问题。

19世纪末叶，台湾文化一片沙漠。林鹤年游说当政者唐景崧和林时甫，办书院，兴科举。唐景崧任台湾布政使驻台北时，经常在官署中邀约名士吟咏，林鹤年送去数十盆牡丹志贺，诗社于是改名"牡丹诗社"。受其影响，林鹤年的四子林辂存，亦在台北，邀约友人结成"海东吟社"，并自任社长，诗酒酬唱。在林鹤年父子的带动下，一时间，台岛诗声琅琅，文风日上，一派清和。

继主政台湾茶叶、船务成功后，林鹤年又主持台湾铁路建设，捐办考舍，修理寺观，恤贫、育婴，政绩斐然，广为称赞，短短时间内，一路擢升为"知府"、"道台"、加按察使衔。林鹤年的台湾为政之路，可谓一帆风顺，原本可以在此继续施展雄才抱负，但时代、历史有负于他。

1894年10月31日，唐景崧就任台湾巡抚之时，中日甲午战争已打了两个多月了。次年，清军遭到惨败，4月17日，腐败无能的清政府与日本签订了《马关条约》，将台湾及澎湖列岛割让给日本。

清政府的卖国行为，激起了全体台湾人民的愤慨。唐景崧七次致电清廷，表示"台湾属倭，万众不服"，"桑梓之地，义与存亡"。但是，卖国的慈禧，一面下令台湾大小官员内渡撤回大陆，一面严禁内地接济台湾抗日军民。唐景崧拒不奉命，与刘永福"黑旗军"一道率全岛军民，英勇抗击日本侵略者。

被迫之下，1895年，林鹤年举家内渡，建怡园，从此定居于厦门。"黑旗军"抗日期间，林鹤年曾暗中给予义军许多支持。后来，由于外援断绝，"黑旗军"只坚持了4个月就失败了。6月7日，日军攻占台北，台湾全岛落入敌手，从此开始了长达50年之久的殖民地时代。林鹤年闻讯后，悲痛欲绝，专程到南安孔庙前"郑成功焚青衣处"恸哭，赋诗八首。诗中，几一字一泪，其忠君爱国之切，直追杜少陵。

1897年4月7日，他又登临鼓浪屿日光岩，面对台湾方向赋诗曰："海上烟云涕泪多，擎天无力奈天何！仓皇赤壁谁诸葛？还我珠崖望伏波。"吟罢，仰天长叹，泪面饮泣，奔下山去！诗人的响悲意苦，就像唐诗名作《春望》所表达的那般强烈。

但是，杜甫尚可等到"剑外忽传收蓟北……漫卷诗书喜欲狂"的这一刻，而林鹤年在有生之年，却没能看到收复台湾这一刻。或许，正是这种无力回天的爱国情怀，促使林鹤年一度隐居家乡，"睡听秋声赋，慵煎雪里茶"，来逃避现实的无奈。

林鹤年在台湾施政只有短短三载，但台湾山山水水，一景一物，一定经常入梦。从台北到台南，从赤嵌城到阿里山，林鹤年足迹之广，交游人士之多，十六卷《福雅堂诗钞》可见一斑。惟其与关系深远者，莫如台湾；来往密切者，莫如台人。

故交肝胆今谁是？千古英雄为破颜。林鹤年虽只是封建王朝的一名官员，但更是台湾早期的建设者、管理者。其写于甲午战后之诗，悲愤雄壮，充溢着金戈铁马的爱国情怀。是啊，怡园，心中有园，林鹤年难以割舍的，就是海峡彼岸那个血溶于水的亲亲家园。

怡园建成不久，林鹤年便弃官告退，"下海"经商。他一边在龙岩宁洋（今漳平）开办垦殖场，一边在安溪芦田立义仓，办私塾。就像他在《携粤厦眷属避乱还安溪》一诗中写道："杜陵兄妹滞天涯，此日团圆聚一家。到底故山风物好，隔篱花雨课春茶。万山风雪掩柴门，世外朱陈别有村。始信桑麻成福地，人间何处不桃源。"但是，谁又能真正走进诗人的内心，读懂林鹤年那一份赤子情怀？

自古以来，故乡在每一个人中国人心里，都是舍不了、化不开的眷恋。它是对原乡的本能回归，并积淀成一种集体无意识，植根于我们的心灵深处。林鹤年也不例外。在他的心里，或许只有紫云山的天空与大地，只有芦田与自然水乳交融的田园生活，才能让他失落的灵魂找到寄托。而正是源于林鹤年这一举动，才留下了有关茶叶、芦田、紫云山的大量诗篇，留下这笔无法用物质来衡量的宝贵财富。

茶叶，是林远芳家族与台湾又一个剪不断的联系。林远芳出生于安溪茶乡，晚年经营茶叶，创办"英芳号"茶行，在厦门、广州、台北都有分店。从小在父亲身边的缘故，林鹤年受其影响至深。在台期间，他主管茶叶事宜，避乱内渡后，又经常往来两岸，在台湾苗栗、南投开垦茶园。回到家乡芦田、续建"七星坠地"后，依旧是种茶、品茶、咏茶。台湾与大陆茶文化的交流，林鹤年称得上是先行者。

厦门大学台湾研究院邓孔昭教授：作为福建晚清八大诗人之一，林鹤年著有《福雅堂全集》《福雅堂东海集选订》《东亚书院课艺初二集》等著作。厦门大学图书馆里，藏有林鹤年的《福雅堂诗抄》铅印本，共收录鹤年诗作一千九百多首，其中有一大部分茶诗。这些茶诗，不仅真实反映闽台当时的茶学文化和茶叶耕作，也佐证了当时茶将两岸的情谊紧紧相连，是一笔宝贵的财富。

回厦门后，林鹤年还参与创建东亚书院，参与编撰《四库全书》，足见其才学八斗、经纶满腹。但就是这么一个传奇的人物，天不假寿，1901年10月16日，带着国难未平、心怀台湾的遗憾，林鹤年驾鹤西去，享年55岁。

形骸终要化灰，陵谷也会变异。但林鹤年点燃的爱国火炬，却并未熄灭，这份情怀，在林鹤年的后代中流传下来，继续发光发热。

林鹤年育子14人育女13人，四子林辂存随他从台湾回到家乡后，便进入文庙县学学习，光绪二十四年（1898）以优行增生参加经济特科考试。光绪皇帝宣布实行变法，推行新政后，林辂存上书条陈新政，被朝廷以郎中使用，派充总理各国事务衙门章京上"行走"。变法失败，林辂存被外放，改任道员，派到江苏补用。旋调广东，加三品衔，二品顶戴，奖给花翎。

之后，林辂存回到福建，先后在安溪考亭、崇文等书院掌教多年。期间，多次回乡谒祖，并捐资添置育才田，充实办学经费。林辂存将其父林鹤年在"七星坠地"四合院开办的私塾，改为兰圃学校，教授新课本。

不久，林辂存出国往南洋、日本、美国等地游历，考察各国教育和实业。他还曾捐款资助孙中山先生的革命活动，辛亥革命后，林辂存回国，被选为福建咨议局议员、咨政院议员，任福建暨南局局长，后又任多职，并荣获国民政府四级、三级嘉禾章，兼佩开国纪念章。

中华民国成立后，1912年8月，经北京政府政务院批准，成立福建暨南局，这是民国政府建立的第一个地方性侨务行政机构，林辂存任福建壁南局的首任总理。很快，林辂存又被选为福建临时省议会议员和华侨议员。1913年，第一届国会成立时，林辂存被选为国会议员。1916年，林辂存荣获国民政府颁给的四级嘉禾章，兼佩开国纪念章；不久被选为立法院议员、众议院议员，晋给三级嘉禾章。期间，林辂存曾回到家乡主持纂修芦田《林氏族谱》，并捐资拓印成册。1919年，林辂存英年早逝，年仅41岁。

林鹤年倾尽一生，心系收复台湾。其子林辂存也在他的影响下，一生为国为民奔走请命。历史风云变迁，林氏家族的起起落落，帮助我们看到中国历史的许多重要侧面。设若没有这些动人的侧面，中华民族的命运轨迹将杳无可寻。

而今天，保存这些历史的历史，是否也有待于进一步发掘？

林远芳、林鹤年、林辂存祖孙三代，见证和参与了中国历史上有名的"公车上书""台湾开发""中日甲午战争""戊戌变法""辛亥革命"等重大历史事件。家国天下，是对这个家族百年命运的最好注解。此刻，之前我们探寻的一切疑惑，在这个胸怀天下的望族家谱中，终于有了明确的答案。

朝阳东升，夕阳西下，"七星坠地"沧桑挺立，把林氏家族数百年的灵魂史，毫无保留地坦示给现代世界。这绝不单单是一处布局神奇的古宅建筑。支撑的不单单是一个闽南望族大户的奢华富贵，她潜藏着一幅历史画卷，一部家族与民族惺惺相惜的中华历史画卷。

先贤虽驾鹤西去，但他们的光荣和梦想，早已深深烙印在这片土地上。时光流逝，这种光芒和梦想在岁月之水中，一次又一次地被人发现和捕捉、把握。仅仅从科学的角度，由林鹤年家族建造的七座清代古民居，也已经成为紫云山一种崇高有力的存在。

弘一大师与安溪茶

弘一大师的云水生涯中，曾定居闽南十四载，苦心修学一直至终老，实现了重兴南山律宗的宏愿，被中国佛教界奉为"重兴律宗第十一代祖师"。

大师生活简朴，坚持过午不食，在惠安净峰寺驻锡期间，每餐仅用一碗稀饭，外加一小份豆腐、鲜菜，有时仅炒盐佐餐。僧众们见他体质差，建议增加营养，大师却安慰说："这里生活挺好，山珍加海味。"沪杭善友邮寄来的香菇、木耳等，均被拒收退回。大师曾说："我拟以茶代粮，数米就炊，减米增茶，直至以茶代食。"由此可见，茶，在大师心中的位置和分量。

在闽南修行，茶竟成了弘一大师可以代替粮食的随身必备之物，这是什么茶？多年来，我曾多方查寻有关史料未得。最近，厦门弘一法师研究会会长陈飞鹏，把他偶然得到的一封弘一大师的珍贵信札及相关资料录寄予我，令我大喜过望：

性公老法师慈鉴：

　　惠书敬悉。厚爱殷勤，感激无尽。后学往永春之期，现尚未定。且俟将来因缘成熟时，即通知妙慧师也。前托觉彻师寄奉拙书联屏等共两次，又奉上安溪茶数盒，想悉收受。谨复，顺颂

法安！

后学演音稽首
正月十日

经陈飞鹏会长查证，此乃1938年弘一大师居泉州时给性愿法师的信。

性公即是性愿法师，法名古志，号栖莲，字性愿，晚年自署乘愿。他俗姓洪，名水云，福建省南安县人，一八八九年（清光绪十五年）夏历三月十五日，出生于南安县的华峰乡。七岁时随祖母和母亲礼佛吃斋。九岁时母亲病逝，两年后他自己又感染时疫，性命垂危。父亲在佛前发愿："设儿得愈，就使他出家。"后来病好了，父亲就送他到南安石井的东庵，依德山和尚剃度。时为光绪二十六年，性愿十二岁。出家后，性愿法师遍参江浙丛林。回闽后历任厦漳泉诸寺监院住持。

弘一大师与性愿法师的交谊始于1928年弘一初到厦门，两人一见如故，结成终身道友。大师晚年长住闽南，得性愿之照应颇多。1937年，性愿法师应邀赴菲律宾弘法，是中国僧侣赴菲国弘法的第一人。1942年，弘一大师圆寂，性愿发起筹印大师遗著《南山律在家备览》《四分律比丘戒相表记》《晚晴山房书简》及大师手书《金刚经》《药师经》《阿弥陀经》《观世音菩萨普门品》等佛典多种。性愿法师1962年圆寂于菲律宾。

觉彻法师，则是时任泉州百源寺的住持。

弘一大师致此信予性愿法师，依其生平年表记载，应为其居住于泉州承天寺时，后移居温陵养老院。书信是一个人的生活实录，真情流露弘一大师与性愿法师之间的道情、法情，以及他们对佛法的探究、弘法的心得、行持的规范和生活态度。弘一大师虽然比性愿法师年长九岁，但他出家比性愿晚了18年，依据佛教戒律，弘一以戒为师，信中敬称性愿为"慈座"，自谦"后学"。信后不久，即1939年4月，弘一大师从泉州入永春普济寺闭门静修，谢绝一切往来，潜心研究律教。

弘一大师将数盒安溪茶寄赠性愿法师，可见20世纪30至40年代安溪茶礼在闽南一带已经通行。而弘一大师与茶的渊源似乎更早，1897年，18岁的他与天津俞氏茶商之女完婚，想必茶即是从此时开始进入大师的生活，融入大师的血脉。以后，出家修行，以茶彻悟，茶也因此具备一种特别的人文气息。弘一大师与安溪茶，安溪茶与禅，期间应该有着很多因缘故事，或感伤，或动人，或铭心刻骨，或温煦如春，值得细细品味。清夜苦茗，不是困窘无聊的说明，而是弘一大师一生清雅高洁、胸怀俊朗的外在体现。

安溪城事

城市是一本打开的"书",不同的人有不同的读法。这里,我想要结合人类学和历史学的方法,到一个我所熟悉的空间坐标中,去建构一座城的人文叙述,描摹这座城的成长轨迹,从中获得发现与感动,并对她未来的发展致以深深的祝福!

蓝溪之畔,"凤凰"展翅

安溪城市的建设发展,首先是以行政的身份出现的。在商业经济极端被弱化的古代社会,城市地理空间的变动,长期维持在一个非常局促的区域内。"治城"与"治水"一样重要,而"后来者"的"治城",应先从"治水"做文章。

在安溪各单位的会议室,都会悬挂着一张"城区全景"图,尽管创作者的取景角度不一,但我们还是会在照相机的广角镜头下,清晰地"读"到一座城的丽影丰姿。

蓝天,白云,青山,绿水。城像一首隽永的诗、一幅美丽的画、一支悦耳的歌,在大地的怀抱中舒展开来。

望着这幅美轮美奂的城市画卷,我经常要产生惝恍迷离之感:一千多年前的某个日子,当先贤詹敦仁秉笔向朝廷建议在这里设立"县治"时,可曾想得到,他描画的蓝图经过一代代安溪人之手,已在又一个千年之初变成灿烂的现实?

在神州的版图上,这只美丽的凤凰,口衔明珠翩然而至,在茶乡大地上亮

东岳寺城隍庙

开了神奇的翅膀，给安溪人民带来了无尽的吉祥。

流淌千年的蓝溪水，见证并记录着这一切。如同画轴般徐徐展开的一个个历史场景，穿越时空隧道而来，为我们今天的生活实践，提供了一种经验的文本，使我们在洞察与反思中，趋近于社会发展的本质。

费孝通曾指出，传统中国的城市可以分成两类，一类是以军事守卫和行政为主要功能的"城"，另一类则是在"城"之外发展起来的经济市镇。参考费孝通的功能分析，安溪城市的建设发展，首先是以行政的身份出现的。

现存的史志并未记载，南唐保大十三年（955），詹敦仁"请县之"的奏议得到朝廷的批准后，有否立即组织修建城署。只载明，在安溪，"城"的空间形态最早是以"街道"的形式出现的。南宋嘉定年间（1208），时任安溪县令陈宓，率众开辟东、南二街；宝庆初年（1225），县令颜振仲增建西街。由于当时尚没有筑成城墙，仅用结土垒石的办法作为隘门，故不能称作严格意义上的"城"，而彼时距离"设县"已经170多年了。

那么，安溪的"城"究竟始建于何时？形成有多大规模？史料的缺乏使我们无从得知，这不能不说是一件憾事。而史载最近的一次，是在明嘉靖四十一年（1523），经由德化人张大纲堪舆，并在陈彩、蔡常毓前后两任县令的努力下最终筑成城署，同时配套仓库、坛庙、坊表、武备等行政设施，初步建立起地方一级政权的行政空间。此时，"城"是"署"，"署"即"城"，"城"本质上是政府权力的象征。

10世纪中后期到20世纪初前后将近一千年间，尽管城署建设依然得到宋、明、清等朝代安溪官方的坚持，但规模一直不能得以持续性的扩大。有的时期因为频仍的兵灾水患，甚至还有倒退。

明嘉靖三十九年（1561），"倭寇"突然来袭，县治失守，城署荡然无存；万历二十三年（1596），洪水啮城，城署崩塌；万历四十七年（1620），洪水为灾，城垣圮坏；清顺治十二年（1656），安邑被海兵（郑成功部队）攻陷，城署毁坏。

从明清两代旧志提供的"城图"中，我们约略可以画出城署的"红线图"：东至东门，今先声小学一带；西至西门，今信用联社周围；南至南门，今文庙附近；北至北门，今妇幼保健院南面。东西长约500米，南北长约750米，面积不到0.4平方公里。

在安溪千年城史中，"朝代周期"显然不是决定城市发展的主要因素，反而带有强烈的区域自治色彩。出于军事防卫和行政目的而修造的城署，在商业经济极端被弱化的古代社会，它所承担的职能是单一的，城市地理空间的变动，长期维持在一个非常局促的区域内。

考察城署的发展规模，当然不能撇开人口增长的因素。据旧志记载，康熙五十五年（1717）至乾隆二十一年（1747）的30年间，安溪共滋生人口4488人，加上原额人口4738人，此时全县人口尚不足万人。如此，可以得出结论，彼时的城市规模与地方社会经济状况是相适应的。古代安溪人不愿意花费很多用度，去建造一座少有人烟的"空城"，以致几百年间安溪城廓空间未能进一步扩张，也就顺理成章了。

城署的体量规模并不大，为什么历代却频繁修造重建？这显然不是单纯建筑质量方面的原因，而是与安溪频繁发生的水患有关。贯通安邑全境的蓝溪是晋江西溪的上游，后来又确认晋江源头也在安溪境内。这条因水色如蓝草（一种染料）而得名的溪流，哺育了世代万千安溪子民，在交通条件异常落后的古代社会，还承担着安溪人出行、货运、交易等重任。史载，直至近代，从安溪湖头、蓬莱温泉等地行舟，均可抵达泉州并通至海外。

水是生命的源泉，生命得益于水的滋润。河流是文明的摇篮，文明孕育于江河之畔。但在旧志的记述中，我们很少读到先民对于母亲河的礼赞，读到更多的是，这条名字温馨的溪流"面目狰狞"的一面，建造于蓝溪水畔的城垣，曾数十次崩毁于水灾；而修造于水岸的泊渡，也因大水的经常冲荡而屡次重修重建。

清顺治十三年（1657），在县令韩晓的主持下，城署进行历史上的一次大修，直接因由是上一年县治被郑成功的军队攻陷，城署毁于一场大火。此次大修，花费无数，用时50天，不仅强固城基，也垒高城墙，重辟四个城门，新开两个水门。第二年，又增盖串楼，修复城东一带的泊岸，砌筑防水石堤。重新加固的石堤，成为封建政府的一件德政之举，被士民誉为"韩公堤"载入史册。

这件重修城署的史事，再一次说明，在安溪城署的历代变迁中，"城"与"水"的关系显得异常重要，因为这座城的命运本来就与"水"（蓝溪）紧密相依存。遗憾的是，我们的先人对溪流的生命情感和心路历程，并没有完全读懂。但这是否因此也说明，在安溪城市往后的建设发展中，"治城"与"治水"一样重要，而"后来者"的"治城",同样应否先从"治水"做文章?

关于安溪城治在 20 世纪初至 80 年代的发展变迁,史料的记载同样是零碎不全的。

民国期间,安溪基本上处于一个民国政府与地方军阀政体、地方精英阶层权力关系错综复杂的历史时代。在这个时期,由于内外权力的交困,这个政体并没有建立一个稳定的国家机器,自然无暇"开城辟路"。

新中国成立后,安溪的基层政权虽然已经建立,但受制于当时落后的经济发展条件和发展水平,城市的地理空间依然不可能得到更大范围的发展。直至"文革"期间,由于政治原因而一度停办的安溪第一中学,从安溪文庙迁出,在凤山下的美寮择址新建,城市的地理空间才首次有了拓展,城区东域因之拉长 500 米。

1980 年 5 月,县政府在原后楼市场一带征地 30,636 平方米,用以建城关农贸市场及建行、农行、工商局等机关办公楼,城区北界因之扩展 150 米。

三年后,又在西门至南门沿溪方向的上、下茂园,开辟上凤、下凤两个新村,在龙津大桥头建成中国银行、茶叶大楼等,用地总面积 18,500 平方米,城区西部南域因之拓展 100 米。

1983 年,祥云路安溪大桥(西门大桥)沿蓝溪北岸、往湖头方向,直至石油公司加油站,开始形成一条单向街,大多为单位职工集资房和城区居民自建房,城区西域又延伸 400 米左右。

此后三年间,在修筑蓝溪北岸、南门河滨路的同时,又着手建成一条单向街,依次为县外贸公司、国税局、县人大、县政协、电影院等单位的办公楼、住宅楼,这些建筑累计占地面积 28,000 平方米,城区东部南域因之扩展约 100 米。

城区呈发散式向东西南北四个方向拓植的结果是,体量由原来不足 0.4 平方公里增至 0.8 平方公里,"长大"了一倍。

就城市的建设系统而言,此时的安溪城区仍然处于十分松懈与无序的状态之中,但四处拓植所带来的变化,已使居住在这里的人们开始明显感受到城市生活的气息。笔者成长于与旧城仅一溪之隔的后安农村,"到县城去"成了那个年代如我辈的假日快事。"街道""市场""新村"这些城市元素的出现,在不断丰富着城市的肌理,也使城市逐渐摆脱过去作为"城署"的单一职能,进入到一个新的历史坐标中去。

改革开放的春风跨越重重大山的阻隔,吹拂安溪古地时已是 20 世纪 90 年代。"渐进式"的城市变革，一下获得内发的动力爆发出来，汇成一场开发区建设的热潮，安溪这只沉睡已久的"凤凰"，终于迎来了革旧的转机。

虽然财政十分薄弱，贫困县的帽子依然高戴，但安溪人不气馁，在励精图治把光山变成茶山的同时，充分利用"三荒"（荒山、荒坡、荒滩）进行综合开发，走出一条"以地生财、以地养城、滚动发展"的路子。

随着城区东郊先声开发区内推土机的轰鸣声，新中国成立以来安溪首次大规模的开发性建设拉开了序幕。至1990年底，先声开发区首期建设任务完成，53幢单位办公楼和干部职工房改楼，分立在长290米、宽24米的新安路两侧，总建筑面积达127,357平方米。与此同时，配套道路、供电、供水、通信等市政公用设施，一个新型城市小区基本形成。

先声开发区的成功开发，使城区面积由1987年前的0.8平方公里，扩大到1.38平方公里。安溪城区几经拓展，终于又"长大"了近一倍。

人类创造时代的激情一旦迸发，历史前进的步伐就无法阻止。但是，曾被讥称为"凤形鸟肚"的老城区，显然托不起安溪人民发展的梦想，那么，新城建设的目标在哪里？1991年初，城市建设者们开始把目光瞄准了旧城对岸的龙湖。

此前，龙湖是一片由沙滩改造起来的甘蔗园。一条狭窄的柏油公路从当中穿过，成为安溪与泉州联系的唯一通道。道路两旁除了一家糖厂、几处低矮的瓦房外，一无所有，是名副其实的"城外"。

是年1月28日，县委、县政府成立龙湖开发区指挥部，负责开发长3.1公里、宽0.5公里的区域，开发面积1.55平方公里。11月19日，美寮开发区办公室正式揭牌，西大桥沿溪至铭选大桥，以及新安路安溪一中环岛至颖如大桥的开发建设序幕也拉开了。

与美寮开发区几乎同步进行的同美开发区，则承担着从北石三角洲、北石格工业区直至同美村童仔寨和蓝田移民街的开发任务，开发范围长3.75公里、宽0.3公里，总开发面积444,889平方米。

1990年，由同美开发区承建的铭选中学破土动工，一年后陆续交付使用，大大缓解了城区高中生入学难的困境；1992年，依山傍水的侨建铭选医院也交付使用，茶乡人民的生命健康从此有了守护神；1993年，为安置蓝田水库电站的1000多名移民而兴建的20多幢住宅楼全部竣工，移民们从此过上了与祖辈截然不同的崭新生活。

开发区建设的脚步没有停止。1992年3月，城西开发区办公室宣告成立，负责原汽车站至吾都、鸿运家园至清溪大桥区域的开发，总开发面积486,180平方米，以此拓展城区西域。同年3月21日，后安开发区办公室也挂牌成立，发动机器，推土降坡，围溪填池，征用拆迁，建设后安商住区和工业用地。

先声、龙湖、美寮、同美、后安五大开发区的全面建设，不仅使昔日荒凉寒碜的小城焕发了青春，也给朴实勤劳的安溪人民带来了希望。我们仿佛看到，一个群体的力量在凝聚，一种创业的激情在勃发，不等不靠、开拓进取成为时代最强音。

在这一轮的城市发展中，"城"与"水"紧密相依存的关系再次得到佐证。城市建设者开始意识到，这熟悉而又陌生的溪流其实和我们的命运息息相关，他们在"治城"的同时不忘"治水"：精心砌筑蓝溪两岸花岗岩石堤，形成总长达4.2公里的环城路，犹如两条婀娜多姿的玉带，舞动着城市的韵律；新建颖如、铭选、铁索、铁路、清溪、蓝溪6座大桥，与原有的西门、龙津大桥一起，犹如8道彩虹抛向蓝溪两岸，不仅使跨江发展新区成为可能，而且方便了交通，美化了城市，孕育着希望！

经过近10年的改造，安溪城区面积由20世纪80年代末的1.38平方公里拓展至6.8平方公里，人口由2万增加到8万多。笔架山前，蓝溪水畔，"凤凰"的羽翼渐丰，她蓄积着力量，期待着新世纪的飞奔。

山水茶都，创造之美

> 制定一个清晰而准确的城市定位，成了摆在每个地方政府面前亟待解决的基本课题。安溪"凤凰"，在中国经济版图中找到了自己的坐标，迎来了她生命中的春天。一个撬动安溪的大手笔擘划，再造了一个"凤城"。描画一座"山""水""城"相互交融渗透的"清明上河图"。

进入新世纪，当城市之间的竞争已成为不争的事实，命运的缰绳逐渐回归到城市首脑手中的时候，如何制定一个清晰而准确的城市定位，就成了摆在每个地方政府面前亟待解决的基本课题。

"我是谁？"这是一个亘古不变的哲学命题。不变的是问题本身，变化的是背后的答案。今天，时代同样把这个古老的命题交到了安溪主政者手中。人事有代谢，往来成古今。江山留胜迹，我辈复登临。面对风云变幻、此消彼长的城市格局，他们该做出怎样的回答？

千年安溪城史表明，直至新世纪之初，安溪对"我是谁？"的回答并不令人满意，换言之，曾经穷怕了的这座城市，几乎把所有的发展希望都压在早日摆脱贫困上，哪有心思求证一个城市的未来走向？城市发展定位对安溪而言，也许是天方夜谭、远得离谱？

事实并非如此。在安溪主政者看来，真正困难的不是给城市贴上一个美丽的标签，穿上一件堂皇的外套，而是运用科学的方法论把握城市发展的规律，在动态的环境中，真正寻找到既符合城市个性、又有着无限前景的坐标。

2004年2月1日召开的全县三级干部会议上，县委、县政府对安溪未来发展目标进行了重新审视，明确提出要"立足泉州、依托厦门"，把安溪建成为"山川秀丽、特色突出、工贸发达、文明和谐的现代山水茶乡"。

建设"现代山水茶乡"这个发展定位，破除了自我封闭的思想和狭隘的地理观念，第一次站在泉州、厦门两大区域经济版块之间的战略高度，来谋划安溪的未来。更重要的是，新的发展定位，科学而实际，理性而激情，既立足安溪，又"跳出安溪"，使安溪这只"凤凰"踩着新世纪的节拍，在中国经济版图中，找到了自己的坐标，迎来了她生命中的春天。

城市化是安溪新一轮经济发展的重要一极，没有城市化，难以想象安溪经济的振兴。那么，如何牵住城市化这个"牛鼻子"，制定出科学的城市发展战略，从而实现城市与区域经济的超常规发展？

世纪之初，安溪主政者已敏锐意识到，山水是安溪最宝贵的财富，做大山水特色是安溪应对新时代的策略。于是，先后进行的两次城市总规编修（2000年、2003年），均把建设目标瞄准"山水园林城市"，山水成为安溪城市的核心竞争力。

有了清楚的城市定位后，城市发展的决策者又提出实施"大县城"发展战略，并开始一个撬动安溪的大手笔擘划：2002年12月，总投资1.8亿元的城区二环路正式开工，一年之后竣工通车。这不是一条普通的公路，说是"环城路"，但"路"在"城"先，它的建成，使城区面积由原来的6.8平方公里猛增至 15.5 平方公里，等于再造了一个"凤城"。安溪千年城史从此进入一个全新的历史阶段。

千金难买回头看。一座城的成长，从 0.4 平方公里到 0.8 平方公里，安溪用时 464 年；1.38 到 6.8，用时 10 年；6.8 到 15.5，用时 3 年。在这一个个历史区间中，空前广阔的舞台上，曾经上演过多少波澜壮阔、令后人深思与回味的故事？

此后，随着登科小区、龙苑新村、世纪广场、亿龙城市花园等一系列新区的建设，党校片区、东岳片区、中百片区、工会片区、凤麓片区、龙津片区、大同路西片区、中山街东片区等旧区的改造，以及茶叶公园、河滨公园、凤山森林公园等项目的实施，新世纪初确立的安溪城区"生态型、园林式"目标逐步实现。

发展才是硬道理。当安溪人民尽情流连在河滨路十里诗词长廊之时，不满足的安溪县委、县政府已经把目光放远。2004 年至 2005 年，又两次聘请城市规划专家，对此前的城市总规进行调整修编，进一步明确，"大县城"新一轮规划区包括凤城镇、城厢镇、参内乡、官桥镇和龙门镇等区域，用地规模 38.4 平方公里。

2006 年 7 月 21 日，中共安溪县第十一次代表大会隆重召开，伴随着城市化的最强音，一个目标远大、雄心勃勃的新安溪正式起锚。这次会上提出，"十一五"期间，安溪要继续实施"大县城"发展战略，着力构建以大龙湖为纽带的龙湖组团和以龙桥工业园为依托的龙桥组团（即"一城两组团"），将县城打造成全县的政治、商贸、旅游、休闲、文化中心。至 2010 年，县城建成区面积达 20 平方公里，人口规模达到 30 万人。

这次会上还进一步明确，在"大县城"建设中，要做到统筹规划与分类指导、旧城改造与新区拓展、完善功能与凸显特色、政府引导与市场推动、长效管理与集中整治相结合。这五个"相结合"原则，与此前被城市建设者广为运用的九大"举措"，即显山、露水、增绿、加亮、改造、拓展、配套、人文、品位，共同描画一座"山""水""城"相互交融渗透的"清明上河图"。

一，城中有山水。宋儒朱熹任同安主簿时，曾过境安溪，惊叹于安溪的山水之美，写下"县郭四依山，清流下如驶"的诗句，并标题"清溪八景"。几百年前，朱子在安溪看到的原生态山水是美的，但这位伟大的理学家纵使想象力再丰富，也无法预知几百年后的今天，安溪的原生态山水所呈现出的"创造之美"：

城北凤山建成总面积179.7公顷的省级森林公园，整合民俗宗教文化资源，开发生态文化旅游，是城区群众休闲娱乐、运动健身的理想场所；城西阆苑岩风景区经过拓展，铺设环山公路，增建观景楼、观景台、游步道、路灯夜景等工程，保护生态环境，建成总面积392.69公顷的县级森林公园；城东郊的茶科所试验基地，突出茶文化主题，新增步游漫道、茶树品种园、茗山茶亭、钓鱼台等，建成集生态旅游、茶园观光、休闲娱乐为一体，总面积42.27公顷的茶叶公园。

仁者乐山，智者乐水。山给予城市稳重厚实，水为城市增添灵性妩媚。现代安溪人逐渐读懂蓝溪水的深邃情感，他们亲近蓝溪，保护蓝溪，翻开了蓝溪生命新的一页。2003年5月，由安溪几位民营企业家投资兴建的城东水闸桥下闸蓄水，在城区段形成一个水域面积达10多平方公里的人工湖，酷似一条蜿蜒盘旋的巨龙，因而得名为"大龙湖"。"大龙湖"的形成，使安溪"山""水""城"相辅相成，相得益彰。抱郭环城的"大龙湖"，与峰天一体的笔架山、嵌玉缀珠的凤山交相辉映，构筑了"城在山怀，水流城中"之绝妙佳景，使自古便有"龙凤名区"美称的城市地理形势更加凸显。

二，城中有都城。城，以盛民也（《说文》）。社会人类学认为，城市是人类继乡村之后的第二大生存社区，人类文明的进程就在由乡村社区向城市社区集中的过程，这当中人类既创造了城市文明，也由此推动社会生产的高度发展。

小城为"邑"，大城为"都"。安溪千年城史说明，作为县级建制，安溪城市规模长期处于"鸡犬之声相闻"的"小国寡民"时代。从20世纪末开始，特别是新世纪以来，城市的地理空间迅速得以扩展，不仅完成从"小城"到"大城"的蜕变，而且形成"城中有城、城中有都"的城市结构形态。

为加快城市化进程，新世纪以来，安溪提出"工业入园区、住宅建小区、人口进城区、商贸在市区"的思路，改变以往"一条马路、两边店铺"的零星建设方法，先后集中开发新景商业广场、三远江滨、龙湖山庄、世纪豪庭、龙凤都城等30个高级住宅小区，建筑总面积440万平方米，总投资近百亿元。

这一个个住宅小区就是一座座"小城"，点缀在"大城"的各个角落，风格不同，形态各异，或依山而建，或临水修造，或改造旧区，或成片开发。在这一座座城中之"城"居住，衣食住行均可打理，就学健身样样齐全，有着精神上强烈的归属感，是市民群众安居的幸福乐园。

三，城中有市场。城市，自从城市诞生后，作为人类活动社区的"居住"功能，便在悄悄发生着变化。另一方面，无论是商品经济时代，还是市场经济时代，城市作为高级资源最聚集的地方，它的"市场"功能有多大，就决定这座城市的存在价值有多大。

直至 20 世纪 90 年代初，安溪城区一直不能得以持续性的拓展，原因之一是，"城市"中"市"因素的弱化。出于军事守卫和行政目的而修建的"城"，只是政府行使管理权力的象征。城市"市"的功能的长期弱化，导致安溪长期困于小农经济和小商品经济之中，背负着国家级贫困大县的沉重包袱。

于是，在"大县城"的新一轮发展中，城市发展的决策者特别注重"市场"的建设、培育与繁荣，大力发展商贸、物流、生活服务等第三产业，形成"城中有市场"的构架体系。

占地 16.67 公顷、总投资 5 亿元建成的中国茶都，把安溪的茶叶优势转化为市场优势，是我国目前规模最大、投资最多、品位最高的茶业新都市，全国重点市场和全国农业旅游示范点。

占地 6.66 万平方米、总投资 2 亿元建成的中国（安溪）特产城，通过与全国 350 多个特产之乡的品牌联营互动，形成一个特产市场集群，是当今国内较具规模的专业特色产品市场。

筹建中的中国（安溪）家居工艺城，总占地面积 3.95 万平方米，建筑面积 23.6 万平方米，将荟萃国内、国际工艺品的精华，建成国内规模最大、品位最高，集研发、会展、交易于一体的时尚工艺新城。

四，城外有新城。伴随着安溪经济的快速发展，进一步提高城市化水平，必然要向外寻求作为空间。在这一进程中，有着天时、地利的龙门—官桥组团首先纳入安溪大县城的地理空间。作为未来大县城的重要组成部分，目前，龙门—官桥组团已初具南翼新城的空间形态。

作为龙门—官桥新城的重要依托，龙桥工业园已投入开发资金 3 亿元，开发面积 243.33 公顷，正在开发 200 公顷。未来几年，这个区域将重点发展光伏电子、工程机械、汽车配件、信息服务等高新技术产业，建成一座年产值超

新安溪全景

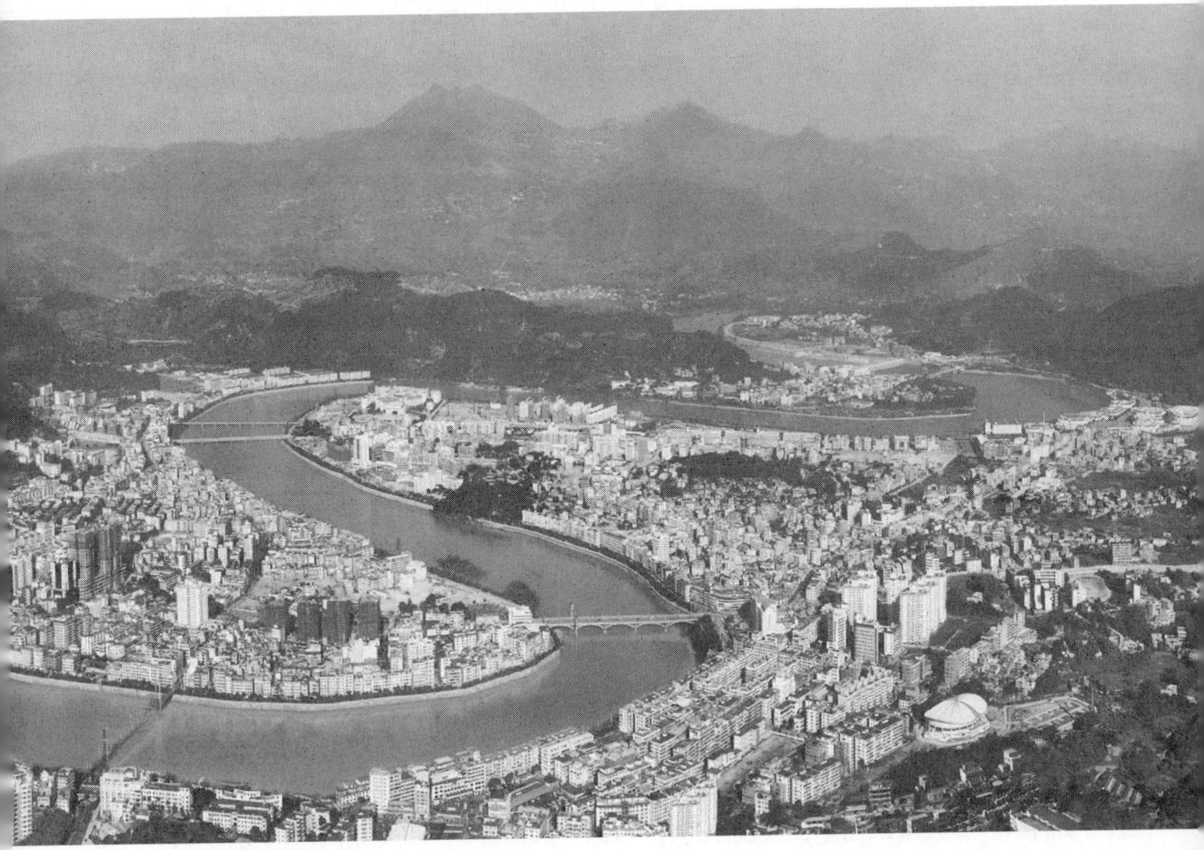

100亿元，年税收超3亿元的生态型、多功能高新技术新城。

向北，来到省级历史文化名镇、清代文渊阁大学士兼吏部尚书李光地故里——湖头。随着三安钢铁与三明钢铁的成功重组，湖头新城的梦想又向现实迈进了一步。湖头新城瞄准安溪最大的工业基地目标来建设，以此带动商贸物流、文化旅游业的发展，总规划面积30平方公里，总人口规模30万人，辐射和带动周边半径100公里内的地区发展，成为安溪北部十多个乡镇的经济、社会、文化中心。相信不久的将来，一个充满历史文化古镇魅力和现代工业文明气息的湖头新城，将屹立在世人面前！

直至今天，城还在突破，还在拓展，还在长高，还在变亮，还在变美。在安溪，关于这座城市发展的故事，每天都在发生。面对这激动人心的一幕幕，其间风云际会的翻腾与震荡，你会愧叹手中笔墨的苍白与无力。虽然在中国的版图上，这只是一个不起眼的城市，但丝毫不影响其作为破解中国城市化之谜的一个样本的价值。

城市之魂，包容和谐

文化现象与地理环境间存在着的某种重要联系。安溪人在安定的山地环境中固守传统之本，在开放的河流环境中勇开风气之先。"创新、创造"是当代安溪城市文化的一个重要特质。城市所展现的"包容、和谐"之美，同样构成了城市令人神往的魅力。

如果说新世纪的安溪，是在对城市的"躯体"和"硬件"进行了成功的建设的话，那么未来几年，安溪更应进一步注重城市个性和文化风格的营建，以打造我们这个城市的"灵魂"和"软件"。

新世纪初，美国权威经济周刊《幸福》杂志曾评选出上个世纪世界十座最佳商业城市，这十座国际大都市按其排名顺序分别是：新加坡、旧金山、伦敦、纽约、法兰克福、香港、亚特兰大、多伦多、巴黎和东京。

十大城市有何魅力？除了良好的交通、发达的金融、繁荣的商业、丰富的人才等共性因素之外，几乎每个城市都有自己独具个性的与众不同的文化风格和文化氛围。

不同的文化使这些城市有了不同的风格,而不同的城市文化是人们认识和认同这些城市的重要标志,从而构成了一座城市令人神往的魅力。那么,历史安溪的文化是怎样形成的?现实安溪又有何发展?未来安溪将会进入一种什么样的城市范型?这都是每一位安溪人至为关注并身处其中的重要课题。

追溯安溪城市文化的形成,同样不能绕过对安溪"山水"的研究。清乾隆二十二年(1758),邑令庄成在主持重修安溪县志时,曾写下这么一段文字:"自古圣贤豪杰,皆山川磅礴之气孕毓而生,惟地灵,斯人杰也。安溪虽云僻壤,山环水绕,络绎奔赴,结成县治,不啻一都会矣。宜其人文蔚起,代产名贤,谓非生其地者之厚幸欤?"

这是历史上对安溪文化起源与形成的最早研究。先贤意识到,文化现象与地理环境间存在着的某种重要联系,他试图从安溪人所赖以生存的"山川"环境入手,来探讨特定地理环境对人类的滋养及其文化培育、形成所造成的影响。目前,学术界已将这种方法称为"文化地理学"的研究。

地理环境是文化产生的土壤,任何文化的形成发展都不可能脱离地理环境,都毫无疑义地带有该文化形成地域的印痕。平原上人们创造的文化,一切与土地有关;水乡的文化,一切与水密切相关;山地的文化,则往往带有山的气质。

就总体而言,安溪属于典型的山地环境,丘陵山地为主,群山环抱,盆地居中,是包括城区在内全县地形结构的基本特点,境内千米以上的山峰2936座。一般认为,山地地形对文化传播扩散的阻隔作用,与山地高度、延伸、体量成正比,与山地的可通性成反比。山地的封闭性使得山地文化内聚性十分明显,安溪人纯朴厚实(《省志》:"土沃而人稠,风淳而俗朴。"),但在接受其他文化的影响上显得较为滞后,经济发展也较闽南其他地区缓慢。

安溪地理环境另一重要特征是,境内溪流纵横,全县流域面积100平方公里以上的溪流有12条,总长度527公里。福建省第三大河、泉州市之母亲河——晋江就发源于安溪境内桃舟乡达新村。与山地对文化传播的阻挡和分割作用相反,江河水流则常常扮演一种文化通道的角色,它通过河流既普及传播了本土文化,又促进外来文化与本土文化的交流融合。因此,在交通条件非常落后的古代社会,能够通江达海的西溪、蓝溪便为生存空间相对封闭的安溪人,提供了一扇开放的窗户,造就安溪人既有山地文化特质(纯朴厚实),又有河流文化特征(流通善变),形成既封闭又开放、既保留传统又创造新质的安溪文化特征。

安溪城区集中体现着山地环境和河流环境的重要特征，这种特殊的地形地貌创造了特别的城市文化，安溪人在安定的山地环境中固守传统之本，在开放的河流环境中勇开风气之先。

从宋代第一个擢登进士第的张读，到明代官至刑部侍郎的詹仰庇；从清代被康熙皇帝誉为"义虽君臣，情同朋友"的一代名相李光地，到擢登榜眼的邓启元和才高八斗的大学问家陈万策，乃至近现代的抗战女作家莫耶、华侨领袖唐裕、慈善家李尚大、李陆大昆仲等，这些安溪先贤俊彦的身上都集中体现着安溪文化的精神内核。

纯朴厚实、流通善变的安溪人，在漫长的历史长河中，逐渐创造自身特有的地域文化，反过来，这种地域文化又必然会对城市发展产生巨大的推动作用。

在20世纪90年代的那场告别贫困的"攻坚战"中，安溪人面对现实的挑战、困境的磨砺，挺直了脊梁，以对未来充满渴望的满腔热情，以历史炼就的"靠自己骨头长肉"的精神，坚韧不拔，自强不息，推动安溪摆脱贫困窠臼，迅速走上致富之路。

到了新的世纪，安溪人又以山一样的气魄、水一样的灵动，在属于自己的美丽家园上，精心描画，辛勤耕耘。

从"沿海县"新站位的确立，到兴茶新理念提出；从安厦高速公路的建设，到铁观音茶博园的规划；从三安与三钢的联合重组，到工艺品开拓国内市场；从茶叶总部经济的发展，到企业上市战略的实施；从湖头新城的建设，到蓬莱中心旅游区的启动……一系列大手笔的运作，让安溪在海西发展和港口经济圈中，创业、创新、创造的激情四处迸发。"创新、创造"也因此成为当代安溪城市文化的一个重要特质。

另一方面，这座被铁观音茶文化深深浸润的城市，她所展现的"包容、和谐"之美，同样构成了城市令人神往的魅力。

安溪人培育了铁观音，铁观音孕育了安溪人。踏上安溪这片飘香的土地，你不仅会为茶乡的风光所迷恋，更会为安溪人那种独特的生活情趣所陶醉：青青的茶丛边，采茶女一口奶水一口茶，养育着茶乡的新一代；细流涓涓的小溪旁，新嫁女挑起了铁观音茶苗，幸福生活从此开始。

安溪人家家泡茶，人人喝茶，在品茶中交流感情，化解矛盾，增进团结，充分享受和谐之美。同时也把独特的佳品奉献与世人，只要你来安溪做客，或是旅游出差，好客的安溪人必定拿出上好的铁观音，与你品饮一番，话友情，叙亲情，温馨无比，其乐融融。

城市是我国现代化进程中的"桥头堡"，但城市不仅是经济的枢纽，它更重要的本质是一种文化心理的密集组合。经济建设可以创造富裕，但富裕不等于现代化，更不是健全的文明境界，其间的关键差别在于是否有深厚的文化构建。

现代安溪人已深知这个道理，他们在看到自己城市的优势时，也正视城市转型期的新课题，并全面实施"文化小康"工程，从更高层面去建设安溪城市新文化，使这座城市最终具备区别于其他城市的文化生态方式、文化个性与文化风格。

蓝溪之畔，十里诗廊；凤山之巅，明德寄怀。一切是那么的漫不经心，一切又是那么的耐人寻味。而所有造访登临的人们都知道，为了城市的今天和未来，大家应该做些什么。

譬如一位婴儿，她要完成从孩童到青年的成长，也要从蒙昧无知走向理性成熟，其间不过二十几年。一座城市呢？她已经知风见雨走过了千年，今后要走的路还很漫长。初秋之际的这番"读"城，使我时刻处于感动之中，同时对城寄予最深情的祝福！

哲学和人类学的本原性问题放个仍应时新是的在我们辽阔的土地上让敦仁这样的人能产生终老之计的温情山水绿荫该语加一些而不是减少一些吧

卷 三

走读安溪

茶之原乡

西坪镇西原村有一座雾山林氏祖屋——活水厝，虽然破陋寒碜，门柱上的对联却清晰可见：幔岭参天七品龙团辉宝国，陀峰插地千嶂雀舌灿霞宾。幔陀、宝国、霞宾是世界"双遗产"武夷山著名的三峰，却为何名现与此地相去甚远的安溪西坪小镇？是偶然巧合，还是另有隐情？

据《雾山林氏族谱》记载，林氏十一世林燕愈曾频繁往返于安溪和武夷两地，把家乡西坪繁育的奇兰、水仙、梅占、肉桂等茶树种苗带到武夷山，在自己精心开垦的茶园里栽种。林燕愈最终也在武夷山安家落户，他所创立的雾山幔陀脉系后来开出东、西两个支系，幔陀西系秉承祖业，并于清同治年间创立林奇苑茶庄老字号，在闽南一带及海外享有盛誉。

林燕愈的武夷发家史，似不只是一部口耳相传的家族荣耀史，因为《武夷山市志》《武夷茶经》对此也有详尽的记载，"清嘉庆初年，安溪人林燕尔（应为'林燕愈'）流落在武夷岩厂当雇工，后购置幔陀峰、霞宾岩、宝国岩茶厂，积极开荒种茶，所产岩茶运至闽南出售"。大历史存在于大事件，也映照着小人生。在西坪雾山林氏后裔的动情讲述中，西坪地理的诸多隐秘渐渐浮出了水面。

对中国乃至世界茶叶文明史而言，疆域145.5平方公里的西坪，有着意义非凡的地理特性。这里不仅仅是5万多西坪人休养生息的一块地盘，还是世界茶叶文明的一处发祥地，弥漫着圣地文化的无限价值。茶叶的发现，茶产业的发展，茶文化的发明和传播，曾是中国人对世界历史的一大贡献。而西坪的地理价值在于，明成化年间（1465—1487），这里发明了人类独一无二的乌龙茶"半发酵"制茶工艺；清雍乾年间（1723—1736），发现和培育"茶中之王"

安溪铁观音；明崇祯九年（1636），发明茶树整株压条育苗法，开创茶树无性繁殖的先例。1920年，茶树长枝扦插成功。1935年，茶树短穗扦插育苗成功，成为当今世界最先进和最广泛运用的茶树无性繁殖法，在世界茶业史上写下光辉的一页。

《易经》上说，道是"无心无迹"，而圣人则"无心有迹"。先贤已经远去，而其迹犹在，后人寻找圣人之"迹"，是一种依托大地的纪念形式，具有特别的打动力。在巍巍南岩山上探寻魏荫、王士让等先贤的"遗迹"，望着满目苍翠的铁观音茶园，你一下就明白了"文明发源之于人生意义"课题的深刻内涵。西坪古地对世界茶叶的三大历史性贡献，在改变安溪传统社会结构、经济行为的同时，最终也改变了世界的经济地理格局。

斯图尔特·霍尔（Stuart Hall）在论述英国历史的关联性时说，英国没有一个茶叶种植园。对于一个英国人，他每天必须喝一杯茶，茶从哪里来？锡兰、斯里兰卡、印度……这都是英国历史中的外部历史，没有外部历史，就没有英国历史。从这点上说，西坪的历史也不是一件分离的容器，她存在于西坪大地的"内部"历史，也包含着推动世界茶叶文明发展与进步的"外部"历史，没有"外部"历史，就没有西坪的历史。如此说来，西坪地理不仅仅具有地方性的价值，还是一个全球性的课题，值得学界深入研究。

许多年前就读过台湾作家钟理和的《原乡人》，小说表现日本占据时期台湾人对中华民族之根的寻找。温家宝总理在2003年3月14日全国"两会"新闻发布会上，曾深情诵读书中一名句："原乡人的血，必须流返原乡，才会停止沸腾。"对于人类而言，宗系之本乡谓之原乡，换言之，原乡是指祖先未迁移前居住的地方。对于一棵植物，又何尝不是如此？从泉州、厦门港口漂洋过海到台岛落地生根的乌龙茶，从西坪古镇草莓岭一路颠簸到武夷三峰栽种的奇兰、水仙、梅占、肉桂，从安溪繁育成功并引种到全国各大产茶区的铁观音，西坪就是她们的"人生原乡"、她们的"摇篮血迹"，安溪茶叶文明的放形之远、足迹之密、影响之深，是任何人都不敢低估的了。

西坪的原乡意义不仅在于发现培育新品种、发明新工艺、创造新育苗法，还在于，从林燕愈的后裔林心博当年创立林奇苑茶庄这个至今健在的百年老字号开始，西坪地面又涌现出多少成功的商业品牌？八马、魏荫、中闽魏氏、茗源……每一家每一店都是从西坪原乡走向异乡，涌动着沸腾的血，开疆拓土，

安溪西坪镇西原村蔚美楼,林心博故居　李玉祥 摄

安家落户，繁衍生息。

厚重感，是今人面对历史时的心情。西坪，只是中国的一个小镇，但她释放出的历史能量，却把今人的心胸塞得满满的。我们不知道，自"半发酵"制茶工艺发明以来，世界上采用这种工艺制作出来的茶叶有多少；不知道，运用西坪茶树"短穗扦插繁殖法"，从安溪传播至全国各地，并在各地、各国之间互相传播的茶苗有多少；也不知道，西坪于中国茶叶、世界茶叶的这些历史性贡献，可否用量化指标的形式进行客观描述？大概，华夏文明的基因火种也是这样，一经历史之手不经意点燃，就呈星火燎原之势，迅速向四夷八方扩展开来。

美丽的大坪，我的家

对本土1万多、台湾27万的大坪籍乡亲而言，面积76.65平方公里的大坪是他们心灵世界的永恒的坐标点。其山水生情，其鸡犬人意。我们常说"大地深情"，在由"人文"构成的地理世界里，要给情感一席之地。家乡，是大地之上与每一个个人相对应的情感载体。

家乡情怀是一种地理情怀。中国人的家乡情怀，是可歌可泣的。人们由于种种原因背井离乡时，心中便会升起一股家乡情怀，只要有机会，人们就会"举头望明月，低头思故乡"，在卷帙浩繁的中国文化宝库中，思乡恋乡之作数以亿万计，成为一种非常独特的文化现象。

大坪人从家乡走向世界，用时间地理学（行为地理学的一支）的术语说，她是大坪人人生路径的出发点，属于他们的人生地理。从文化地理学的角度说，大坪是他们的文化摇篮，遮头溪瀑布以及瀑布上方的泰安桥，迎仙埔上的青青茶园，丁字形的"小上海"老街，大坪社溪尾的集应庙，乃至这里的饮食歌风，爱恨情仇，他们都要记挂偏爱一辈子。天下的地方千千万，自然风景怎样，人文景观如何，无需看书，我们都能从容而谈，且至死不忘的，唯有自己的家乡。

1999年9月，我开始从事新闻工作时，写的第一篇稿子就是大坪，这篇稿子后来还获得福建省对外新闻奖。这当然与"题材决定论"不无关系，因为那天采访的主题是大坪籍台湾乡亲高玉树携幼子回乡谒祖。之前的1981年和1983年，高玉树已两次专程回乡寻祖，均无果而返。这次回乡，高玉树终于在大坪福美村赤溪找到高氏上派五房的祖庐。尽管祖庐已经倾圮荒芜，但高玉树满怀激动，不顾87岁的高龄，三跪拜祖。

前苏联诗人叶赛宁说，找到故乡就是胜利。大坪对于像高玉树等旅外乡亲已无认知和回忆的意义，但大坪却是他们心灵世界的永恒的坐标点，即便驶离多久多远，无论天涯海角，他们都要从家乡获得重要的人生意义和行为依据。记得那天下午，站在大坪中学操场上，高玉树动情对师生说："我玉树能有一点成绩，一是靠自己的奋斗，二是靠祖宗冥冥之中给我的帮助。"清雍乾年间，高氏二十九世祖举家浮海迁台，几经拓荒垦殖，辛勤经营，子孙绵延，至1977年已有在台高氏乡亲13.6万人，蔚为一方望族。

家乡是人类的精神故园，但个人与家乡之间，不总是动情的，也有失落的。一方面，社会步入现代化，青年人涌入都市，涌入市场，这是人生地理中的潮流动向。对很多青年人来说，只有离开家乡，才能实现人生理想。在这些青年人心中，市场比家乡更有吸引力，似乎现代人生就意味着对家乡的背叛。另一方面，很多家乡的人文景观也一步步在丧失，已找不到昔日的情调，水泥、塑料、不锈钢拼合起来的建筑形式，正在一步步、一片片地"蚕食"家乡，家乡记忆开始变得越来越模糊起来。

但大坪却不是如此。大坪对于大坪人而言，永远是一方心灵家园，看老街祖屋，一望无际都是茶园，只要这些景观还在，就会山水有情，游子梦牵。而大坪以外的人们，在现代化竞争中心肠似铁、身心疲惫的人们，不经意间来到大坪，流连于大坪茶乡的山水间，寻找古人先贤的足迹，追溯两岸同胞隔不断的血脉情缘，也会从这份人类共同的家乡情怀中，回归人性，体味温馨。

湖头的守望

在中国地理的版图上，标识"湖头镇"的地方有两处：一在山东临沂市沂南县，一在福建泉州市安溪县，两地相距数千里。沂南县湖头镇为农业畜牧之乡，盛产花生、苹果、西瓜，是肉牛、生猪养殖基地；安溪县湖头镇则是福建省首批六个历史文化名镇之一，闽南厦、漳、泉三市独此一家，以"相国故里""美食之乡""旅游胜地"和"钢铁新城"闻名遐迩。

从厦门出发前往安溪湖头镇之前，我在"百度"用时不到1秒，即搜索到相关网页254,000篇，其知名度足见一斑。湖头镇地处名茶铁观音的故乡——安溪县西北部，这里离厦门、泉州均为1小时30分钟左右的车程，陆上交通十分便捷。明朝正统年间，湖头李氏六世祖李森率众浚通湖头至泉州的水上航道，这道水路渐成安溪内陆山区，乃至永春、德化甚至漳平、大田、永安等地，通往古泉州出海口的唯一路径。内地的茶叶、瓷器、林竹等土特产，沿海的食盐、布匹、药材等商品，都在湖头这里交汇、中转。湖头，遂成为闽中与闽南重要的交通枢纽和赫赫有名的商埠，有"小泉州"（《泉州府志》）之美誉。

早些年，围绕海上丝绸之路的起点地，江浙、闽南、潮汕等地颇有些争论，殊不知，在明末清初，湖头古码头便建有一座"大使宫"，专门接待从海上往来的各国商人，类似今日的大使馆、领事馆。湖头"大使宫"的遗存至今仍在，她见证着资本主义萌芽时期湖头繁荣的商品市场、时尚的消费观念、先进的经营手段，抑或还有更为驳杂和新奇的生命理念。《安溪县志》（清乾隆版）载，湖头"上达汀、漳，下连兴、泉，商旅所至，舟车能通，诚为辐辏，民之环往其间者，绣错不绝，烟火相连，一带市肆，倍于邑内"。这段文字经常启发我去想：在中华古代文明大地谱系中，湖头曾占据怎样的坐标，具有怎样的人文地理属性？"发生"一词在英文作"take place"，直译是"找一处地方"。文明发生时，要找一处地方，而湖头，就是这样的"一处地方"。

有朋自远方来，常常说，带我到湖头去看看吧，言语之间满是期许和神往。昔日舟楫能通的喧腾场景自然已成记忆，那么湖头的意义又从何处觅寻？身心沉入湖头的一段历史，你什么时候有过如此惊心的心灵撞击？史载，从明永乐元年（1403）到清光绪三十四年（1908），在湖头这块土地上共诞生99位举人；至清"康乾盛世"，湖头更是声名鹊起，成为泉州乃至于闽省的重要文化中心。佳人美眷绮丽而过，达官鸿儒谈笑往来。依稀看到湖头古道上马蹄欢快、锦轿如云，码头上舟来船往、桨响橹声，两岸酒市歌楼，箫管清音从柳荫榕叶中逸出，而这一切究竟是由谁舞动着指挥棒？

历史摄像机的镜头早已对准一位雄杰，他就是李光地（1641—1718）。李光地是朱熹老师李侗的后代，其祖上自延平（南平）迁至安溪。清乾隆二十二年（1758），邑令庄成在主持重修《安溪县志》时，曾写下这么一段文字："自古圣贤豪杰，皆山川磅礴之气孕毓而生，惟地灵，斯人杰也。安溪虽云僻壤，山环水绕，络绎奔赴，结成县治，不啻一都会矣。宜其人文蔚起，代产名贤，谓非生其地者之厚幸欤？"或许，庄成意识到，文化现象与地理环境间存在着某种重要联系，于是他从安溪人所赖以生存的"山川"环境入手，探讨特定地理环境对安溪人的滋养，及其对安溪文化的培育与形成所产生的影响。

而我也相信，生于先贤之后的庄成绝对是有感而发的，因为李光地对后世的影响绝不止一代人两代人，他学博而精，不但对经学、理学有深刻的研究，在历算、兵法、刑政、音韵、古文辞等方面也极为高明，是清代不可多得的大学问家、闽学派领袖人物。而且，李光地学优而仕，累官至文渊阁大学士兼吏部尚书，与康熙皇帝"义虽君臣，情同朋友"，三赐御匾，并被雍正皇帝称赞为"卓然一代之完人"。

李光地何其幸，生养于湖头这方神奇的土地；湖头何其幸，拥有了李光地这样一位贤才。因为李光地，湖头演绎了多少风云际会；因为李光地，湖头诞生了多少多情故事。大浪淘沙，隔着那么漫长的风霜岁月，能够留下来的，多少有些模糊走样了，但无论如何，当一部生机勃勃的"康乾盛世史"以一种别样的方式，在湖头地面徐徐打开时，我是吃惊的，并且有一种历史的"温情与敬意"（钱穆）自心底徐徐升起。

李光地新衙

我抵达湖头时已近黄昏，夕阳中的湖头别有一番意蕴。兴亡多少代，涨落多少事，然而湖头依然弥漫着华贵风韵：深宅云集，大院比肩，曾经多达几百座，依然留下60多座。都是明清的老房子了，老得像我们年迈的祖母，有的还随时可能轰然颓塌，但她毕竟还伫立着，伫立在繁华茂盛中，宛若一尊不朽的雕像。在许多古老文明相继被破坏或自然消失的今天，它的存在显得弥足珍贵，并赋予了"发现"这个词更深的涵义。

作为漫长岁月中曾经有过的辉煌的见证；作为一个久远故事的载体，一段固化了的怀旧情绪；甚至作为一种民居建筑学的高度和具有经典意义的打动人心的美，湖头，向我们展示的东西的确是难以穷尽的。落日晚霞，五阆山蜿蜒绵长。五阆山下，道路、居所、宗祠、书院、桥梁、客栈、街市、牌匾、楹联、墓志、族谱、服饰、起居、饮食、婚丧、嫁娶……一派祥和气象。它们的存在和演进，帮助我们读懂了湖头古地那份独特的精神质素，读懂了湖头人刻骨铭心的家园记忆，以及对于固有文化操守的维守与坚持、顽强与执著。

稍远处，三安钢铁公司的烟囱耸入云天，高大的龙门吊伸出长长的巨臂，下面是堆放得一望无际的钢材……历史与现实就这么神奇地不期而遇了。在昨天即将重生的时刻，未来的身影飘然而至，就像鲜活的生命一样，历史也遵循着新陈代谢的必然规律。经历了化蛹为蝶般的超越和蜕变，湖头，已经开启了通往未来的航程。

闯出尚卿

2002年春天，出现在香港古董市场的一件西周中期的铜器上的一段铭文，引起了考古界的震动。铭文劈头便讲："天命禹敷土，随山濬川，乃差地设征……"撇开铭文涉及的其他重要内容不讲，仅篇首这十来个字，就说到了中国古代地理的一桩大事，即大禹治水。

大禹治水是每个中国人都熟悉的历史传说之一，却一直未能找到确凿的证据，这篇98字的铭文，不仅圆满完成了此项任务，还揭示大禹治水的意义不只是战胜水灾，还包含着大禹整理疆土的一系列伟业。大禹治水经行过的地方，被称作"禹迹"，经过大禹治理的地方，就变得文明，没得到大禹治理的地方依然是野蛮世界，所以"禹迹"就成为文明之邦的代名词。

再后来，"芒芒禹迹，画为九州"（《左传》），从历史地理的角度看，"九州"比"禹迹"有了更进一步的演进，因为"九州"说出了一套地理分区体系，形成了一个大的地理格局。从洪荒世界到"九州"的划定，是中国古代文明进步的一个侧面，当然，这场重要的宏观地理变革，是在"禹迹"的历史传说中表述出来的。

慢慢地，"九州"渐渐成为华夏王朝的政治版图建构，而"九州"之外，在中国早期的文明版图上，不入"九州"的区域则被称作"蛮夷之地"，比如闽，虽然资源丰富，却因重山阻隔，交通落后，只好关起门来过日子，一直到了唐末王审知入闽，福建文明发祥史始摆脱混沌纷乱，形成一套完备的地理格局和我们今天引为认同的地域概念。

由"禹迹"说到尚卿，不能不从她的地方含义先探讨起。"地方"这个概念有点新鲜，新在她不仅仅指人或事所占据的一部分地理空间，还可把人们司空见惯的东西提升为一桩学术事件。访问当地人可以得知,尚卿古称上坑,之所以取现名,源于当地廖姓与官桥廖姓联修族谱署名时的谐音雅化。我不太同意这种说法。因为尚卿这个"地方"的含义得之不易,它是人的经验与自然位置的结合的产物,存在于土地之上的每个人心间,尚卿地面姓氏众多,决定尚卿"地方"含义的事属于集体共识,不可能由于一次廖姓修谱就轻易易名。

对于尚卿人而言,尚卿这个"地方",既是存在的结果,也是认知的结果。尚为尊崇、崇尚,卿为爵位,汉以前有六卿,汉设九卿。方圆117.3平方公里土地上的民众,他们对自己生活的这个"地方"有情感认知,从尚卿乡到其下辖的翰卿、翰苑、科名、中兴等行政村,这些"地方"不仅仅有个地名而已,更要紧的是它们各具含义,串联起来又形成一套完整的地域体系。偏居"九州"之外、地处"蛮夷之地"的尚卿,究竟曾经发生过什么惊天动地的大事,以致这个"地方"的众多地名,储存着如此巨大而有深度的信息?

史载,元朝至正十一年(1351),出生于尚卿新楼村的农民李带大,以闽南为阵地,招兵买马,揭竿而起,响应江淮流域的红巾军起义。期间,李带大自立为皇帝,至正十四年(1354)七月,他联合南安吕光普起义军攻下泉州,同年八月派部属进攻仙游,捕杀知县倒刺沙,威名大振。同年底,由于元朝官兵联合镇压农民起义,李带大军败,自刎身亡,壮烈英勇。崛起于阡陌之间的李带大,对翰卿、翰苑、科名、中兴等一处处"地方"的文化塑造,旨在传递其所建立的政治王权信息。行走尚卿,这一个个寄寓着李带大"设科取士"政治理想的"地方",泛起的情思又岂是查读词典可知?

推而广之,在我们赖以生存的大地上,可称"禹迹"的地方到处皆是,李带大治理尚卿与大禹治水的地理意义相同,尚卿大地上的景观是尚卿人写在大地上的文本,言有万语,书有万卷,地有万语,均"读"不尽矣,奥秘、困难、美妙、复杂都在其中。这,既是"地文",更是"人文"。

李带大奋力建立王朝政权的理想,最终是失败了,但却成为尚卿人挣脱地理束缚的动力,一辈辈的尚卿人应天时,顺时势,选择斗争,艰苦开发,一意想闯出封闭性的尚卿,从古代官定的冶铁烧瓷到今天远销世界的藤艺编织,均开创了先举;更有武状元黄培松,文进士余诚之、余克济,举人廖赞弟、廖承彦、叶为重、黄中必等人,在"地方"历史画卷上留下浓墨重彩,极大地丰富了"地方"的人文内涵。

  尚卿虽未被"禹迹"光芒所笼罩,但不影响她以后的步步发展。新的时代,将导致新的地理格局的出现,这种地理格局既是有形可感的,同时又是无形无限的,新一代尚卿人依托互联网将工艺品市场拓展到全球,在新观念中创造新世界。如此巨大力量之下,尚卿明天会有怎样的人文景象,我们拭目以待。

龙涓大地上的事情

明万历三十六年（1608），安溪县令王贤卿与长泰县令祝国泰在庄灶溪与龙涓溪交汇处（今崎畲村），立下两县分界石"泉漳分界"，以平息两县边民纷起的争端。

清顺治四年（1647），内灶乡人陈尔峰响应郑成功聚众起义，以护国岩为据点，英勇抗击清军。

清康熙四十九年，漳州陈五显义军进攻安溪，在举溪遭乡兵狙击失利。

民国三十六年（1947），中共党组织派胡子明、林凌、洪宣（龙涓人），到龙涓开展安（溪）华（安）（长）泰边区工作。翌年，中共庄灶支部成立，随后在华安下樟、利水和长泰高层、岩溪、枋洋建立交通站。

……

上面摘录的这些龙涓大事记，我转载自一部尚未完工的《龙涓乡志》。在志书编撰者的辛勤爬梳下，龙涓古地千余年的历史人文尽展其样态，清晰其脉络，个中精彩层面放到社会里，是政治操作、军事部署；对个人来说，又牵涉情感历程、人生体验，可以展开研究，做出许多长短文章。

土地是自然万物之容器，不仅生长萝卜土豆，而且打造"五岳四渎""芒芒九州"，触摸华夏大地的"灵魂深处"，还有一颗澎湃跳动的中国心。所以，到大地上找寻人类活动的痕迹，认真地说，是一件很累人的差使，需要脚踏实地说话，而不是无病呻吟，边走边看边感动，回来后追加浮想联翩，能翻书的再摘抄几句典故，遣词造句，拉扯成篇。

在安溪，不是哪一块土地都可称之为大地，龙涓似乎是个例外。一方面，

辉斗土楼

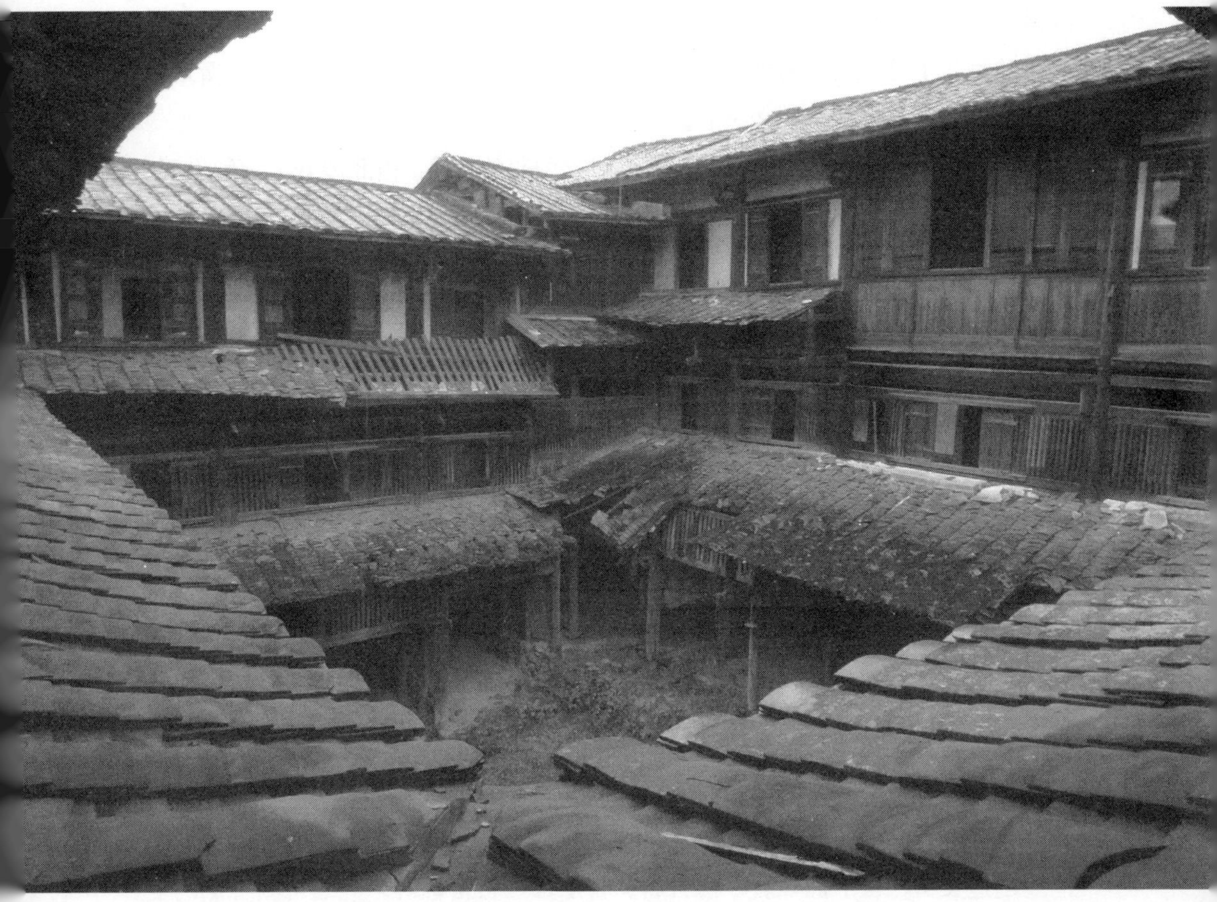

是因为她疆域辽阔,方圆372.92平方公里,占安溪总面积的12.2%;另一方面,则指龙涓人文地理空间的了不起之处,可谓万象林立,星光逼人。这里地处安溪、华安、长泰三县交界处,自古为兵家必争之地。与三县地理、历史相勾连,使龙涓独具人文形态和内涵,既是泉州文化的缩影,又有漳州文化的范式,可以做"断地"工程研究。以纵横密布的龙涓土楼为例,庄灶村的济芳土楼、宝都村的辉斗土楼、山后村的日丽土楼,它们圆方结合,石木混一,雕花凿草,蔚为大观,堪称泉漳文化之集成。

在我们的思想意识中,一贯充满了对于中心的偏重。由此展开来理解世界,则世界是由一个个"中心"牵头构建起来的。但我们又渐渐注意到,从"边上"想问题,从"边缘"来说话,可以另有价值。龙涓人自称是安溪的"边缘",殊不知,"边缘"往往是历史与地理的特殊的结合点。涉足于龙涓"边缘"地带,我发现了自然和社会的许多隐秘。护国岩的"石鼓"与漳州东山"风动石"有异曲同工之妙;内灶村的千年古榕,为南宋皇帝赵昺逃往漳州赵家堡之前所种;凤山岩观音宫古刹灵异,引来漳州十八社区进香团;早在1939年,龙涓举溪、珠塔就分别创建芗剧团,至1979年,发展到全乡的21个村。不仅有为数众多的芗剧团,龙涓还有提线木偶芗剧团,而芗剧起源于漳州平原的芗江流域,足迹遍及于龙溪、晋江、厦门、台湾……在泉州或漳州地理体系的边缘,我们发现了一股活跃的社会变异的动力,薪火相传,绵延不断,而龙涓大地上至今保存着许多耐人深思的文明讯息就不足为奇了。

人有丰富的情感,而人的情感除施之于人外,用在地上的恐怕算第二多。因此,凡是大地上的事情,无论最精彩或是最蹩脚的,人都脱不了干系,所以研究人文地理,首先要把人研究透。一代代的龙涓人在龙涓大地上生生不息,他们创造文明,留下仙峰岩、楼台庙、吉双塔、古窑址等一处处可圈可点的史迹;也有许多龙涓人因为梦想离开龙涓去奔波、去旅行,但不管身居何处,他们都始终怀藏着一份乡土的情感地图,有了这份情感地图,即使他们徘徊各处,伤心失意,也可按图索骥,随时阅读家乡的茶园、古柏、戏台、家庙,获得一股维系在外奋斗拼搏的动能。

十多年前读苇岸《大地上的事情》时,就讶然于他对自然万物的博大情感。但苇岸显然不只关注"蚂蚁窝的样子、雄蜂的尸体、一只飞翔的鸽子、黎明时鸟的叫声、五月的麦田、阳台上的两只麻雀"等一些往往被人群忽略的事物,他关注的是"大地的道德",反对人类无节制地向大自然索取,希望人们爱护山川河流,并身体力行。在龙涓人的观念中,这显然不是问题,因为在他们心中,人与土的关系就是一种德性上的贯通,与地合一,不是"合"在自然属性,而是"合"在人性。正是龙涓人深具的这种"大地的道德",使一个生态的、乡土的龙涓,在我们眼前缓缓呈现……

祥华的坐标

公元955年秋天,当新辟清溪县的奏折,经后周朝廷批复同意后,时任小溪场场官的詹敦仁,挥手写下一篇必将永久载入安溪史册的《新建清溪县记》。在此一年前或者更早,应清源节度使留从效之邀,詹敦仁监管南安小溪场,视事之初,他心系民瘼,披荆斩棘,垦荒造田,发展农桑。同时,重文兴学,教化百姓,迅速改变蛮荒之地的面貌,小溪场"日庶日富",雄名益起。据此,詹场官状请泉州太守,要求增割南安近地,新揭清溪县名,一番千秋伟业从此奠基。

清溪置县(宋宣和二年即公元1120年,改清溪为安溪)以后,治理小溪场有方的詹敦仁继续接受上级委派,担任清溪首任县令。一年多后,看到"区处已定"的他,向上举荐副监王直道接班,自己则来到距县城之西北百余里的佛耳山,卜居定居,名其宅曰"清隐堂",每天与青山结伴,与白云交友,品茗修心,耕读为乐,创作了大量诗文。《全唐诗》《全唐诗外编》《全唐文》《唐文拾遗》《函海·全五代诗》《永乐大典》均收有詹敦仁诗文。《全唐诗》录其小传:"詹敦仁,字君泽,固始人,初隐仙游,诗六首。"成为安溪建县以来耕、读、隐第一人——我想,恐怕也是最后一人吧。

詹敦仁后来为什么去职选择归隐?除了闽国多乱分裂的时局因素外,是否有其他原因?实在,詹敦仁对自然山水的向往之心早已有之,22岁时,他便有"江山有待造归去,好向鹧林择一枝"的归隐志向。公元956年离开县治时,他曾作诗以铭志,其诗曰:"平生出处顺天时,仕止常师孔仲尼。尺短寸长先训在,不须端策拂吾龟。"是的,来到佛耳山,詹敦仁的人生愿望得以实现,他"巧引山泉春溜急,闲锄露草晓云翻","静把旧诗重点读,旋沽美酒养疏愚",耕、读、隐，怡然自乐。一开始，詹敦仁所居的清隐堂与佛耳山相背，欲见佛耳山须绕过一个小山湾，他索性新建一座面向佛耳山的新居，以便"举杯邀佛耳"，"与山重往还"。爱山若此，几已成癖，无人可比。

也许是受佛耳山她所蕴含的历史魅力的吸引，1999年秋天的一个日子，我随时任安溪最高行政长官，以最虔诚的形貌登临佛耳山。在佛耳山巅俯仰天地，望着满目苍翠的铁观音茶园，我的心久久不能平静，在安溪大地的崇山峻岭中间，佛耳山究竟凭什么赢得詹清隐的厚爱？不仅因为此地"峭绝高大，远跨三郡"，远离割据纷争，"有田可耕而食，有山水可居而安"，还因为这里的茶、理念化了的风物，能使他畅意适怀，开卷自得，悠然而乐。于是，詹敦仁选择此山作为自己漫长人生的精神皈依点。

南唐原闽王部属留从效统治泉州之时，安溪是当时泉州刺桐大港对外贸易商品——茶、醴、葛布等的重要生产基地。而祥华乡属崇信里，按安溪旧志，"龙涓、崇信里自古产茶"，虽然没有史料说明祥华茶叶始于詹敦仁，但一定与詹敦仁隐居后的大力倡导有关。在深山白云处，詹敦仁也有意志相投者，他就是行钦和尚，詹敦仁扩建房子让行钦居住，并取名"介庵"。农息之时，两人同游佛耳山，谈机说禅，吟诗答问，常常乐而忘归："活火新烹涧底泉，与君竟日款谈玄。酒须迳醉方成饮，茶不容烹却是禅。闲扫白云眠石上，待随明月过山前。夜深归去衣衫冷，道服纶巾羽扇便。"詹敦仁的茶诗还有许多，写得扎实清晰，是其灵魂的坦示，精神的播扬，更是今日我们一笔巨大的文化财富。

从公元956年辞职，至公元979年去世，詹敦仁在佛耳山居住了20多年，这段温和宁静的日子，詹敦仁避开当时的政治，但并未强烈地愤世嫉俗，仍然极力主张国家统一。宋太平天国二年（977），陈洪进占据漳、泉二郡，无意归宋，百姓处于战争的危险之中。詹敦仁派其子詹琲劝陈洪进归宋。陈归宋后，詹敦仁父子欢喜至极，中秋之月举酒联吟："干戈时已定，款款话平生。"

历史的漫漫风沙刮过，佛耳山依然巍然屹立；时间之手无情，筛去庸常也留下宝藏。一种发展了的文化，终究会在我们的生活中留下痕迹。行走在祥华大地上，我们依稀看到詹敦仁入居后的辈出才人：在封建时代的科举考试中，祥华籍的登科第举人有42人，进士10人。明进士第、监察御史、谥赠刑部尚书詹仰庇，清文渊阁大学士兼吏部尚书李光地，清进士、翰林院编修、詹事府詹事陈万策，均出生在这里。清代，珍山村陈姓以"五世五进士七翰林"而著称……终于明白，一代代的祥华人是怎样被熏陶出来的，而詹敦仁的功德，当不在禹下，又岂是一篇小文可以彰明？

一千多年前，当詹敦仁向祥华真正挺进、在佛耳山间漫步沉思的时候，无疑已为祥华、为安溪建立起一座地理和文化的坐标，百代以来，佛耳山寂寞站立，但从未走出我们的心灵。詹敦仁卜居山林，回向内心，触及一个关于哲学和人类学的本原性问题，于今仍然时新。是的，在我们辽阔的土地上，让詹敦仁这样的人能产生终老之计的温情山水，总应该增加一些而不是减少一些吧。

闽南形胜，龙门首焉

明万历戊戌（1589）年冬十月，从任上告退归隐家乡安溪的刑部左侍郎詹仰庇，盛邀晋江庄国祯、黄凤翔、林云程、林乔相，南安欧阳模，结伴登临清水岩、青林岩，游目骋怀，品茗论道，赋诗题咏，在闽南文化史上写下一段"六老同游"的佳话。

"六老同游"清水、青林两岩，留下许多至今广为传颂的诗篇，同题摩崖石刻也成为各自不可多得的一道人文景观。"一泓清水流千古，四望苍山叠万重；自是盛游天不靳，故叫明月挂高松。"松涛流泉、鸟语蝉鸣的清水胜景征服了庄国祯，于是他挥毫泼墨写下这首《题清水岩》。而詹仰庇则以一首《题青林岩》状写家乡秀美山川："千峰松桧荫诸天，一涧纡回泻百泉；游客自来春草径，住僧为扫暮山烟；黑猿将子穿林过，白鹿骑人傍石眠。"同时寄寓知识分子纵情山水、超然物外的旷达情怀，"荣辱已知身外事，欲依此地学参禅"。

青林岩古名龙安岩，位于安溪龙门镇溪瑶村的乌岩山，始建者为清豁禅师，他募款兴建过泉州开元寺上方院，也曾出任漳州保福寺主持，在南唐与北宋政权纷争之际，广有善绩，于宋有功，并保泉、漳二州得以相对安宁。宋建隆三年（962），清豁禅师择青林岩结庵定居后，率门人开山种植丹杏、竹木、茶叶（安溪史载最早茶诗出自于此，为开先县令詹敦仁所作），施医济药，广播佛理，普行善事，深受百姓拥戴。

清豁禅师及其后来者了员道人、重眉禅师等，注重在民间修行的佛家妙谛，犹如文明的火种迅速燎原开来，围绕在青林岩四周的美内村的金沙岩、榜头村的福海院、光孝村的金山院和光孝寺等，均是受此影响至深而在当时或之后兴建的。当地群众还介绍，厦门南普陀寺曾多次派人寻访考察，确认青林岩繁盛香火播传绵延至该寺。据此，几乎可以定论，青林岩当时已是闽南佛教文化的策源地。

宋元以降，随着泉州港、厦门港的兴起，闽南经济社会进入高速发展阶段，风生水起，蔚为壮观。龙门毗邻厦门同安，曾设有"龟（桂）瑶隘"和"龙门驿"的龙门古道，是安溪乃至闽中通往厦门的交通要道。三明、永安的山货，安溪西坪、虎邱盛产的茶叶，龙门桂瑶、溪坂等地烧制的陶器、瓷器，都是从这条古道转运出去，并通过海上丝绸之路，销往香港、台湾和东南亚、欧洲各国。

得达海的地利之便，明郑成功收复台湾以后，龙门乡民便纷纷移居台湾、香港和海外各地。这里的金狮、仙地、榜头、科榜等村，均为台胞重要祖籍地，是台湾著名作家陈映真，海基会副董事长、台湾工商企业联合会理事长许胜发等名贤的摇篮血地。到了清代，科榜村翁姓村民大量徙居台湾，今台北、台南的岭头、塔美内、科榜等地，均沿用龙门祖地的村名，以此种特殊方式铭记故园，并尊翁治斋为一世祖。

由于海内海外人员的频繁往来，龙门民众的经商意识日益浓厚，商业经济也很快发展起来。榜头村有一条繁华精致的小街，她日日开市，每天商贾云集，熙来攘往，故有泉州府榜头市之称。据说海外各地寄往这里的信件和物品，抬头只要写上"中国榜头市某某"，就可以件件收悉丢失不了，龙门开发开放之早，发展步伐之快，领潮流风气之先，由此可见一斑。

龙门不仅开阜较早，历史人文积淀深厚，自然生态环境也极佳，境内层峦叠翠，幽胜迥然，溪流峡谷，澄莹壮丽，甲于闽南，蜚声鹤远。清乾隆《安溪县志》载："龙塘山，山曰龙塘，岭曰龙门，庙曰龙王，庙下潭曰龙塘潭，悬瀑数十丈，二壁夹立，旧尝祷雨，有龙见。"用心咀嚼这些史章片段，我们不由对辽阔神秘的龙门山川、滋生历险壮游的向往。依志书踪迹探访，长达数公里的龙塘大峡谷内，天开一线，峡张一门，山似拔地来，峰若刺天去，雄伟险峻。更有数十个龙潭密布其间，这儿一泓，那儿一潭，窈不见底，映照出千变万化的秀林奇峰、白云蓝天。面对体藏亘古的自然博物馆，你才会领略到一种永恒的深刻，才会意识到天演的神奇和沉默着的伟大。

普天之下叫龙门的地方不可胜数，他们各自因何得名？写到这里，我突然想起中国文化史上的一座艺术高峰——龙门石窟。洛阳城南13公里处，香山和龙门山两山对峙，伊河水从中穿流而过，远望犹如一座天然的门阙，古称"伊阙"。到了隋朝,隋炀帝杨广登上洛阳北面的邙山,远远望见了洛阳南面的"伊阙",就对侍从们说,这不是真龙天子的门户吗?于是便在洛阳建起了隋朝东都城,并把皇宫正门正对"伊阙",而"伊阙"也从此被人们习惯地称为龙门了。环顾安溪龙门的地理格局,白公山、梧桐山夹峙如门,依仁溪纵走其间,这不又是一个"天子门户"吗?而在"天子门户"龙门兴建城市,也就成为历史的必然。

因为初具形成城市的基本要素,即她的战略地位、政治影响、经济支撑和文化辐射,2010 年 2 月,一个建设新城的蓝图在这里开始擘画,作为一座新兴宜居城市,她的诞生,凝聚着多少心灵对这片土地的赤诚和祈福。随着一个个大项目的动工建设,亘古悠久的龙门大地,在曼妙的歌声中从此翻开了新的一页。古之龙凤名区,已为今之中国茶都,而龙门则是展翅高飞的邑之南翼,站在高高的龙门岭回头峰眺望,细揽眼前的苍松翠原、田野村落,你的心灵会引起强烈震荡,这是属于你我的土地,是最贴近自然的家园。

安溪龙门白氏与诗圣白居易同宗同源,乡亲们曾倡议并出资在香山白园修建一个亭子,用来纪念白氏宗族这位伟大的诗人。白居易酷爱洛阳的山光水色,他曾说:"洛都四郊,山水之胜,龙门首焉。"感恩于大自然的馈赠,安溪龙门集闽南热地之精华,神奇的土地上瑞云环绕、祥气照耀。闽南形胜,龙门首焉。一座旅游宜居公园城市,正以创新、创造的激情,海纳百川的气度,雄起于闽地之南,海峡之西。

造物紫云山

> 我从黑暗的地底
> 升入阳光的世界
> 在原野上开花
>
> ——古埃及《亡灵书·宛若莲花》

发现紫云山和创世有许多类似。

在莽莽苍苍的历史河流中,我们只能看见一些闪烁的波光。这些层层荡漾开来的波光,仿佛天幕上粼粼发光的星辰,用魔术师般的手,在轻轻触摸着这一片石头构造的岩峰。生命诞生之前,她就已经孤独地生存在这里,是太阳和星月们的伙伴,直到人——天地间最有生气和最为独特的发现者——出现后,她才把自己的命运完全交给了他们。

山与人,两者之间的关系由此紧密起来,他们是相互的发现者和主人,在相互发现中又相互影响。这一切,是天地间迄今为止最伟大的一桩事业。

此后是山的命名,紫云山,奇迹一样的地方,拥有一个诗意的名字,仅仅为了吸引人们登临探胜、歌吟题咏,或者藻绘山川、增教化益?

像,又好似不像。站在巍峨的紫云峰巅,俯瞰大地形制,只见云在舒卷,山在舞蹈,万千气象给人以永远的惊诧和鼓呼。银屏山、莲花山、大宝山、朝天山,分立四处,各自魁梧,又心归紫云,簇拥而来。难怪三乡七里的乡民们年年祭献,每届佛事巡香,均要翻山越岭来此圣地净土请火,仪式里面既有里规的原因,也有更为深远的传统风习在起作用。

在岁月和时代面前,在人的足迹之前,紫云山一身壮气,一派光芒,早已成为我们心中难以泯灭的永恒的火种。

养育着人又被人养育，热爱着人又被人热爱。这一切，不仅构成了以紫云山为中心地带的特殊的佛教文化圈，构成了人与自然这一永恒主题的全部内容，同样也构成了我们未来命运依托的家园，构成了天地间所有的和谐和希望。

是呵，法国飞行员圣埃克苏佩里在天上看见家，看见大地，他知道那里是人类唯一的根据地。星月上来，古希腊女诗人萨福则知道，那里是人类的一切。

而紫云山仿若天空和星辰，唱着每个人渴盼的梦幻之歌。山上，怪石林立，花奇草异，火山喷口天然形成的天池，湖水清澈见底，终年不竭；山腰处的龙藏岩，危石构洞天，紫云呈福地，天外飞来的大香炉，巍然屹立庙后，好不神奇；山下，梯田层叠，茶园碧翠，森林茂密，古树参天，宇宙的风从上面拂过，带来茶香和心香，带来美善。

莲洞茶歌、新岩梵响、杯桥泛春、石潭钓雪、边林山瀑、朵岭樵云、鱼山啸月、狮寨品泉，明代刑部侍郎詹仰庇标题过的这些芦田美景，在挑战着今人的想象，虽然少了刺激的惊喜狂呼，却多了更多的人间浓情与神清气爽。

大地之上，紫云山睡在那里，她在大地的怀中静听天籁，看着躯体上的万物在游走和运动。万物之中，又有一种巨大的力量赋予大地精神内涵，让大地改观，让大地慧秀。这是世界之外的第二个世界，而发现者——人，正是她的创造者。

想象力丰富无比的古人，把天上由天枢、天璇、天玑、天权、玉衡、开阳、摇光七星组成的吉祥星相，称为北斗七星。紫云山下，就有七座清代古民居，是按照北斗七星形状来排列的。这些风格古朴的建筑群，都是典型的闽南古大厝。登上附近的小山头观望，梳妆楼、典当铺、书屋、宗祠、茅舍、仓库、住房等，散布于平坦田野间，连起来正好是一个北斗七星图。架构之中，还有一溪一渠，一井一池，看似无意，实则玄机，暗合太极奥秘。

这地上"北斗七星"的建设者，是芦田人林远芳、林鹤年、林辂存父子三代。林远芳曾在厦门、广东及东南亚一带经商，家业兴旺，富甲一方。林鹤年为林远芳第四子，36岁中举，先在国史馆任职，1892年调任台湾，主管台湾茶业和船政，后又主管台湾的铁路，因政绩显著，被清朝提升为台湾道台。甲午战争后，台湾被割让给日本，林鹤年被迫于1895年内渡，定居鼓浪屿"怡园"，继续暗中支持刘永福的"黑旗军"，抗击日本侵略。

林鹤年四子林辂存,清光绪年间从南洋转日本、美国等国游历期间,到处宣传三民主义,激发侨胞爱国热情,支持资助孙中山。辛亥革命后,林辂存回国,被选为福建咨议局议员和咨政院议员,任福建暨南局局长,后又任多职,并荣获国民政府四级、三级嘉禾章,兼佩开国纪念章。

紫云山下,一个伟大家族,与"台湾开发""甲午战争""戊戌变法""辛亥革命"等中国重大历史事件发生关联,这是紧密联系的山与人,相互发现中又相互影响的最好注解,互相的发现带有互相的勉励,是自然之幸,也是人之幸。

和紫云山相比,人在尘世间走过的路是短暂和微不足道的。人的生命最多以百年计,而山已经走过了亿万年,亿万年之后她依然会站在那里,保持着一种命定的姿势。

人如果要抗争,注定是一种徒劳的抗争,然而,人的存在,赋予山的站立以尊严,哪怕是一颗小小的童心,因为他有信念——山,就拥有了比什么都更为可贵的神性的元素。

行走福田，慢下来

世外桃源、豁然开朗、阡陌交通、黄发垂髫、落英缤纷、怡然自乐、鸡犬相闻、与世隔绝……凡是进过中学大门的人，大抵都知道这些成语出自一篇好像是小说，又好像是散文；好像是游记，又好像是寓言，实际上却又是序跋类文体中的诗序——《桃花源记》。

《桃花源记》只是《桃花源诗》的序，但前者现在的知名度已远远超过后者。文章借用小说的笔法，以一个捕鱼人的经历为线索展开故事，把读者从现实世界引入到一个质朴自然的化外世界。在那里，一切都是那么单纯美好，没有税赋，没有战乱，没有沽名钓誉，没有钩心斗角，甚至连一点吵吵嚷嚷的声音都听不到。人与人之间的关系是那么的平和，那么的诚恳。

陶潜无法改变晋宋易代之际的腐败现状，只好借助创作来抒发胸臆，塑造一个与污浊黑暗社会相对立的"桃花源"世界，以寄托自己的人生、政治理想。"桃花源"世界在当时也许是不存在的，此后却成为中国人心灵中的理想国度，成为最高生活境界的范式。由深圳淘乐研发的全球首款2D回合网游大作《桃花源记OL》，即是以此古典名篇为背景。20集古装奇情电视剧《桃花源记》，则是直接通过一段由冷血杀手和桃花少女演绎的爱情故事，将一个超然物外的世外桃源幻境展现在观众面前。

但是，我们知道，不管是网游《桃花源记OL》，还是电视剧《桃花源记》，他们与陶潜所描述的世界一样是虚无缥缈的，不可确信的。那么，在我们身边的真实生活中，有没有这样的"桃花源"——"桑竹垂馀荫，菽稷随时艺"，"童孺纵行歌，班白欢游诣"，美丽、清新天然拥有，宁静、和谐弥漫其间？

答案是：有。

中国最精致的火车站

而她，就是地处安溪西北边陲的小镇——福田乡。

福田之美美在何处？法国汉学家戴密微曾说："唯汉土之人最知山水。"的确，将山川大地的景观看做"文章"，是中国地理文化的一大传统。李白在《春夜宴诸从弟桃李园序》中写道："况阳春召我以烟景，大块假我以文章。"这恐怕是"文章"最具代表性的说法。"大块"即大地，"文章"指错综的色彩花纹，"大块文章"，当然就是大地上的斑斓景观。将山川大地的自然之美视作"大块文章"，你不能不佩服古人想象力之高，胸怀之广，文字能力之强。

截至目前，福田之美见诸报章并不多，这位养在深闺的佳丽，其博大不语，巍然自在，就像"大块文章"一样，需要能"囊括大块"的心胸，才能尽赏其无以尽述的形态特征。云中山省级自然保护区核心区在福田，其主峰太华山海拔 1600 米，是安溪和闽南第一高峰（戴云山主峰地处闽中，属闽江水系），也是福建省面对台湾海峡的第一大山脉。夏季，能够阻挡台风对北坡地区的袭击；冬季，有利于阻挡西北寒流对东南坡及闽南沿海的侵袭，是一道天然生态屏障，堪称"闽南屋脊"。

在云中山自然保护区内壮游历险，只见峰峦起伏，沟壑纵横，林谷幽深。含英咀华，我们流连山水的性情因以油然而生。受海洋季风气候的影响，这里潮湿温润、复杂多样的生态环境，孕育和保存了丰富的动植物资源。据调查，保护区现有南方红豆杉、桫椤等高等植物 1874 种，穿山甲、水灵猫等陆生脊椎动物 418 种，昆虫 1625 种，大型真菌 132 种，兰科植物 46 种，是我国东南地区重要的生物多样性基因库。

造物主的钟爱使云中山的神秘面纱至今尚未揭开，许多地方人迹罕至，保持着天然原初状态，大坑峡谷、鸳鸯池、太华岩遗址、银坑瀑布、九十九湾、格口温泉、福建桫椤谷等人间胜境，令人乐而忘忧，流连忘返，进入"问今是何世，乃不知有汉，无论魏晋"的至高境界。

福田乡土地辽阔，达到 174 平方公里，西与漳平市交界，南和华安县接壤，东邻祥华乡，北毗感德镇，虽然人口稀少，却不影响其厚重历史的人文含量。在生于斯长于斯的诗人企业家陈朝东笔下，清澈的洛溪，甘甜的芦柑，醇厚的米酒，香浓的铁观音……是那么的诱惑人，让你对这片神奇的土地不禁心驰神往，浮想联翩。双垵村，一个不到 600 人的僻远小村庄，走出了 3 名博士生、3 名硕士生和几十名大学生。而 50 多年前，为响应中央一声号召，200 多名从全省各地挑选的知识青年、复转官兵,汇集这里,扎根落户,肩挑背扛,垦荒造田,书写了一部感天动地的农场创业史,使今日福田林木葱郁,茶果飘香,民众富足,社会和谐,尽显陶潜笔下的大同世界风貌。

幽静的森林、峡谷、溪流,悠远的农场、乡村、学校,别样的边陲知青文化……一切是那么的明净、安然、闲逸,就像美国小说家詹姆斯·希尔顿(James Hilton),在 1933 年出版的小说《失去的地平线》(*Lost Horizon*)中所描绘的那块宁静和谐的土地"香格里拉"一样。现在看来,《失去的地平线》与《桃花源记》在人文学上的伟大意义在于,它们分别为东西方的文化价值观念,植入了人间乐土的意境,成为人类心灵中的理想国度。

但是,陶潜的"桃花源",詹姆斯·希尔顿的"香格里拉",毕竟只是存在于人们的想象中、渴望中。《桃花源记》最后写到,"渔人返寻所志,迷不得路",读者便从朦胧飘忽的化外世界退回到现实世界。南阳刘子骥规往未果一笔,又使全文有余意不穷之趣。《失去的地平线》的结尾与《桃花源记》有异曲同工之妙,同样是那四个西方人士离开后,想要再次返回的时候,已经无法返回了,无法找到旧时的道路了。

而福田之美却是真实存在的。其山川林茶的秀美风雅,社会人文的千姿百态,哪怕是辞藻华美的汉赋时代也无法穷其芃盛。法国谚语说,慢下来,慢些走,才能走得远。行走福田,你得慢下来,用心看,用心听,用心感受与体验,才能尽赏福田的"大块文章"。无论你来自何方,当火车缓缓泊在被誉为"中国最精致的火车站"——福田格口火车站时,"闽南桃花源",福田,便像一幅山水卷轴画徐徐展现在你面前……

白云从蓝田来

> 锦瑟无端五十弦，一弦一柱思华年。
> 庄生晓梦迷蝴蝶，望帝春心托杜鹃。
> 沧海月明珠有泪，蓝田日暖玉生烟。
> 此情可待成追忆，只是当时已惘然。
>
> ——《锦瑟》

李义山的这首《锦瑟》，大家并不陌生。虽然，关于这首诗的旨意，千百年来聚讼纷纭，莫衷一是。元代元好问就曾发出这样的感叹："望帝春心托杜鹃，佳人锦瑟怨华年。诗家总爱西昆好，独恨无人作郑笺。"意思是说，像《锦瑟》这样的诗固然好，可就算是东汉的大训诂学家郑玄再世，也只能望之兴叹，无力为它作注。

作出难解《锦瑟》浩叹的似乎不惟元好问一人，清代大学者王士禛也有类似的烦恼。不过，诗中的"蓝田日暖玉生烟"一句倒是写得明明白白。日照蓝田，白玉生烟，既包含着对自然景物的赞颂褒扬，也造就了山水林石的文化品格，所以，对于"蓝田"与"白玉"这样的字眼，只要是中国人，都能从它的形态特征转而联想到高大的人文楷模，那些人地关系中最高层面的东西。

赋予特定的物和特定的地方以特定的情感，是一个文化地理的过程，也是我国地理文化的传统特性。自古，玉被中国文化赋予道德上的神奇性，说"君子比德于玉"，"君子无故，玉不去身"，又说"人之文学也，犹玉之于琢磨也"，那么，"蓝田"的种种形态特征之中，又究竟隐藏些什么东西？

据居住在安溪蓝田的曾、朱、罗等姓氏谱志记载，这里开发于宋，时林窈水沛，故先民们伐木垦荒，筑垄为田，名之"林田"。明代，随着士大夫景观

蓝田瑞云桥

审美风气的兴起，便有读书人（有否受唐诗启发，我们不得而知）向"林田"浇注情感，被浇注情感的"林田"自然而为"蓝田"了。类似"蓝田"这些携带情感的"地理"，不惟华夏九州，在闽南安溪，也触手可及，俯拾皆是，西坪、佛耳山、清水岩……影响之巨，可谓天长地久。

公元957年或者更早的一个秋日晌午，安溪开先县令詹敦仁辞去官职，带着随从徒步走到蓝田内村古道边的这座亭子。一定是什么触动着这位前县令的心思，抑或面对家乡的徜徉云彩，如画大地，瞻宏品细，留恋山水的性情因以油然而生，詹敦仁欣然提笔赋诗一首，赞颂白云亭的秀美风光。虽然仅是一个不起眼的小亭，白云亭却承载着几百年来许多人无法挥去的情感，他们虔诚奉祀亭内的"岭头观音"，也钟情于林荫深处的山花芳香、丛竹含珠。明代四大书家之一的张瑞图归隐晋江故里后，曾数度游历安溪山水，在安溪留下不少墨宝，"白云自在"就是他路过岭头时纵情所书，可见当时的白云亭是如何为世人所钟爱。

白云亭诗书情感与地理相结合的事情，使我又联想到蓝田民俗民间文化与地理景观的种种结合，比如进德迎花灯、后清游灯龙、宝云殿祈梦、安福堂请火、朝天山乌龙太子传乌龙茶、瑞云桥上建天竺亭等，这些多种多样的结合无疑增加了大地的文化含量。中国是大地域文明古国，神州的文化含量极为丰厚，它们如同煤炭、森林、水源一样，也是珍贵的地理财富。云从蓝田来，这云，既是自然景观，也是文化行为，其美学分量让我们拥有一份穿越古今的悠然心境。

蓝田总面积99.77平方公里，这地不是独立的，她不仅与尚卿、祥华、西坪、芦田相接壤，也与天相勾连。蓝田人乐谈此道，讲的多是山川的神性，这种"神文地理"的观念，其本质上是人文地理的一个部分，是中国人对自然景观的文化创造。不但白云亭、福顶岩、安福堂奉祀观音菩萨，进德大廊桥、后清小廊桥奉祀观音菩萨，就连农历二月十五迎花灯，也是抬着端坐观音菩萨的轿子巡游乡里，祈佑民安。而终年雨雾缭绕的朝天山，除了乌龙太子传乌龙茶的传说外，还有许多跟安溪农民起义领袖李带大有关的故事，由熟知历史的蓝田人绘声绘色讲来，令人不禁意驰心往。

我们今天爱谈论"人与自然"的关系，特别强调自然生态和人的生存健康，却有意无意忽略了人作为自然一分子所应承担的社会责任。面对消失殆尽的绿水青山，面对日益荒芜的城市丛林，我们都要内省反思，不是人类撒野捣蛋，哪会出现那么多的环境问题？如此，朝天山的馥郁浓荫、鸟鸣谷应，国公山的青翠竹海、流泉飞瀑更显得弥足珍贵。平均每立方米 24,000 个的空气负离子，是人体天然的"维生素"和"生长素"。更有那胸径达 5.6 米的南方红豆杉王，面积将近 1 万亩的桫椤谷，种类繁多的鸟类、爬行类、两栖类和兽类，野生灵芝、红菇、木耳等山珍，都为蓝田丰厚的地理文化添上精彩的一笔。

有人说，旅游一定要去异地，因为异地的陌生感，异地的景观情调才新鲜动人，才满足人们好奇的身心。的确，看人的旅游方式和对象，可以发现人的志趣和修养。我劝这样的朋友，在自然至上的时代，不妨暂别城市，放宽身心，去看看蓝田，领略一下"白云自在"的畅意。

城厢，城厢

　　1939年11月1日，安溪发生一件震惊中国考古界的大事：集美中学庄为玑先生在城厢乡（1991年改为镇建制）土楼村集中发掘出六座唐墓，出土124件青瓷明器，24件纪年砖与纹饰砖。颇为引人注意的是，这些出土的纪年砖上，印有"上柱国刺史武吕乾封二年中"字样。专家据此分析，墓主应是"上柱国"（二品爵位）武吕，其人为武则天的族叔，时在泉州（唐时的泉州指今福州）为官，卒于刺史任上。当时武则天权倾朝野，她的族叔在泉州履职顺理成章，问题是，武吕死后，他的子孙为何不将其尸体运回老家安葬，使其叶落归根，而要劳顿辗转数百里，将武吕埋葬在安溪城厢乡土楼村？这其中有着怎样的隐情和真相？

　　时隔16年后即1955年的春天，城厢乡的群众又在澳江渠疏浚现场发现一座倒塌已久的唐墓，墓中清理出陶瓷随葬品24件，有茶碗、香炉、高足杯、三足鼎、四耳瓮、五谷瓶、多杯盘等。墓室规模较大，全座用砖砌成，从墓的形制看，当属贵族的墓葬。巧合的是，该墓葬朝南偏东，面对笔架山，与庄为玑当年发掘的六座唐墓相距不到一百米。安溪建置较迟，直到公元955年才从南安小溪场析出，升格为清溪县，宋宣和二年（1120）改县名为安溪，可以想见，彼时的安溪尚是一个蛮荒僻远之地，为什么会有这么多的唐代贵族埋葬于此？乾封二年（667）距离安溪置县已近300年，而这些墓葬又集中发现于城厢乡——蓝溪河畔，笔架山下——这究竟是一块怎样神奇的土地，确是一个值得研究的问题。

　　在城曰坊，近城曰厢。城厢，就是靠近城的区域，用今天的话来说，就是城乡结合部。我对城厢的关注，与其说是摇篮血迹的乡土情怀在感染，不如说是地方史研究的兴趣在推动。在我小的时候，每次随同母亲去村中显应庙祭拜时，虽然对她精心备办茶酒鲜果、点烛焚香、虔诚致敬的行为不可理解，但面对神龛里的一尊尊神明塑像，我也不由收起冥顽之心，显得庄重肃穆起来。及长，方知显应庙奉祀的是唐将陈潼，"大顺中，长官廖俨招集流民，以神（陈潼）为都将，戍溪南。既殁，民即祀之"（清乾隆版《安溪县志》卷十"寺观"）。"文革"中显应庙遭到损毁，1986年重建时在原先柱础下，挖出一方"郡主墓道"碑，碑文运笔有力，雕工精妙，神韵绝伦。这又是城厢一个重要发现。遍查安溪130多个姓氏族谱，历史上未曾出现过驸马与郡主，那么逝者系谁？何方人氏？直至多年后，我登上巍巍的高田山（泉州母亲河——晋江上游两条支流西溪与东溪的分水岭），来到祖母的娘家叶氏宗祠时，才似乎找到答案：高田叶氏第十世叶廷植娶赵氏第三位郡主，叶明新则娶赵氏另一位郡主，据此可以推断，显应庙出土的"郡主墓道"碑，应是南宋时期高田叶氏皇亲之物。但是，这方墓道碑又为何出现在城厢的土地上，史书对此并无记载，这个谜团只好留待后贤破解了。

对一个多年从事写作、熟练文章技法的写作者而言，提供一份关于城厢这片土地的学业"研究成果"，也是我对家乡的历史和人生的一种思考，似乎不难，之所以迟迟没有动笔成文，在于随着年岁的增加，我愈发感到脚下的土地广阔深厚而知识积累肤浅的力不从心，想来应该也是"近乡情怯"。一个区域的发展，就如同一个人的生命一样，有着本身的"气运"，而城厢"气运"之昌盛，从之前的这些重大考古发现，就已经足以说明问题。它从一个侧面也说明，"三峰玉峙，一水环回"的城厢，"左环右抱，如抱如怀；前拱后植，若揖若拜"，"真东南形势之地也"，于安溪"疆域"版图，有着特殊的文化经济地位。

一百多年前（1890）经济学家马歇尔曾说，在社会科学的研究中，时间的问题比空间的问题更重要，但现在，不少人已反过来认为，空间的问题比时间的问题更有意味。大地是一件容器，山川是空间的一种形态，它容纳人类在里面做事，人类同时又在其中建构种种空间系统，人类社会若离开了它们，就不算个社会。千百年来，城厢人在城厢大地上繁衍生息，留下一处处文明史迹，赋予土地深厚的人文意义。有人说世上只有一门知识，就是历史，但是康德说还有一门叫地理。把历史和地理、时间和空间分得太开了，分成两个不太相干的知识领域，容易造成治史的研究时间，治舆地的只考虑空间。"上柱国刺史"

武吕等唐代贵族，选择城厢为最后归宿，以及城厢人在这片土地上的"耕耘稼穑"，让我们察觉到历史和地理紧密结合的玄妙。

在中国的历朝历代，都有一门经纬大地的典章制度和记录考订地理名物的学科，称为"舆地之学"。"方舆之书所记者，惟疆域、建置沿革、山川、古迹、城池、形势风俗、职官、名宦、人物诸条，此皆人事"（刘献廷）。安溪邑志亦是如此。对于城厢这些条目尤其是山川、人物的记录特别详细，黄龙山、金龟山、三公山（山有三峰，中似"公"字，又曰文笔峰，俗称笔架山）、黄檗山（一名南山，又名午山，俗称五峰山）、产坑山、阆山（朱熹题阆苑岩门柱联"白茶特产推无价，石笋孤峰别有天"，点出此地白茶的珍稀宝贵，今尚残存数株，是研究安溪茶叶品种的重要例证），以及岩石、岭陂、潭塘、桥渡……均一一记录在册，使得我们能够穿越时空去巡礼敦厚大地上的灿烂史迹。

在中国古代文献中，有个"迹"字用得很多，大多指名人之迹、圣贤之迹。今天我们依然崇尚先贤之"迹"，目的在于我们要"履"其"迹"而行止，将先贤创造的事业和文明代代传承下去。"吾安溪之山若增而高，水若增而深，而卓拔奇伟之士，无有亲疏遐迩，闻风而蔚起，咸以为天下之文章，莫大于是也"（清奉政大夫、翰林院修撰官献瑶）。城厢山川曾经留下廖俨、周朴、詹敦仁、刘乙、张读、朱熹等名士的足迹，考察这些跨越时代、远而弥耀的历史"足迹"，我们对城厢大地的认识也许会有新的升华。初春的一天，当我站在奉祀吴中处士周朴的午峰岩前，俯瞰如画似锦的大地景观，一下就理解嘉靖旧志评价五峰山为"一邑众山之宗"的缘由。苍穹之下，大地之上，笔架山、产坑山、五峰山、阆山一路蜿蜒而来，峭拔雄立，聚成城厢一道巍峨屏障，又环绕在安溪县城的东南，这，不就是千年安溪一道生生不息的文脉吗？惟地灵，斯人杰。宜其人文蔚起，代产名贤，我们不应该慢下急匆匆的脚步，感恩这方孕育磅礴之气的灵性沃土吗？

讲述着一颗宝贵的灵魂们对祖先的送澈心肺至人声啼岁次癸巳五月初八日陣雨後昔山如洗二噴神怡奶语录又拈先天
錘古仙居儒学又记

卷四

仪式、尊严和"我"

有关庄严

  我一边到书架翻阅贡布里希的《艺术的故事》，一边察看小妹泡茶……小妹泡茶颇有道行，沉心专注，一板一眼，颇具仪式感。仪式之下，普通的茶的味道自是有别。忽然想到，仪式之目的，乃在于给人予庄严，不同的仪式有不同的功能。国家仪典给国家予庄严；宗教之仪典给教主和信众予庄严；民间仪典给民众予庄严。微末如茶道，一旦仪式化，亦给品茗者予庄严。诚心正意、危襟正坐之下，品茗之感觉自不同于庸常之泡茶，同样的水品出的滋味亦定然不相同。是故，仪式之于人生，乃在于提升人类的品位和尊严，俾使符契人类文明之大道……

——陈飞鹏，日记
2012.9.1

泉州家家泡工夫茶

  这些年来，每隔一段时间，无论多忙，我和陈飞鹏都要找机会聚在一块，有时半天，有时一两个小时，不为别的，就为认真喝上一回茶。乳瓯十分满，人世真局促。他总是天南海北的跑，萍飘浪走，心难皈依；我为工作故，仓促，繁琐，无奈，都需要一杯茶里的舒缓从容、无边无在……饮茶一刻带来的特殊时空感，无限广阔，澄清无尘。现实是灰败的，茶如秋水盈涧；世道是炎热的，茶如春风拂面，对谈之中，身外之物化作烟雾散去，只剩下自在逍遥的我们。

  陈飞鹏年长我几岁，他不算是精于品茶之人，但因其有一颗沧桑阅尽之后的平常心，故不论好茶庸茶，只管饮之淡然，而我们相处原本就是，借助茶的媒介,忘忧出尘,清心养志,鉴照茶杯中的人生。像陈飞鹏这样的朋友还有许多,郑植阳、吴合对、林永传……安溪的、安溪以外的,我用一杯铁观音与广大的世界联结,结识很多善待我的朋友,他们给予我知识的教益、思想的洗礼、行动的明示,同时又借助茶获得超越时空的感觉,享受茶带来的心灵解放。就如陈飞鹏邮来的日记里写道:"微末如茶道,一旦仪式化,亦给品茗者予庄严……仪式之于人生,乃在于提升人类品位和尊严,俾使符契人类文明之大道。"茶芳洗神,其清入骨,铁观音除了物质享用的益处,还有一些精神层面的特殊功能,而这一切,均是在仪式严谨的泡饮中,通过宾主智慧互动实现的。

关于中国茶道与日本茶道之比较,以及中国茶道流派的研究,这些年渐成热门话题。显而易见,中国茶道确实是一个潜在的丰富领域,它提供了探究复杂中国社会的相关性。作为饮食文化中最重要的组成部分,茶叶本身的泡饮风格,首先当然是由其茶类和现成的条件所决定的,但从中我们还会发现一些深刻的事实,中国人之所以在这方面表现出创造性,原因也许很简单:茶叶和茶叶的泡饮方法,是中国人的生活方式的核心之一,也是中国人精神气质的组成部分。

目前,安溪铁观音已成中国广大区域最受欢迎的日常茶饮,除了品种优良、品质优异、品牌优秀的原因外,一般沿袭传统的工夫茶泡饮技艺,和泡茶时身心五感参与的专注和放松,也是消费者喜爱的主要因素。与白茶、绿茶、红茶、普洱茶等不同,铁观音选择今天这种泡饮器具和方法,根本源于其特殊的制作技艺,半发酵,工序繁琐,颗粒紧结,壮实沉重,用稍大的紫砂壶或直筒大盖杯,是难以泡出铁观音特殊的香气和韵味的。

虽然没有确凿的证据说明,乌龙茶泡饮技艺起于何时,但从考古发现,闽南外贸瓷器大规模生产始于11世纪末,一直持续发展到元末。迄今为止,安溪一共发现160多处五代、宋、元、明、清古窑址,其中五代、宋、元36处,明、清126处。这些五代、宋、元古窑生产的瓷器以日用品居多,其中还有茶壶、茶碗等大量精美、精致的喝茶器具。至明清时期,随着乌龙茶制作技艺的发明和铁观音优良品种的发现,鼎盛于安溪民间的饮茶方式,又进入到一个新的阶段,不但茶碗由大变小,也由崇尚厚重青黑的建窑,转而崇尚青花白瓷。安溪古瓷业的发展脉络和演变状况也表明,至少在明清时期,泉州民间已开始流行工夫茶的泡饮,而"泉州府,茶,五县皆有"(《福建通志》乾隆二年,

尚卿古窑址

1737）的地方经济，又为泉州工夫茶的流行提供了物质基础。

习惯认为，工夫茶起源于宋代的广东潮州府（今潮汕地区），是对唐以来品茶艺术的继承和发展，事实上，就民间普及性而言，这种小杯小盏的品茶方式在泉州更昌盛，因为，宋元时期泉州区域经济高度发展，而各县又都生产瓷器和茶叶，工夫茶在泉州民间广泛流行是毋庸置疑的，可以说，有泉州人的地方，一定有工夫茶的影子。即使侨居外地和移民海外的泉州人，也仍然沿袭着品工夫茶这个风俗和传统。在泉州百姓眼里，茶就是开门七件事之一，它平常而朴素，也许不名贵，但值得用规范严整的程序和方法去泡饮，如此才能获取茶的本味，以及品茶时带来的透脱自在。因而，无论富庶或贫寒，家家户户都备有一套整洁的茶具，每天必定要喝上几轮，独饮或共品，让日子过得坦然自尊。

仪式化的安溪茶艺

从明清之际到现代，中国茶饮的传统开始没落，一方面是饮茶的工艺没有太大的发展，另一方面则是由于民生经济的凋敝，晚明发展起来的品茗雅趣，到了清代中期就逐渐走了下坡路，19世纪90年代之后，中国茶业更是一蹶不振，与中国近代的动荡战乱相应。20世纪上半叶，战争与革命频仍，品茗的艺术当然无从发展，而且逐渐为国人遗忘了。以至于现代人提到"茶道"，直接的反应居然是日本的茶道，好像那是日本的"国粹"，与中国文化无关似的。其实，从历史发展的角度看，唐宋茶道的仪式，日本可说是一成不变地学去，保留了形式，抽换了内容，根本不讲究饮茶的乐趣，只强调茶饮的宗教向往，成了禅修的法门。

明清饮茶的风尚雅趣，虽然没有在近代得到提升，却在几个世纪的潜移默化中，使得大多数中国老百姓，特别是南方乌龙茶茶区，遵循明清雅士所提倡的"茶有真香"的本色饮茶，喝茶时没有忘记品茶的基本物质基础，一是茶叶的味质与香气，二是品尝者的味觉与嗅觉。古人说，茶有真香、有本色、有正味，泉州、安溪民间广泛流行的茶叶冲泡方式，不仅重视茶饮的程序与器物的洁雅，而且强调品茶过程的心灵提升，正符合最质朴的品味之道。

中国茶饮的历史，提供了许多可以汲取使用的文化资源，今天的品茗艺术应当建立在历史反思的基础上，既立足"茶之道"，又关注"茶以外之道"，把一般老百姓的喝茶习俗和文人雅士提倡的风尚结合起来，才能重焕生机，有所飞跃，否则脱离茶叶本身，一味满足国人的想象，发展前途令人担忧。20世纪90年代，安溪铁观音开始风靡全国，安溪以外的消费者对于铁观音独特的泡饮技艺不得其法，影响茶叶品质的充分发挥。此种情况下，恰逢当时第二届世界安溪乡亲联谊大会（1994）决定在安溪召开，列入大会议程之一的是，要求在总结安溪民间沏茶技艺的基础上，编排出一套安溪茶艺，让世界安溪乡亲和来宾在品尝安溪名茶的同时，进一步了解安溪茶文化。安溪茶专家蔡建明接受任务后，与安溪地方戏曲专家李波韵合作，几易其稿，数度推敲，终于成功创排出一套典雅风尚的"安溪茶艺"。

精心排演的"安溪茶艺"如期成功，征服了来自世界各地的安溪乡亲和嘉宾，自此安溪县也正式拥有一支茶艺表演队，与此后各产茶乡镇、茶企、茶校陆续组建的茶艺小分队，蔚成安溪茶乡一道迷人风景。二十多年来，这套"安溪茶艺"在长城内外、大江南北上演数万场，为安溪铁观音拓展茶叶市场、提高知名度和美誉度，立下汗马功劳。还走出国门，到东南亚、日本、韩国、欧美等几十个国家，宣传安溪铁观音品饮艺术，弘扬中华茶文化，赢得掌声和鲜花无数。源于民间深厚的茶文化土壤，立足"茶之道"的艺术本位，"安溪茶艺"所展现出来的饮茶之真、之趣、之美，已经超越饮茶行为本身，让我们在泡茶礼仪中感受到中国茶道的精神。

叮当作响的琴筝声中，穿着典雅、健康微笑的茶艺小妹徐徐出场，款款有序，她们气定神闲，姿态优雅，一一展示安溪茶艺流程：烹煮泉水、沐淋瓯杯、观音进轿、悬壶高冲、春风拂面、三龙护鼎、游山玩水、关公巡城、韩信点兵、敬奉香茗、鉴赏汤色、细闻幽香、品啜甘霖……十几个品饮环节，行云流水，和谐自然，将安溪铁观音的香、韵和美传递给观众。应该说，"安溪茶艺"恢复了唐宋品茗赏器的传统，对茶饮的程序与器物的洁雅再三致意，又追求品茶过程心灵超越的修养，以期融入天然和谐的天人合一之境，不但使品茗者心里祥和安定，也在哲理和艺术上的探索得到智性的满足。

与艺术化的"安溪茶艺"相呼应的，是安溪民间百姓舒展性灵、自由得当的生活泡饮，哪怕日子一时过得困顿、不如意，一杯浓醇甘香的铁观音是少不了的；哪怕家居再简陋、寒碜，一套洗得光亮的茶具是少不了的；而且，冲泡不求简单，不惮繁琐，安溪民众已经习惯在有板有眼、一招一式的泡茶时光中，去领受茶的真香与甘霖，并由此获得人生的庄严感。我的父亲嗜茶多年，考虑到他年事已高，独自泡茶麻烦，为他准备一个简易飘逸杯，但他从不使用。他说，泡工夫茶的乐趣，即在于享受繁复之过程，并能由茶观己，省察内心，否则便了无生趣。是的，煮水、暖杯、唤醒、温润、淋浇、出汤，无论是繁复技艺，还是寻常喝法，起于民间、仪式化了的安溪茶艺，那茶汤含藏的茶道精神，都是平等和尊重，是诚恳和和谐，是对自然天地的敬畏之心。

给予茶"人性的尊严"

20世纪90年代"安溪茶艺"开始流行以后，不少安溪茶人在此基础之上，又对现有的品茗艺术进行研究创造，不仅完善了系统，也丰富了形态，形成百花争鸣、异彩纷呈的局面，而安溪也顺应这种市场需求兴办了许多茶艺培训机构，一时间，到安溪学习茶艺的各地茶人纷至沓来。与明清茶道不同，安溪在品茶的仪式及茶具的形制上，因茶叶工艺和品质的变化，而产生相应的互动，但不管流程如何增减，遵循品茗者的心性与兴趣，通过礼仪感受茶道精神，追求人生的美好时光的体会，永远是摆在首位的。

有一部分安溪茶人甚至走得更远。在茶艺师唐瑜燕看来，不同的茶有不同的茶性，应该施以不同的冲泡方法，赋予不同的品饮仪式，从这种理论建构出发，她创编了大量富有个性的茶艺。这些茶艺，如铁观音太极茶艺、水仙茶艺等，从茶的本体出发，又重视"茶之上"，即品茶者的内心参与，强调茶与人、人与茶的双向互动。近年来，随着香道的渐兴，她以香气成分最为复杂的铁观音茶粉入香，制成国内目前独创的含茶香品，又将香道体验和茶艺表演完美结合，在"茶法香道"的仪式体验中，快慰我们的嗅觉，清静我们的心灵，提升我们的品味。

饮茶一旦仪式化，品茗者便有"人生之庄严感"，其实，茶带给我们的，又何止"庄严"一项？人类作为"万物之灵长"，在充分享用茶叶所带来的物质和精神营养的同时，反过来，对茶叶，对自然应当怀抱一种感激、感恩的情感，就像我往欧洲考察，在《西行迷思》中所要传递的观念：对于土地，我们应该像欧洲葡萄酒农一样，于内心深植一种文化和宗教般的情感。倘若喝茶的时候，能够体会劳作之辛，想见山水之美，让自己的思想和行为，总的走向都是向善、向好的在进发，这也许就是我们对茶最好的回报。

吴合对在温暖的茶汤中激活灵魂细胞，把对茶的满满敬意，化为前行的力量，晃荡闽南大地，嗅着泥土的清芬，开展闽南文化调查，推动闽南文化发展；林永传爱茶，在繁忙的新闻工作之余，编撰出版大量茶书，为大众普及茶文化知识；郑植阳和我，则以一种更为直接的方式，表达我们对茶和土地发自内心的崇敬。他来自铁观音原乡西坪的一个制茶世家，有深厚的家道渊源，大学四年学茶，对茶叶种植加工非常专业，是我茶叶的启蒙老师。这些年来，我们在一起工作，一起碰撞，研究茶史，探究茶事，于是诞生了他的"只有茶""有所思""铁将军""密码1989""思想者""盛世中华1992"等颇有意味的茶品，而我的《密码1989》《美的觉醒》《盛世中华1992的茶粒大义》《思想者是怎样诞生的》等文章，并不仅仅是品饮这些茶品时的感悟和体会，还是我们对茶和土地的感激和感恩。我们的实践无非是通过这种文化的方式，唤起品饮者对茶的理解和尊重，茶给予我们"人生的庄严"，我们也应当给予茶"人性的尊严"，每天与这些心灵上的"挚友"对话，深心交流，相互欣赏，已经成了郑植阳和我生命中最大的乐趣。

作为人，身上有紧密结合的两个部分，一是人的外在，就是和社会关系发生关系的那部分；一是人的内心，就是无法描述给他者的那部分自我。这两个部分如果统一在一个人身上，那这个人就健康和谐；如果断裂、交错，那这个人就要出问题。成为一个人最重要的条件，就是关系的成长，而促成这种成长的，就是仪式，这些年下来，我们已经在仪式化的饮茶生活中，协调好各种关系的成长，特别是平衡不时冲突的内心，因此也就拥有了"人生之庄严"。

思想者是怎样诞生的

不赚钱的思想

从印石山下来时,已近傍晚,落日的余晖在山间跳跃着。一层层薄雾迅速拢围,天色很快暗了下来。流动的山风有一阵没一阵吹拂着,节奏很轻,像我们无牵无累的心情。长年飘坠累积的落叶,有厚厚的一大层,脚踩上去,弹性极好,沙沙飒飒,柔软的情怀就此弥漫开来。

虽然已在峭壁林立、芦苇丛生的山上逗留、盘桓了一整天,全身肉体的能量几乎被耗去了,但我们丝毫不觉疲倦,心灵像从事一场激烈运动之后,趋于平和、明澈和宁静,有收获的喜悦和满足。

人至中年,经常在快乐之外怀有不安,愈发觉得我们的道路已越走越窄,我们所在的位置已越来越低,低到尘埃。唯有面对原野、山谷时,心才稍稍减少了漂浮感,为生命找到了一种来自世内和世外的依赖。

灵与肉,物质与精神,爱与恨,卑微与崇高,我们固然清醒这样的人生构造,明了一段黄金般的岁月即将结束,但我们还想让成熟的青春摇曳在我们的每一个夜晚与白昼,还想让人生的两部分构成,有足够强度的碰撞,足够烈度的燃烧,倘能如此,我们留下的灰烬就会是足够纯粹的。

在几乎全部的人都在忙于最现实的,也就极可能是最无聊、乃至最低俗的生活的时候,还有一部分人仍然坚守在信念的高地,以"思考什么和怎样思考"彰显着理性的价值。尼采是其中一位,"无数的思想都在我内心的地平线上升起,是怎样的思想呀!……我的眼睛发炎了,为什么?我流的不是感伤的眼泪,而是欢喜的泪花。我歌唱着,为我内心充盈着的新思想,我必须把这思想奉献给人类"。

思想者，印石山

当一些人的目标只是为了生存着，也就是为了不死，尼采却在流泪。尼采他其实是在为了全部的人在流泪，而我们全然无知，甚至以其为怪，人的残酷性已经到了怎样一个应当被唾弃的地步？

下山时我一直想，"在"，一个由海德格尔唤醒的词。"在"，意味着当我生存时，不是简单地现存在那里，我必须生存我自己。那么，我们"在"，当我们"在"，我们将以何种方式"在"？

近两年来，我经常在重读一套19世纪俄罗斯作家的作品，尤其是陀思妥耶夫斯基。阅读中，我感受到一种我们今天可能相当陌生的，甚至对我们是全然新颖的思想类型——俄罗斯思想，它和今天大量告诉我们如何赢得金钱、权力，博得别人好感乃至"爱情"的"思想"截然不同。

在陀思妥耶夫斯基的小说《罪与罚》中，女仆那思泰莎与总是躺在黑屋子里什么也不干的大学生拉思科里涅珂夫有过一段对话，这段对话一直强烈震撼着我的灵魂。

她对他说："倘若你是个聪明人，你为什么像一只口袋在这里躺着，一点也显不出聪明呢？""我在干……""你在干什么？""干工作……""什么工作？""我在思想。"拉思科里涅珂夫停了一会儿严肃地答道。淳朴的那思泰莎听了笑得直不起腰。过了好一会，她才终于能说出话："你的思想使你赚了很多钱吗？"

思想看来确实不是致富的途径，它有时还是致命的，就像拉思科里涅珂夫在黑屋子里所酝酿的思想。但是，谁又能拒绝那些丰富深刻的健全思想的滋养？问题是，我们今天所接触到的这些最深刻的智慧，往往也是最古老的智慧，可是我们中有谁，会因为读这些典籍所感受到的幸福、愉悦和思想的提升，而想向孔子、老子、苏格拉底、黑格尔付钱呢？

他们是绝对的馈赠者，而我们，不只我们，历史上一代代的读者，是绝对的受益者。我们知道，任何东西要赚大钱都需要一种直接性——直接面对广大的人群，"一手交钱，一手交货"，而一切真正原创的思想几乎无须这样，思想无法交易，也不必交易，思想者，就是这般的纯粹。

当然，这些思想，与我们多年来一直被教导的"成功的利器""克敌制胜的法宝"还不同，那些思想其实是已经定型的主义。而这些思想，是思想者舍弃功利甚至是不惜性命才获取的，他们要自己去寻找真理，为此就要独立地、不计得失利害地思考。他们心目中的真理，也决非是以世俗成败或别人的意见来验证的。一种健全的思想，其效果、成功乃至只是得到承认，都需要时间和中介。

"思想者"的茶韵

这次到印石山，确切的目的是，访问一泡叫"思想者"的茶品。

喜欢岩茶，喜欢"思想者"，与重读俄罗斯文学一样，也是近两年的事。有意味的茶与有思想的书一样，确实有它的力量在，非但有力量，而且还颇为强大。我和我周围的一群朋友就都严重依赖于"思想者"，一日不品"思想者"，整天便无精打采，怅惘若失，像丢了魂似的。

拿破仑曾说，世界上有两种东西最有力量，一是剑，二是思想，而思想比剑更有力量。这是对拿破仑显赫一生的总结，也是他能横扫欧洲的原因。多年做报纸编辑出版工作，我有这样的认识，无形的东西时常会比有形的东西强大，譬如情感，譬如思想。思想是抽象的，但它的力量却是立体的。新闻的质地和办报的思想有着强大的力量，它不可避免地会影响到受众，包括价值观、生活理念、行为方式等。

而一泡茶品，"思想者"，她何以能像无声无形却强大无比的思想一样，征服了我们的内心，使我们甘愿沉迷于她的芬芳？如同优秀的思想必须具备优良的质地一样，"思想者"深受人们赏识，也在于她的优异品质。而优异品质的产生，对于茶品而言，不外乎，一有得天独厚的生态环境；二有天然适制的品种资源；三要归功于独特精湛的制作工艺。

林木繁茂、松竹被岗的印石山，遗世独立，人迹罕至，是鸟兽们欢快的乐园。这里群峰相连，溪流纵横，雨量充沛，云蒸霞蔚，土层深厚，土质肥沃。臻山川英气所钟，"思想者"一出身便迥异于其他茶品。加之百年老枞富含的有机营养物质，多酚类、水浸出物含量高，又经过谨严工序、精湛技艺的焙制，和成品后的精挑细拣，更使"思想者"尽善尽美，香气馥郁，胜似兰花，深沉持久。

真正的思想是怎样诞生的？是思想者他们在丰富的生命体察与历练中，对世界、人性、自然、情感、社会的一次次思考，一次次感悟，一次次扬弃，一次次追赶，一次次跃升。思想者及其思想的伟大在于，她有着令人茅塞顿开的禅悟和生生不息的搏动。这些奔放不羁的思想，像湍流不息的江河，直抵精神的无限内核和生命的最深层次。也许，每个人的心灵深处，都有一些崇高的种子在等待思想甘霖的浇灌，于是，我们恍然大悟："思想形成人的伟大。"

茶品"思想者"，与其何乃相似！轻呷一口，不忍遽咽，她的浓醇与清冽，如同思想，在心灵深处复活，可谛听到种子破土而出、禾苗拔节生长的声音。随着喝茶的深入，你又能惊奇地发现，浑身上下舒舒坦坦，妥妥帖帖，欢欢畅畅。在浮躁的城市森林中穿行，不免有一些无奈与疲倦；于生活的荒漠中跋涉，就会渴求水草丰美的绿洲，还有什么方式比品茶、比品一泡"思想者"，更能唤醒沉睡的理性和懵懂的心灵，更能淋漓尽致地展现人生深层内蕴，更能拨动心灵之弦、激发灵魂原始张力？

清人梁章钜游武夷时曾夜宿天游观，与道士静参品茗论道，将武夷岩茶划分为"香、清、甘、活"四等。我以为，四字真言中，"香、清、甘"，均好理解，独一个"活"字，用得精妙，须来意会。而且，一泡品质优异的茶品，她一定要立体兼备"香、清、甘、活"之特性，才称得上仙山神品，才能致清导和，才能让人品饮之后，一咏三叹，永铭于心。"思想者"就是如此。

香，是好茶首要的基本条件。由于内质优异，"思想者"本香明显，未饮时馨香盈室，清芬扑鼻，饮之则齿颊留芳，如梅斯馥兰斯馨。第二是"清"。"思想者"茶汤清亮艳丽，茶香清幽高雅，茶味清醇鲜爽，其清香至味如乾隆皇帝所言，"气味清和兼骨鲠"。第三是"甘"。"思想者"回味甘甜而持久，令人喉间甘冽，舌底鸣泉，又带有一种难以言传的韵味。最后是"活"。我以为，活是活动，是活力，是活气，是活泼，是活跃，这是生命的至高境界，也是"思想者"的无上修为，她焕发着健康充沛的生命力，道道茶性变化无穷……

写到这里，我忽然觉得，同时具备香、清、甘、活四大特性的"思想者"，不正如千百年来那些影响人类至巨、闪着智慧光芒的博大思想吗？这些闪亮深刻、美得纯粹的伟大思想，自由精灵，她们穿透时空隧道而来，沁人肺腑，滋润心田，融入血液，游走于经络，使人五体通泰，百骸贲张，视野开阔，境界提升，促成人的伟大……此情此景，与静心品饮"思想者"，时而觉得"伐毛洗髓见元神"，时而觉得"两腋习习轻风生"，有何两样？

帕斯卡尔告诉我们，人是一根会思想的芦苇。既然人是自然界最脆弱的东西，如果没有带着思想去生活，那么，他只是活着，而不是生活，更不可能拥有富有意义的人生。中年人生所在位置越来越低，低到尘埃，决非低沉低迷，而是因为悟透生命的真谛所选择的一种低调低位的人生态度。既然思想者们为了研究和传播科学、思想，以及人类和社会的进步，耗费了几乎全部的精力，而我们作为一个普通人，为了自己的进步，有什么理由拒绝学习这些伟大的思想，用这些伟大的思想观照当下，洗礼内心，引领自我？

此时此刻，我又在独自品饮"思想者"。当我快乐，当我悲伤，当我迷茫，我都习惯独自面对"思想者"，用一泡承载精神的茶品，使自己静下来，慢下来，沉下来，澄澈内心，空明思想，净化灵魂，并从中获得源源不绝的前行动力。

有时，我也会神情恍惚，分不清眼前的"思想者"，是茶是人。懂茶的朋友郑植阳说，茶如思想，思想如茶。是的，茶之香、清、甘、活，与思想之香、清、甘、活，两者竟有着奇妙的相似之处。无论智慧平和，无论豪迈雄浑，茶与人、人与茶，已勾连一起，物我一体了。

品饮中，我还坚信，思想不仅是衡量生命质量的标准，也是认识人、判断人的准则。有思想的人，勇锐超过怯弱，进取压倒苟安。年龄有加，并非衰老；思想丢失，方坠暮年。为什么我们的路越走越窄？不是迷惘一片坎坷难行，而是经过思想的梳理，目标越来越精准，心路越来越清晰……

古今之人凡论茶韵，多从物质一环，即以舌本辨之，殊不知，品尝茶汤之后，引发大脑回想，心灵共鸣，更有精神一环。只有物质、精神相生，茶韵的表达才是完整的。我们的全部尊严就在于思想——这是一泡以"思想者"命名的茶品给予我的启迪，也是"思想者"的茶韵之所在。

密码1989：青春的渡口或记忆

  1月20日，乔治·布什出任美国第51届总统；
  3月4日，时代周刊与华纳宣布计划合并，组成时代华纳公司；
  5月14日，苏共中央总书记戈尔巴乔夫访问中国，这是自20世纪60年代以来第一位苏联领袖访问中国；
  6月24日，中共十三届四中全会选举江泽民为中共中央总书记；
  11月9日，"柏林墙"倒塌，东德开放分隔东、西柏林以及东德、西德的关卡。
  12月3日，乔治·布什与苏联领导人戈尔巴乔夫在马耳他举行高峰会，象征冷战的结束；
  12月22日，罗马尼亚总统齐奥塞斯库在内的"国家元首"被判处死刑……

  这份独特的历史大事记，整理自我20年前，即1989年的私人笔记。还有许多私密性很强的内容，诸如当年7月我大学毕业，正式融入社会，每月可以领到135.5元工资，我都未能记入。血气方刚的年纪，我关注更多的是影响人类历史至巨的大事件，退一步讲，也是身边有深刻意义的人和物，无暇顾及"一己之私"，这似乎是20世纪八九十年代青年的"通病"，而我也不能免俗，情绪，敏感，清谈，阔论。
  这是一个激情多于理智的"革命"年代。想起1989这个特别年份，不全因为自己今年（2009）工作满20年，实在是最近一次偶然的茶会，让我与"密码1989"像故友重逢，不期而遇。"密码1989"是茶，铁观音茶，已经典藏了整整 20 年，她挟裹着岁月的陈香，直捣我的内心深处，使我有心旌摇荡的感觉，有一种无以名状的倾诉欲。一泡茶珍藏了 20 年，而 20 年又恰好是我的茶龄。20 年来，我与茶相伴成长，是她给予我心灵和理智的成熟，将我从莽撞的青年带到平和的中年，学会思考一连串重大历史事件的前因后果，格外留心和关注周遭的人际沧桑，客观、冷静、清明和超脱。

我在想，"密码1989"，一定承载着一个怦然动人的故事，是冥冥夜色中一星遥远的灯火，她若明若暗、时隐时现，让你心驰神往、跃跃欲试，当你走向她时却要穿越无边的夜幕与沼泽。人际的虚幻与现实，历史的真相与隐衷，一边在时间的隧道里渐渐退出，一边在历史的长河中慢慢沉淀。而"密码1989"，在不经意间穿越时空而来，她那经久弥芳的陈香，装容下沉甸甸的历史沧桑感，犹如一位俯仰天地古今的睿智长者，在讲述着一颗高贵的灵魂的不朽尊严，透彻心肺，令人警醒。

1989 年前后，恰逢 20 世纪最为关键的时期，在此期间发生了一系列非常重大的国际事件，它们根本地改变了世界的面貌：东欧剧变，德国统一，苏联解体，冷战结束，海湾战争……这一个个风云激荡的历史事件，曾经上演着多少惊心动魄的故事？而如今，历史的滚滚烟尘已经散去，世界格局又经历了怎样的"重组"？即便是我们身处的国度，也有过彼时的"曾经沧海"。当年出版的《人民日报》发表元旦社论，就指出：在改革的第十年，我们遇到了前所未有的严重问题，最突出的就是经济生活中明显的通货膨胀、物价上涨幅度过大，党政机关和社会上的某些消极腐败现象也使人触目惊心。而春夏之交那场政治风波，对事件亲历者而言，都是一个铭心刻骨的记忆。一个民族、一个国家能够"劫难重生"，是这个民族、这个国家之大幸。抚摸着我们古老民族胴体上的伤痕，融入一己对生命的珍爱与感恩，你会油然生出一种冷冽的忧患意识，这大概就是所谓的历史感悟吧。

抚今追昔，我似乎读懂了"密码1989"的历史隐喻，但又陷入了一种历史的虚无。因为，对于一株植物而言，她没有任何功利因素，真正需要的是阳光、水和空气，永远忠诚的是脚下的土地、生长的环境、气候，绝不是人类作为万物的灵长，却"汲汲以求"的文化外饰。1989 年安溪的相关气候资料表明，当年的平均气温为 19.3 度，降雨量为 1813 毫米，全年无霜期达 263 天，且秋冷较早，春来较迟……这是锻造"密码1989"的物质基础，是孕育"密码1989"的天地精华。这些纯粹高尚的植物能量，不仅流注到我们的物质生命中，也滋养着我们的精神世界，人类是否因此应该对这个世界承担更多的责任，从而显示出高贵呢？

当然，"密码1989"得以珍藏至今，与人类创造的"大历史"不无联系。剧变的历史年代，茶叶的经销活动也受到较大影响，1988年至1990年三年间，安溪全县的毛茶收购量呈递减之势，其中铁观音茶分别是487吨、456吨、271吨；乌龙茶的出口创汇从1987年开始，也"奇怪"地走着一条下行线：1987年2450吨；1988年2387吨；1989年1835吨，跌入谷底；1990年2160吨，又开始攀升……1989年，一个特殊的历史事件，导致大量的茶叶积压、滞留在民间，而当年的遗憾历经20年的烟尘，又必然地成就了今天"密码1989"的辉煌。她已经超越了战争，超越了政治，超越了历史，最终定格为孤独之美、成熟之美、生命之美——而美是可以征服一切的。

在人生的河流里，有一个渡口，即使你已经驶离它很久很远，你仍然会随时想回到这个渡口靠岸，去流连探望它的风采和气味。这个渡口就叫做青春，关于一泡茶，"密码1989"的历史记忆。

盛世中华1992的茶粒大义

商品，就像人一样拥有社会生命。

——阿尔君·阿帕杜莱

2010年头四个月，我把主要时间和精力花在对一棵植物，一棵伟大植物——安溪铁观音生命历程的追溯上。关注安溪铁观音的前世今生，安溪铁观音商品化、去商品化的路径、方式及其背后的社会文化动因，成为这次我深入思考探求的核心内容。

用人类学的视野和方法开展物的社会生命研究，通常有两种方式：一种是物的文化传记，一种是物的社会史。对铁观音而言，哪一种方式更合适，做成铁观音的文化传记，还是铁观音的社会史？阿帕杜莱提出的"物的社会生命"这一视角，给予我极大的启发和刺激。一方面，我和我的团队首次以"物"为中心，把铁观音作为描述的焦点，力图去呈现这棵植物所经历的漫长的"生命"史；另一方面，随着调查的逐步深入，令我们感到惊讶的是，铁观音所呈现的"生命"历程竟是与安溪自身乃至中华大历史紧密相连，透过一棵植物的起伏命运，从安溪铁观音的源起、流动、传播轨迹，也可以清晰地看到绵延流转的中华大历史运脉，窥视中华文明史的变迁和延续。这不能不说是一个更为重大的发现。

国运盛则茶运兴。在中国，茶承载着一部厚重无比的历史；在西方，茶则被视作神性恩惠，英国人以茶为神（god tea），正是茶在各自不同宇宙观图式所占据的相同地位，才使交换、交易成为可能。因此，当安溪铁观音的社会史以文化的图式展开，当安溪铁观音文化传记以历史的方式再现，这种研究视角早已超越了一般物的研究，而具有像人一样的社会生命了。安溪特殊的山川人文构造了铁观音生命轨迹的形式、意义和结构,反过来,铁观音也改变了安溪的传统经济行为和社会结构,并丰富美好了这个人类身心日益荒凉和疏离的世界。

铁观音是安溪一面高扬的文明旗帜,她勾连着安溪的"内外""上下""左右"关系,所展开的历史进程和文化图景,可以帮助我们更微观地发现安溪不同族群之间,安溪与不同文明体系之间千丝万缕的关系。如此说来,通过铁观音的历史人类学研究,来解读安溪历史上的"关系"丛结,解读安溪社会结构、经济行为的变迁,以及安溪凭借这棵植物对安溪以外的世界所造成的影响,就是铁观音背后的"大义"。

在一部煌煌安溪铁观音社会史的展开中,我们注意到,许多个体茶品的生命历程同样展演着国家、民族大命运的路径和转折。对上了年纪的茶品的偏爱,使我把目光更多地投向陈年铁观音。这些茶经年存储于地窖,饱经沧桑,像平和平静的中年人,又像慈祥睿智的老年人,令你一颗时常不安分、四处张望的心老实了许多。在安溪的田野调查中,我有幸接触到一款铁观音老茶,名叫"盛世中华1992"。茶品诞生于1992年,而1992年对一个古老又年轻的民族意味着什么?当年的《瞭望》周刊在第52期的年终盘点中说了"思想解放""中国改革开放""经济体制改革""发展才是硬道理"等几个关键词,翻阅十几年前的这篇报道,我仿佛看到,一只经历过挫折坎坷却无悔向前的东方雄狮正奔跑在地球的上空!十几年来,我们伟大的中华民族进入历史最好的发展阶段,而"盛世中华1992"这粒小小的茶品幸运地映射着大时代的变迁,见证着一个国家一个民族的伟大复兴之路。

通过安溪铁观音,通过"盛世中华1992",这样一种特殊的物品以及物品的流动,我逐渐清楚仅在茶的世界内部是无法理解茶的社会生命的,一部安溪铁观音的文化传记就是一部茶的社会史,而这部茶的社会史又何尝不是安溪邑志县史的另一版本?

铁观音茶芽　叶景灿 摄

美的觉醒

我喜欢去看各种博物馆。

十多年前在中国历史博物馆徜徉流连时,尽管对那些史实的了解并不十分系统,但是,那人面含鱼的彩陶盆、古色斑斓的青铜器、琳琅满目的汉代工艺、秀骨清像的北朝雕塑、笔走龙蛇的晋唐书法,以及那些曾经强烈震撼过心灵的诗人作家屈原、陶潜、李白、杜甫、苏东坡、曹雪芹等人的想象画像,让我仿佛走入到一个文明古国的心灵沼泽地,一切近在眼前,触手可抚,那么的真实确信,那么的记忆犹新。

到博物馆的场景去反观自我、省察生命,这是一种相当不错的阅读方式。虽然大多匆匆迈过,但属于那个时代的精神的火花,在历史的橱窗里凝冻、积淀下来,传留和感染着后人们的思想和情感、观念和意绪,经常使人一唱三叹,唏嘘不已。你轻轻走过的,是一个美的历程,但对于美的内涵、美的本质,你也许常常停留在一种感觉的状态:可能内心激动,可能孤独忧伤,但一定有某种非常深刻的东西,在触动着生命岩层深处的什么部分,可是你说不出来,也描绘不清楚。

惯于用理性的方式思考,惯于将许多事物条分缕析得合理又合乎逻辑——可是,对于美,我们竟然说不清楚,奇怪吗?又届暑期,各种复习班、培训班竞相扯出大旗,拉开架势,而家长们也不甘示弱,拽儿携女,赶集赶场一般,好不热闹。有位年轻的父亲问他孩子应学小提琴还是钢琴,我说,让他记得五岁时父亲的味道吧,多抱抱孩子,让他生活中没有遗憾。在这个理性超越感性、身体日益荒凉、社会疏离感愈加严重的现代,我们都迷信知性教育,却流失了弥足珍贵的感觉。我们要求孩子们分数考高一点、赛跑跑快一点,注重用数字来衡量竞争的结果，却让他们重要的视觉、听觉、嗅觉、味觉、触觉长期沉睡，久而久之，孩子们的心灵结构单一，行为方式趋同。

由此想到品茶。我读过许多指导人品鉴铁观音的文章，却大多停留于技术要素分析的层面，让初学者觉得模棱两可，无所适从。殊不知，对于铁观音这种能给予人审美愉悦的文化商品，在品鉴过程中，熟悉各种技术指标只是基础，重要的是调动你的身心五感，让眼、耳、鼻、舌、身全面参与，视觉、听觉、嗅觉、味觉、触觉全面苏醒，察形听音，观色嗅香，尝味品韵，如此才能领略到铁观音的独特韵味。

我向来认为，到目前为止，品评铁观音说得最到位的是茶叶专家陈彬藩。他二十几年前在香港出版的《茶经新篇》中称："铁观音的香气，有如空谷幽兰，清高隽永，灵妙鲜爽，达到超凡入圣的境界，使人雅兴悠远，诗意盎然。铁观音的滋味十分浓郁，但浓而不涩，郁而不腻，余味回甘，有如陆游诗句'舌根常留甘尽日'的感受。铁观音的风味，是来自良种本身的优异品质，所以具有天真淳朴的情趣。"在这段被我多次引述的文字中，陈彬藩像对待一件艺术品一样，综合调遣身心五感，使铁观音"天真淳朴"的大美尽情呈现。特别是他对于铁观音"空谷幽兰"的嗅觉之美的描述，更唤起我们生命经验的丰富记忆，并以此获得对铁观音"美的感动"。

品鉴铁观音当如陈彬藩，而什么样的铁观音才堪称极品？能在你的身心五感中留下深刻记忆的，就一定是！许多日子过去，直至若干年后，这泡茶仍然清晰如昨，不需要视觉来提醒，闭上眼睛，你仍然感觉得到她的外形，她的汤色，她的香气，她的滋味。就像我记忆中的一泡铁观音陈茶，"密码1989"。写到这里，我的脑海中立刻就浮现起她阅尽岁月沧桑的样子：通透发亮的深赭色，散发着幽谧的陈香。朋友说谦谦如君子，淡定如智者，品味不朽的茶香，坎坷的心路宁静而澄明……

常常在想，铁观音实在是世界上最奇特的一种财富，她的无限多样性，经过越多的人分享，就拥有越多的情态，因为每个人的身心五感存在差异，视觉、听觉、嗅觉、味觉、触觉都是不同的。同时，每个人的成长历程、悟性禀赋、个性爱好也都不同，都要发现自己存在的特殊性，都要实现自我价值，都要达到心灵的自由状态。而每个人按照自己想要的样子完成自己，那就是美，完全不必有相对性。而美，是看不见的竞争力，是一种智能，而非知识。当一个人的生命库存充满视觉、听觉、嗅觉、味觉、触觉等各种不同的心灵感受时,他就拥有源源不绝的美的能量……

　　大自然中,从来不会有一棵树想去模仿另一棵树,而每一泡铁观音对自己存在的状态都非常有自信。人,能够做到这样吗?

茶乡人家 林思宏 摄

吃茶去

年初去了一趟武夷山,有缘到大红袍祖庭——天心永乐禅寺,听泽道法师讲一次禅茶。泽道既是寺院住持,又身兼武夷文化研究院禅茶研究所所长,禅茶研究的造诣很深。他以佛学透彻武夷的文化,以禅理析解人生的真谛,让庸常的我,暂时解脱了欲望与俗情的束缚,在一杯简单的茶里,就有了禅心。

泽道从禅宗史上著名的公案"赵州茶"开讲,说的是赵州观音院(今河北赵县)有从谂禅师,人称"赵州"。一次赵州问一僧人:"曾到此间么?"僧答:"曾到。"赵州说:"吃茶去。"不久又问一僧人说:"曾到此间么?"僧答:"不曾到。"赵州又说:"吃茶去。"后来院主问他:"为什么曾到也云吃茶去,不曾到也云吃茶去?"可是赵州却仍然说:"吃茶去。"

"吃茶去"的典故,我早已熟知,大意是讲学人参禅,最要"任运随缘,不涉言路",就好比"遇茶吃茶,遇饭吃饭"一样的平常自然,不必另起妄想分别之心,否则反倒把问题给弄复杂了。不过,泽道对"吃茶去"的理解有别于他人,他认为"吃茶"是一种自然的生活习性,"吃茶去"启迪人们要重视实践,所谓实践出真知,此为人生第一境界,是智者的处世之道。

由此看来,禅宗并非一味追求玄妙,它的教义也并非平常人不可理解,实在是要提醒人们,把一切缠绕于心的苦恼忧烦悬置起来,以平常的心境、务实的作风过好日常的生活。只要不怕苦辛,人生永远是积极的,永远充满着希望。而赵州和尚之所以要说"吃茶去",不说"观云去",也许因为,从一颗平常心出发,茶是最贴近日常生活的象征物吧。

武夷归来后,我对"吃茶去"有了更深的彻悟。饮茶品茗,作一些海阔天空的嬉笑怒骂,诚为人生一大快事,这对我们的许多人,既不陌生,更不新鲜,但能就喝茶而与人生哲学相提并论者，并不多见。不是"就茶论茶"，就是"无茶论茶"，或预设立场划分层次，或夹杂太多功利与世俗的成分，从而使喝茶本身变得形迹可疑起来。

如今，随着茶的品质提升，我们对茶的讲究也越来越多，致使许多人在茶的面前迷失了方向，唯茶至上甚至非好茶不喝。赵州和尚一句"吃茶去"提醒我们："平常心是道。""平常心"这三个字涵义很深，朴实无华，"困来即眠"，"饥来即食"，不虚伪造作，不百般须索，不千番计较。如此平常的生活，方可获得简单的快乐。

经常在茶肆看到"茶禅一味"的字句，但制挂者未必体会其中之妙义。其实，茶、禅都不是特别的东西，茶的真滋味，禅的真境界，惟平常心方能知之。没有一颗平常心，怎能悟透个中滋味？怎能止息欲望的升腾、生命的焦渴？

无不是茶

朋友到西藏旅游，为我带回两袋藏采菊茶，介绍说是产自高原雪域，具有润肺清肝、清热解毒之功效，并称女性饮用效果更佳，既活血退斑，又美容健体，值得一试。

包治百病的标榜宣传，是当今社会食品（饮料）市场的通病，我向来不以为然。但为不拂逆朋友美意，我当场煮水撕开一包来喝，味道果真不错，一股特别的芳香弥漫在口腔，已微微撑开花瓣的几朵藏菊花，在注满热水的玻璃杯中又缩回身子，紧抱成团，变成含苞待放的花蕾，煞是好看。

依以往的经验，杭白菊正好相反。原来萎萎的一朵，一经开水浸泡，即变成蓬蓬的一丛，几乎堵住了整个杯口，倒汤都有点困难。喝藏采菊茶的时候我就想着：同为菊花，为何情形相迥？世间万物，充满着神奇，倘能多注意身边的细节，捕捉周遭的平凡，便能随时随地体会到生命的美好。

我还在想：到底什么才是茶？这世界关于茶的定义是什么？是一定要由茶树采下的才叫做茶？或者是只要能泡出滋味的都叫做茶？

如果是由茶树采下的才是茶，那我们身边的铁观音、本山、黄金桂、大红袍、龙井、毛尖等等都是。如果是能泡出滋味的，想想也有许多，菊花、玫瑰、桂花、茉莉……我老家阳台上种有一盆茉莉，花开得细密灿烂，幽香沁人心脾，把它的花朵熏干，用水冲泡，滋味一点也不输给茶。

有一次在朋友的婚宴上，我和同事植阳又有新发现：餐桌上摆放着的油切麦茶、凉茶王老吉，都不是由茶树采下制成的，也不同于菊花茶、桂花茶等，前者是谷物饮料，后者的主要配料是甘草、葛根、金银花。

我上中学那阵子，还吃过一种叫"面茶"的宵夜，是用面粉加白糖炒成的，装在洗净的水果罐头瓶里。夜自修肚子饿了,舀几汤匙放在碗里,开水一冲,甜糊糊的一大碗,奇香无比。"面茶"是茶吗?不是。但为什么以"茶"名之?

当我们把茶的定义放宽,那就无所不茶,无不是茶,没有哪一样东西不可以成为茶了。美好的事物为什么常与茶连缀?近阅《赵孟頫集》,其中有"松雪道人茶榜"一则,赵子昂在茶榜讲道:茶乃是"地生之灵草",其清香能"大启于群蒙"。如此,大千世界,无所不茶,无不是茶,就不足为奇了。

好的茶固然重要,喝茶的环境、心情和朋友,似乎比茶更重要。明朝大思想家泉州李卓吾在他的《茶夹铭》中写道:"我老无朋,朝夕唯汝。世间清苦,谁能及子。逐口予饮,不辨几钟。每夕予酌,不问几许。夙兴夜寐,我与终终。子不姓汤,我不姓李。总之,一味清苦到底。"

茶清苦,人清正,这里的茶与人已达到物我同一、难分难解之程度,可谓以物咏志之绝唱。因此,我们判定茶的要素,是不是由茶树采下的应当不是唯一的,倘若以此作为唯一要素,而置喝茶的环境、心情和朋友于不顾,那就不是一个真正会喝茶的人。

毕竟,在中华传统文化中,茶早已超越其作为物的具体功效,它透彻人心,启人入道,是中华民族精神的象征物。

最美的风景在眼前

"成都龙泉驿一别,忽忽不觉已过旬月。每念当日与足下萍水相逢,即蒙致赠上等香茗,具见豪情胜慨,真是幸何如之!……"五一休假归来,我即收到这封来自海峡东岸的特别邮件。

2011年3月23日,应台湾著名学者龚鹏程之邀,我前往成都参加首届中华武侠文化节。25日大会所有议程完成后还有段时间,我准备打车去城外看油菜花。在酒店大堂等计程车的时候,一对正用闽南语交谈的老人引起了我的注意,我用闽南语邀请他们同往赏花,没想到,这对老人竟然愉快地答应了。

车内的交谈中我得知,这对老人来自台北,男的是台湾武侠小说评论家叶洪生,女的是他的老伴,之前是中学教师,已退休在家多年。一路上,我们谈彼此的兴趣爱好,谈闽台两地的文化,因为共同的乡音,令人有不辨身在异乡的感觉。叶先生夫妇也是痴茶爱茶之人,赏花返回住处之后,我诚邀他们到我的房间,一起品尝我从家里带来的茶叶,临别之前又赠送他两盒"铁将军"。

从成都回来后,我又投入到惯常的生活轨道中,一样写作,一样编报,忙碌累了,就煮水沏茶,偶尔,也从书堆中抽出身,走出户外,亲近山水。每周休息日,我都要独自驱车去一个地方,莽荒的山头,废弃的旧屋,寥落的寺院,清寂的溪涧,都是我的钟情之所。每次出门,也必有一款茶与我同行,走累了、冒汗了,寻户人家敲门进去,讨一壶热水,冲泡随带的茶品。口含茶汤,浸润心田,无须说禅,不必讲经,一切都有了悟。

彼此相见即是有缘。返台后,叶先生便向原出版公司索取自己多年前出版的《台湾武侠小说发展史》(因为皈依向佛,家中藏书已全部捐给图书馆),并修书一封,水路联运、星月兼程寄赠与我。信中,叶先生叙念蓉城共品佳茗之缘，邀请我若有机会往淡水一游，务必赐电告知，定当尽东道之谊，言之恳切，令人动怀。人生天地逆旅，我与叶先生素昧平生，却能一见如故，敞怀相待，缘起于一杯香茗。最纯粹朴素的茶水，成了我们之间最忠诚的信使。

也是因为茶，我与龚鹏程先生结下跨越海峡的情谊。曾经，我们专心以待，在安溪凤山明德楼喝了一下午的茶。没有茶，成就不了我的书；有了茶，才有了龚先生为我的书所作的序文。习茶这几年，是我走向自我完善的过程。茶的慷慨，茶的温厚，使疲于奔命的我安适、安然，鼓起勇气接招生活。茶的公道，茶的简朴，使我的学问愈发平实，臻于深厚。都说生活在别处，却原来，最美的风景就在眼前，在这一杯灿然闪亮的茶汤中！对于茶，我应该百般虔诚，端出满满的感谢！

有了这种念想后，我决定开始写作这组文章，以期记录下好茶美味，也记录下深埋的情愫；记录下茶在安溪大地留下的印记，也记录下茶如何成为安溪人生命的珍藏。设若在路上，没有茶，我们的心灵又将会怎样的劳累和孤独？而因为这茶，多少蒙昧的心灵瞬时醒转、顿悟？因为这茶，人间增添多少因缘故事？茶，来自山野，普通寻常，她也许只是茶，却是我们卑微生命里的需要，仅仅这么一举杯，比如坚持、比如忍耐、比如平等、比如尊重，就都有了参照、有了加持。

我在许多地方喝过茶，也喝过不少地方的茶，但在一个由清水岩、铁观音、蓝溪、高甲戏等意象组成的茶叶原乡喝茶，方法器具虽然一样，感受却是大大不同。时间、环境、氛围、饮者、历史、地理、人文，我要寻觅的不是口感和滋味，芬芳和劲道，而是与知音相遇时的美妙一刻，是满心欢喜时的微醉微醺，是可遇不可求的刹那印心。愈发觉得，喝茶和学佛有些相像，譬如茶的俭朴、茶的严正、茶的隽永，譬如我通过茶与有缘人结下的情分，难怪你我都会没有理由就喜欢上茶，除了茶本身美妙别致外，与这些可参透、可意会的道理不无瓜葛。我希望这组文章能够如我所愿一直写下去。

又一年春茶来临，历经岁月磨砺的铁观音，再次被淬炼出最有劲道的茶味，吐出最为沁人的芳香。这些周末我都是在山中浪走，为着去看那与云朵相望、与清风起舞、与雨露亲吻的铁观音的万千风貌。同时预备着若干好茶，等着与各路好友作一番酣畅淋漓的品饮。那一天，就在满目苍翠的茶园中，我拨通跨越海峡的电话，与叶先生相约安溪泡茶，成就最闲适的美事。

西行迷思

　　北京飞往巴黎的航班CA933机舱内一片静寂。经过八九个小时的空中折腾，困乏不堪的乘客大都进入了梦乡。飞机正在穿越广阔无垠的欧亚大陆：蒙古、俄罗斯、白俄罗斯、波兰……盯着前座靠背上的航线显示屏，我了无睡意，再过一个多小时，飞机就将抵达法国巴黎——我们此行"茶酒对话"的第一站。就像玄奘当年跋山涉水到西土取经一样，我也将在这里用肉身遭遇欧洲文明的万姿千态，感受并且思考着，而不再如往常，仅仅从笔墨中、视频上去间接"阅读"西方的历史与风景。

　　"我的观察和思考"，不能说广泛，不敢言深刻，只能说——这是我的体验、我的记录。任何人都会原谅我认识的肤浅，也会慷慨给予我记录自己的权利。欧洲盛产思想家、艺术家，他们擅长于将"经验的"和"思辨的"作完美结合，这已是不争的事实。这种学理和传统，与社会人类学有着天然的、脉络上的共通，本文中，我也将借鉴这种记录方式，就我所熟悉的茶叶领域，勾连起中国茶海外贸易史的某些片段，以期对满怀信心拓展全球市场的中国茶人有所帮助。

茶将中国卷入全球化

　　全球史研究的兴起，是近年来国际学坛上的一件大事，昭示着历史学发展过程中一个新时代的开始。

　　在我国，学者们对全球史的兴趣也日益浓厚，并且逐步摒弃以往那种以国家为单位的传统思维模式，开始重视相互具有依存关系的若干国家所形成的网络，在考察一个由若干社会参与其中的历史事件的原因时，充分考虑其发生的偶然性和特定条件，与先前的大量以中国为基本叙事单位的中国"世界史"有明显的区别。

国际史学界这种学术上的革变，深刻影响了包括中国在内的社会，开始以平等对话的方式，进行国家、地区之间的交流合作，安溪县与盛产葡萄酒的法国、意大利等欧洲国家近年来频繁开展的"茶酒对话"，就是其中的实践之一。

我们正处于一个全球化的时代，全球化对世界历史进程的影响正变得越来越深刻。从地理大发现以来，全球化就间接并进而直接影响中国历史的发展。按照西方史学界普遍的看法，中国自16世纪末或17世纪初，就已不可避免地卷入了全球化的潮流。用史景迁（Jonathan Spence）的话来说，就是："从1600年以后，中国作为一个国家的命运，就和其他国家交织在一起了，不得不和其他国家一道去搜寻稀有资源，交换货物，扩大知识。"

但是，中国是如何进入全球化的？传统的说法是，鸦片战争前的中国是一个"木乃伊式的国家"，到了鸦片战争后，才被西方强制拖入全球化进程。这种"木乃伊"论，源于黑格尔。而后，赫尔德从种族、地理环境、文化教育、政治制度、道德思想等方面，分析了中国文明的全面停滞，得出形象化的结论："这个帝国是一具木乃伊，它周身涂有防腐香料、描画有象形文字，并且以丝绸包裹起来；它体内血液循环已经停滞，就如冬眠的一般。"马克思继承了这种观点。他甚至在《中国革命和欧洲革命》中预测，"正如小心保存在密封棺材里的木乃伊一接触新鲜空气，便必然要解体一样"。

近年来的全球史研究表明，在鸦片战争以前很久，中国经济就已深深卷入了经济全球化，并在其中扮演了一个非常重要的角色。弗兰克（Andrew Gunder Frank）指出，在1800年以前，中国在世界市场上具有异乎寻常的、巨大的和不断增长的生产能力、技术、竞争力和出口能力，这是世界其他地区都望尘莫及的。中国的巨大出口，把当时世界主要"硬通货"白银的一半吸引到中国。弗兰克的观点直接否定了黑格尔关于中国处于停滞不变状态的说法，然而，对于中国是以何种商品和贸易参与到经济全球化进程中来的，他依然语焉不详。

缘于对中国茶叶海外贸易史的兴趣，2010年，我在学界才俊的指点下，先后读了布罗代尔的《15~18世纪的物质文明、经济和资本主义》、尤金·N·安德森的《中国食物》和考特莱特的《上瘾五百年：瘾品与现代世界的形成》。

布罗代尔在书中专章讨论奢侈品、大众消费与社会变迁的关系，明确提出"糖征服世界"的观点。尤其值得注意的是，他把酒、茶、咖啡、烟草等归入兴奋剂的范围，认为茶在英国"打了胜仗"；茶在中国与葡萄在地中海起的作用几乎相同，都凝聚着高度发达的文明，但"任何凝聚着文明成果的作物都使种植者受它的奴役"。又提出，"任何文明都需要奢侈的食品和一系列带刺激的兴奋剂"，而这些兴奋剂注定要改变和困扰人们的日常生活。

安德森的《中国食物》是一部研究中国食物发展史的专著，作者从中国食物发展史的角度，探讨了中国历史发展的周期性变化，同样提出许多富有启发性的观点。比如他提到魏晋南北朝时期中国人对酒文化的崇尚"在世界上很少见"，表面上看是为了道家的遁世成仙的理想，但"流行时尚的表象背后似乎潜藏着更深层的、逃避现实的动机"。茶是中国人的伟大贡献，茶叶在宋初尚为奢侈品，宋末则已成为穷人家的日常必需品，在上层社会"尚茶"成为一种优雅的生活艺术。安德森还把茶叶等瘾品与资本主义世界相联系，说"世界上传播最广泛的词——实际上被每种语言所借用——可能具有重大意义，它们是四大植物的名字：咖啡、可可、可乐和茶"。

将成瘾性消费品与现代世界的形成联系起来，并作出系统论述的是考特莱特的《上瘾五百年：瘾品与现代世界的形成》。作者把含酒精与咖啡因的茶饮料、大麻、鸦片、烟草等视为瘾品，提出了"精神刺激革命"的概念。最值得注意的是，考特莱特将瘾品的流行与近代世界的变化联系在一起，认为瘾品不仅可以赚钱，而且可以带来权力，如烟草曾经为美国独立战争筹措资金，英国靠鸦片壮大在亚洲的势力，咖啡为巴西引来上百万穷苦移民并促进了铁路的建设。总之，"瘾品生产及买卖塑造出近代世界，并影响全世界的权力结构"。

布罗代尔、安德森、考特莱特这三部书的一个共同特点是，都较多涉及成瘾性消费品的研究，并且将成瘾性消费品与近代社会成长、国际贸易的扩张和全球化问题联系起来，对于国内学术界来说，是一个全新的研究领域和课题。在成瘾性消费品的研究方面，我们更多表现出一种非学术倾向，不是将成瘾性消费品当做一种商品而是一种政治符号，关注较多的是毒品史的研究，尚无人从成瘾性消费品与近代社会成长的角度思考问题。

顺着这个思路，我开始留心这方面的史料和研究，以期对中国如何进入全球化的问题，有"尘埃落定"般的认识。这期间，我调动各方面力量，找来大量全球史研究的书籍，阅读、思考、假设、推断、比较、实证，力求站位整体视野而不是用显微镜来考察和猜想。18世纪以来，中西贸易对中国社会发生了巨大影响，但此前我们多注意于"战场"，而比较忽视"市场"，也就是忽视市场因素对19至20世纪的中国的影响。其实，不仅在中国，即使在先发近代化国家，市场理论都是不容忽视的。正因为此，成瘾性消费品中的茶叶和鸦片——将中国牵入全球化的两种最重要商品，成为我思考研究的切入点。

欧洲的茶叶贸易

此次赴欧洲开展"茶酒对话"交流，我们的行程是法、德、意三国，没有安排到英国考察，这固然是法、意邀请方的原因，但中英两国在19世纪的百余年间，却有着异常密切的关系，其联系的契机主要就是因为茶叶（当然还包括鸦片）这种特殊商品。中国在19世纪被卷入全球化大潮之中，背后的主要推动者就是英国。

学术界已基本认定，中国茶作为商品通过海路向西方输出，大概起自17世纪初期。尽管后来英国一直是欧洲茶叶的主要消费国，但在向西方各国介绍和输出茶叶的最初阶段，荷兰人功不可没。在整个17世纪和18世纪初期，荷兰是西方国家中最大的茶叶贩运国，他们从中国购买的茶叶，除满足自己消费外，还转卖给法国（1638）、英国（1645）、德国（1650）和美国（17世纪中叶）。1651至1652年，阿姆斯特丹举办中国茶叶拍卖活动，茶叶成为独立的商品，阿姆斯特丹自然也成为欧洲的茶叶供应中心。

英国人认识茶叶较晚，但饮茶在英国流行却极快，1664年，英国仅输入两磅两盎司的茶叶，至18世纪初期，茶叶消费量遽然增加，1716年，茶叶开始成为中英贸易的重要商品，也是英国商人盈利最多的商品。欧洲其他国家如法国、瑞典、丹麦等国的对华贸易与英国类似，不过他们之所以也大量从中国进口茶叶，主要不是为满足本国消费，而是为了向英国走私来获得高额利润，因为英国茶叶进口税高达100%。1784年，英国颁布抵代税条例，规定茶叶税降至12.5%。这项措施产生了极大影响，导致上述国家从中国购入的茶叶后输出英国已无利可图，纷纷退出茶叶贸易，而英国则几乎独断了这项贸易。

17、18世纪那时，中国人并没有同英国乃至整个西方接触的强烈愿望，也没有需求于西方的物品，但对于英国和欧洲其他国家而言，中国却有吸引他们的特殊商品，那就是中国的丝绸、瓷器、漆器等，足以满足他们追求"中国时尚"的高级奢侈品，其中，包括被称为"绿金"的中国茶。为什么彼时会出现一个世界性的茶叶需求热潮，这是一个很复杂的问题，笔者将专文探讨。本文至此可以推断的是，18世纪是中国茶叶走向世界的关键时期，但国外茶叶市场的这种扩大并非中国茶商的主动开拓，而是国外消费需求的带动，中国商人只是顺应了这种需求而已，尤其是对欧洲的茶叶贸易，这一特点非常明显。

18世纪，来自东方一个遥远而神秘国度的茶叶，逐渐成为英国普通民众的日常消费品，饮茶成为英国人的民族习俗。一位牧师写道："感谢上帝赐我茶叶，若无茶叶，世界不知将若何！余生逢此有茶叶时代，深以为荣也。"（《茶叶全书》，威廉·乌克斯）英国人对茶叶饮品的痴迷程度直接导致英国对中国茶的进口愈发倚重，极度依赖，这种贸易间的严重不均衡，必然促使正处于全球霸主地位的英国进行利益链条上的调整。因而到了19世纪，英国一方面开始运用资本操纵国际茶叶市场，并在其海外殖民地印度等地培植发展茶业；一方面则借助武力，发动殖民战争，使中国陷入半殖民地的深渊。

中西贸易在近代早期是不对等的，商品几乎只有一个流向：中国的商品流向西方，而西方的商品很少能卖到中国。已经完成工业革命的欧洲并没有中国人感兴趣的工业品，因而他们只好把白银源源不断地运到中国，以换取英国人极度痴迷的中国茶叶。但问题是英国并不生产白银，为了换回国内急需的茶叶，英国人一方面想方设法从美洲弄到白银，另一方面又庆幸在印度找到了引起中国人购买欲望的鸦片。于是，全世界因为茶叶、白银和鸦片而连接在了一起，按现在的术语说，这就是经济全球化，这几种商品大大地促进了经济全球化的进程。

然而有意味的是，中国尽管已经以此种方式被动卷入了经济全球化，但中国人自己对此却浑然不知。自古以来，中国人就不相信除了华夏文明之外，还有类似或更高的文明存在。是的，明朝大航海时代以后，清朝时中国国门又很快关上了，中国人对外部世界的了解实在是少得可怜，这种情况是中国在19世纪同西方国家交往屡屡不利的一个非常重要的原因。比如1839年林则徐奉命到广州禁烟时，就不知向中国提供鸦片的土耳其究竟在哪里，是不是一个独立的国家。

法国巴黎西岱岛时钟堤岸29号，安溪铁观音欧洲营销中心

21世纪的今天，我们依然习惯指责清政府的腐败无能、目光短浅、妄自尊大和反对通商，这可能是不太公平的，并没有设身处地从当时中国的实际处境来评价。中国人拒绝同西方建立新式外交和通商关系的根本原因，一是中国长期以来都是农业社会，维持着自给自足的经济形态，无论在商品生产（包括农业、手工业等）还是在商品贸易上，都无需外国的参与；二是因为中国对外部世界的茫然无知，不仅仅是对经济贸易的无知，更是对现代国家理念的无知，而无知往往预示着悲剧的开始。

中国向全世界提供了最好的饮料，为全人类做出了贡献；茶叶在19世纪影响了全世界，可是，中国不但没有得到回报，反而蒙受了屈辱，欧洲人接受了来自中国最为健康的饮料，英国人却"回赠"给中国最罪恶的毒品——鸦片，使中国人遭受鸦片毒害达百余年！

华茶，19世纪的悲情

在欧洲考察期间，持续困惑我的一个问题是，当年中国茶叶曾经成功征服了全世界，麦克法兰甚至在自己近年出版的《绿金：茶叶帝国》中宣称"茶叶改变了一切"，但后来中国茶叶为何衰减式微了？又为何被来自印度、锡兰等地的茶叶打败？此中，又有哪些历史教训可供今日之中国茶企、茶人吸取和借鉴，携手重振中国茶叶的世界雄风？

资料（《近代中国茶叶国际贸易的衰减——以英国出口为中心》，林齐模，《历史研究》2003年第六期）研究表明，中国茶叶出口在1886年达到历史最高峰后，便急速下滑，因为中国在英国、美国这两个茶叶消费大国的市场份额正在被强劲的对手瓜分，即印度红茶在英国、日本绿茶在美国都已成为中国的竞争对手，由此深埋下中国茶叶出口的危机种子。

在印度和锡兰的茶叶出口到英国之前，中国是英国茶叶唯一的供应国，但这种情况到19世纪后期发生了根本的改变，越来越多的英国消费者转而喜欢印度茶和锡兰茶，最后华茶甚至成为一种"充数之物"，许多伦敦茶商承认他们已不售华茶，假若买主指名要买，他们就把他们自称为华茶的茶叶卖给他，实际上根本不是华茶。是什么原因导致中国茶叶的声誉一落千丈呢？

关于这个问题，从19世纪末期开始，就不断有人进行反思和解释。1890年，英国驻汉口领事就列举了11条印度和锡兰的种茶人优于中国种茶人的有利条件：除了资本、税收和劳动力市场的因素外，特别提及具有化学和农业知识、便捷运输、良好公共设施和茶园规模、机器生产等。应该说，上述分析是符合实际情况的，是比较客观的。

印度、锡兰茶业虽然起步较晚，但因为其生产方式先进，很快超越了中国茶业。印度阿萨姆地区的茶园全是大面积经营，采取先进科学的种植管理模式，不仅产量高，而且品质优良。而中国则任农民种植于"畸零之土地"，即不太适合耕作庄稼的土地，只视为一种副业，"对于茶叶之采摘多漫不经意"（《茶叶全书》，威廉·乌克斯）。最为关键的是，借助于英国工业革命的成就，各种用于茶叶加工的机器相继发明并投入使用，使印度、锡兰的茶叶后期加工逐步实现了机械化，不仅加工水平高、加工速度快，而且成本和价格降低，茶叶质量大大提高。相反，中国此时仍完全采用传统方法手工操作，不仅浪费人力，效率低下，而且品质没有保证，也不符合现代人的卫生习惯。

除茶叶质量外，中国茶叶还要被征收名目繁多的各种茶税，据记载，茶叶从汉口到张家口，竟然要经过63个厘金税卡。这样，中国茶叶所包含的税款，包括厘金在内，为茶叶价值的35.5%，导致中国茶叶比印度、锡兰的茶叶价格高出很多（《中国近代对外贸易史资料》，姚贤镐编）。加之清政府在茶叶税收政策上采取"抑内（华商）扬外（外商）"的做法，如根据最惠国待遇，俄国商人把砖茶从武夷山运往俄罗斯恰克图只需交纳每提6钱的关税，晋商则需交纳60钱即10倍的税款（《明清晋商及民风》，张正明）。如此，在残酷的市场竞争中，中国茶叶只能甘拜下风，不仅对英美市场的出口逐渐萎缩，俄国市场也慢慢地被欧洲商人侵夺。

国运兴则茶运兴，国运衰则茶运衰。长达十几年的太平天国起义，其活动范围几与中国产茶区相重叠，因此对中国茶叶生产也造成了更大的破坏，严重影响了茶叶出口贸易。起义军势力扩张到长江三角洲时，茶农星散，茶园荒废，几至无货可办，茶路中断，茶叶对外贸易终止。

当中国茶业正在饱受内忧外患时，世界茶叶市场的格局已经彻底改变了，导致这种格局改变的最根本因素当然是印度和锡兰茶叶市场的竞争，因为国际茶叶市场完全依赖中国的局面已经结束了。与此同时，1870年苏伊士运河的通航，1871年欧洲与中国电报联系的接通，这些都使茶叶的供求发生了急遽变化。

海路缩短，运费降低，伦敦茶商坐在公司，就可以通过电报灵活自如地操作茶叶进口量和茶叶价格，中国茶叶市场的命运改由伦敦控制了。

以上种种原因导致中国茶叶的欧洲市场，在19世纪由隆盛而衰减，最终丧失殆尽。也正是在19世纪，中国与欧美国家拉开了距离。19世纪中国茶叶的悲情命运，固然与中国业茶者不能因时而变、因时而进、因时而学息息相关，但更是半殖民地半封建中国的体制和制度问题，茶叶贸易只是旧中国所有痼疾小小的冰山一角而已，茶叶危机只是中国社会经济危机的一个侧面。

西行取"真经"

2012年伦敦奥运会前夕，在与华夏文化促进会会长邱伟钜先生的一次闲聊中，我曾提出策划一场"400年重走海上茶瓷之路"文化宣传活动的设想，邱伟钜深为赞同。

泉州是经联合国教科文组织认定的"海上丝绸之路"的起点，400多年前，产自闽北武夷山的红茶，闽南安溪的乌龙茶，德化的瓷器，以及中国最好的衣料棉布、丝绸，从这里装船出海，航行数万公里来到欧洲。这批来自东方文明古国的商品，像是拨开了蒙在欧洲人艺术和审美之眼的一层雾障，像是为欧洲人指引出生活的快乐之门，大受欢迎。欧洲人对"神奇树叶"茶叶的需求更是令人吃惊，虽然此前他们还不知道茶叶为何物，但不影响其在欧洲大地迅速流行，并在几十年之间成为大多数英国人的日常生活必需品。

此后，17、18世纪，在"中国趣味"的影响下，欧洲室内装饰、家具、陶瓷、纺织品、园林设计等方面，从巴洛克风格向洛可可风格转变。茶叶则在这两个世纪中成为欧洲最重要的进口商品之一，并由此引发了一场全球性的贸易战争。至18世纪后期，欧洲对中国文化的兴趣才开始减弱，在欧洲人的心目中，中国从他们向往和学习的对象逐渐变为落后和批判的对象。

19世纪，英国完成了工业革命，法国、德国、日本、美国等也相继崛起，这些国家顺利完成了从农业社会向工业社会和商业社会的转变，而中国历史似乎停止和倒退了，19世纪的中国经历了罕见的众多灾难。19世纪的中国人很困惑，他们迷茫，整整一个世纪都在迷茫，因为他们为之自豪的古老农业文明理想破碎了。贸易利益战胜道德价值导致的直接结果就是，中国茶叶慢慢从欧洲人的宴会中、餐桌上消失了，取而代之的是印度、锡兰和日本的茶叶。

十几天的欧洲之行，我最为关注的仍然是茶叶，来自中国的"绿金"，然而，我失望了，酒店和餐馆看到的都是来自印度、斯里兰卡、日本的袋泡红茶、绿茶、花茶。唯一的一家中国茶叶窗口店，是来自福建安溪的铁观音欧洲营销中心，由安溪铁观音五家企业合作开设，位于巴黎西岱岛时钟堤岸 29 号。中国茶在欧洲大地已经消失了 100 多年，"400 年重走海上茶瓷之路"，显然不是那么简单，还有很多"功课"要补做。

在法国埃罗省、勃艮第大产区、博若莱和意大利托斯卡纳产区、奇扬第大区考察期间，我们与埃罗省分管葡萄种植业的议会主席亨利·卡巴内，佛罗伦萨克市长凡尚·高迪，佛罗伦萨克酒庄主席蒂埃里·考斯特，圣克里斯托尔市长让·吕克·贝尔让，埃罗省议会国际关系处官员、勃艮第葡萄酒学校校长让·萨尔斯·萨旺，葡萄酒教授让·皮埃尔·罗纳德以及意大利奇扬弟大区葡萄酒协会主席马克·亚多伦多山大·班尼等，曾有过多场深入的交流对话。法国、意大利葡萄酒成熟的庄园生产经营模式，特别是规范化的合作社建设、原产地域产品保护制度、质量安全可追溯机制等，对中国茶产业健康发展极有借鉴意义。凡是涉及这些技术层面的问题，当地政府官员、行业协会、合作社负责人、庄园主，都不厌其烦、毫无保留地作解释、解答，让我们深深感受到异国友人的真诚与认真、热情与开放。法国人，无论官员还是普通的葡萄酒农，他们对公共制度的遵从，对自己行为负责的诚信，讲求以牺牲个体换取集体的社会价值体系，应该引起正处于市场经济发展之初的中国人深刻反思。

是的，涉及茶业技术性的问题，我们可以采用技术的办法加以解决，但茶业并不孤立于文化背景而存在，一旦涉及文化心态、文化人格、文化制度的问题，我们经常不是照章办事，而是"灵活变通"，想方设法改变"游戏规则"。制度的稳固需要依靠社会制约，需要通过团体行为来实现。已经推行了 100 多年的欧洲葡萄酒业合作社模式，就形象地说明了这一点。19、20 世纪中国茶叶最终落败欧洲，这方面的教训也是深刻的。

茶叶热销欧洲后，部分茶行、茶农便开始掺假和以次充好。1882 年至 1891 年，各地英国领事纷纷报告茶叶质量不断下降，比如福州，"有很多关于福州茶叶品质低劣的怨言……在目前情况下，印度和锡兰正在迅速把华茶驱出市场"；福州茶叶输出显著下降"是由于茶叶品质的败坏和它不能在英国市场上降低价钱"。再比如厦门,"厦门茶的品质很低劣,买主对它的评价很低"(《中国近代对外贸易史资料》,姚贤镐编)。

绿茶曾为英国人喜爱,颜色越绿越受人们欢迎,于是茶农便想方设法使茶叶变绿,甚至采用了给茶叶染色的方法,曾经奉东印度公司董事会之命来华收购茶园并在当地寻找茶叶加工商的福钧(Robert Fortuns),就亲眼目睹了监工自己用石膏和靛蓝调色、炒茶工染色的全过程。(《十九世纪西方人眼中的中国》,约·罗伯茨编著,蒋重跃、刘林海译)

如此之下,19世纪60至70年代,英商采取了更为严格的措施,由以往的依靠供应商自行贩卖,改为委托本国商家、茶叶专家亲自来中国贩购出口。可见中国茶叶的信誉度已经很低。英国商人认为,福州、厦门的茶叶已经够不上伦敦的标准,之所以采购,不过是因为它的价格要低25%左右,用来掺合并扯低印度茶的较高价格。相比之下,印度茶叶质量相当高并且稳定,其色香味越来越受英国人喜欢,在英国很多地方,原来饮用中国"花熏茶和乌龙茶的,几乎已告绝迹",粗制滥造使中国茶叶的出口趋于停顿。

中国对美国茶叶出口量的减少,在很大程度上也是因为茶叶质量不高、人为造假而造成的。大约19世纪70年代初期,"适因中国红茶有伪造者,为美人所厌忌,而日本绿茶趁机得以销售"(《日本国志》卷38《物产志一·茶》,黄遵宪编)。美国人喜欢上了日本绿茶,中国绿茶的出口额大多让与日本。

19世纪后期,中国先后把红茶、乌龙茶和绿茶出口的头把交椅,交给了印度和日本,个中悲情今天读来令人感慨万千。中国茶叶要重返欧洲市场,依然任重道远。我于酒的赏鉴肯定是外行,这场"茶酒对话"引起我们考察团一行深思的,绝不仅仅是欧洲葡萄的种植、葡萄酒的酿造以及葡萄酒的行业管理、文化营销经验。今天,中国茶业依然乱象横生,资源战、价格战、包装战、营销战……令人目不暇接,无所适从。如果中国茶业不从打牢基础工作做起,不从扎实的制度建设入手,而依然放逐个人的任意,要改变"七万家中国茶企不敌一家英国立顿"的格局,则依然道路漫漫!

中西方对"制度"的诠释有着很大的差异。感受欧洲人对于制度"机械性"的遵守和中国人对于制度"灵活性"的"使用",也许,我已经取到西行的"真经"了:你越是刻板地遵守游戏规则,你越感到"平等待遇";反之,你越是灵活地"使用"游戏规则,你越可能受到歧视,市场落败也就不可避免了。

阿蒂米诺庄园

意大利南部乡村

行走欧陆

　　茶叶，就其本质属性来说属于农产品，是饮料，之所以深受欧洲人喜欢，一方面由于本身具有温和的刺激性和成瘾性，它能使人的精力更加旺盛，又迫使人们努力工作以获取这些消费品，对近代欧洲的"勤勉革命"起了重要作用。另一方面，与中国丝绸、瓷器一样，茶叶是最具中国传统文化元素的商品，它承载着五千年的中国文明，可以满足西方人对"中国时尚"和"中国风格"的追求，以致能在短时间内成为欧洲全民性的生活消费品，甚至对英国的历史都产生了重大影响，在世界历史上都是一个奇迹。

　　在欧洲大地行走，我们实地参观了意大利托斯卡纳具有 1400 多年悠久历史的美弟奇家族 Artimino 酒庄、贵族经营的 CASTELLOPOPPIANO 酒庄、有机特色的 FATTORIA LAVACCHIO 酒庄、大型酒业集团 MARHESI FRESCOBALDI、勃艮弟酒都弟戎的主宫医院酒窖、博若莱的百合棠酒庄等数个酒庄，考察了这里的葡萄园、酿酒厂、作坊和酒窖，深为欧洲人崇尚文化、珍视风土、注重产品基因的情感所感动。欧洲国家的"发达"故事用不着我去讲述，但高速公路上迅跑的梅赛德斯，世界上最快的 TGV 火车，畅销全球的奢侈品 HERMES、DeBeers、DIOR、CHaumet……却与广阔无垠的牧场、风景如画的乡村、古老悠久的城堡、老旧传统的街区……和谐一体，如胶似漆，令人心生疑惑：没有理由说欧洲没有"现代化"，可欧洲的"现代化"看上去与想象出入很大。什么是现代化的标志？欧洲的经验表明，"现代化"正好是对传统的一种记忆——物化的记忆，它是一个过程，一种延续。我们有能力盖像欧洲一样全新的高楼——登上埃菲尔铁塔，你会发现，法国乃至于整个欧洲几乎没有什么全新的高楼——但我们却没法保留像欧洲那样的物化传统。在今天的中国，历史似乎和现代断裂了，面对消失殆尽的文化遗存、消失殆尽的乡村风景，我们这一代人有何颜面面对百年、千年后的人们？

　　当今，所有发展中国家在"现代化"的过程中，都必须面临这样一个严峻的课题：如何在经济全球化的进程中保存和保留足以在民族之林中说明"我之所以为我"的理由，而千万不能以埋没后者为代价。虽然，在具体实施中这绝非是一件简单的事。欧洲国家在保存乡土知识和民间智慧方面的一些东西值得我们很好的借鉴。无论你走到欧洲什么地方，哪怕是小小的乡村，你都能感受到相当独特的乡土气息，更重要的是，当地人为自己拥有的独特的历史文化而骄傲自豪。街道、教堂、历史掌故、建筑风格……其实，不用赘言，此行你身心感受到的已说明一切。

我们停留的最后一站是意大利的 Artimino 酒庄，这个酒庄建于 1576 年，迄今已有 400 多年历史。负责接待我们考察团的是酒庄品酒师 Albeto Camuso。这位率直豪爽又不失风趣幽默的年轻人，与我们相处了三天时间，他对这里的一切了如指掌，仿佛是庄园的主人。400 多年来，Artimino 酒庄已几易其主，但从没有人会去搬动或改变这里的哪怕一砖一瓦一石，400 多年前的厨房、酒窖、水井、账本……——保存完好，仿佛时光停止，岁月凝固。Albeto Camuso 带我们到这座有几百年历史的城堡转悠：这条小路留下过什么人的足迹，这个厨房有什么人发明的烤肉架，这种葡萄酿造出来的酒何等的有味……其实，感动我的并不是这些充满历史感的叙述，而是一个年轻人对自己乡土的热爱和对传统的认同。我在想，如果一个人对自己的家乡、传统、历史不了解、不尊重、不热爱，"发展文化"除了成为一句口号，还有什么实质性的东西？

游历欧洲，特别提及乡土知识和民间智慧自有我的理由，或许，相对于目前中国"金戈铁马"式的发展现状，只有民间的力量才更为持续，更为生生不息。没有广播于民间的"风"，就没有《诗经》的总结和流传；没有作为"四方"——东（夷）、西（戎）、南（蛮）、北（狄）——的地域性非主流文化的存在，就没有"一中"——中心、中原乃至中国、中华文明体制——的官方传统。乡土知识与民间智慧仿佛在说：与大城市相比，我具有同样的生存权和发展权。欧洲一个个独具特色的葡萄酒庄园，一座座美丽如画的乡村，让我们为之流连，为之叹服。我们希望中国现代化，我们同时亦希望看到中国丰富多彩、带有浓郁乡土气息的文化传统得以保存和传袭。

临行之前的那天上午，在 Albeto Camuso 的安排下，我们与 Artimino 酒庄庄主在他的办公室见了面，请他品我们带去的铁观音，他则回赠我们酒庄佳酿葡萄酒。400 多年的庄园，中国茶、欧洲葡萄酒，历史巧妙地安排人类最好的两种饮料——葡萄酒含酒精，茶叶不含酒精，然而都对人类健康有益——在佛罗伦萨这个城市并不算大、文化遗产则多得吓人的"文艺复兴的发源地"相遇了。耐人寻味的是，无需多作介绍，不要建构系统，铁观音茶与欧洲葡萄酒，一下子在彼此心中留下不可磨灭的印记。我们考察团用我带去的紫砂壶泡了清香型、浓香型两款铁观音——茶叶牌子恰好叫"绿色黄金",与麦克法兰2003年出版的《绿金:茶叶帝国》书名有异曲同工之妙。Artimino酒庄庄主对铁观音一见钟情,连声称赞,并好奇地询问这种来自东方大国的卓越产品的种植、采摘、制作等相关知识。

我着重介绍了安溪的美景,安溪铁观音的品种特性,所生长的土壤、纬度、阳光,特别强调了微域气候赋予安溪铁观音独特的风味"观音韵""圣妙香",是自然和文明的产物、人类的精神饮品。生产酿造优质葡萄酒的基本条件是,土壤(中间性)、气候(即时性)、人为干预(技能)和葡萄品种四要素,与安溪铁观音强调的天、地、人、种有共通之处。我不知道我的介绍是否到位,也不知道翻译小王是否把我的意思全部传递给了庄主,但我从他的表情知道,与欧洲葡萄酒同样闻名于世、来自世界茶叶故乡中国的安溪铁观音,已完全征服了他……

有个晚上,Albeto Camuso请我们考察团一行,细品Artimino酒庄生产的葡萄酒,那个晚上我们都喝得有点微醺,也许是因为主人热情,也许是因为美酒本身就吸引人,Albeto Camuso开了一瓶又一瓶的葡萄酒。在品其中一款我称之为"海洋森林"的二次蒸馏葡萄酒时,记得我对Albeto Camuso说,在Artimino酒庄住了三个晚上,做了三个美梦,回国后准备以此为题写篇文章并发给他。翻译小王问我三个美梦是什么,我笑着没说,但我心中清楚,一定是关于制度和文化,关于精神和信仰,关于不同世界、国家的交流和对话……于是,就有了上面这篇文章。是为补记。

軌迹如同我們的人生感受及思想識觀言淤的生命氣息不需要借助語言便祇四雲傳播不需要構建體系便能深入人心

附录

风 土

夏尚忠，商尚质，周尚文，三代各有不同，民俗亦因之而化，上行下效，捷于影响。我国家承平日久，仁风善政，洋溢宇内，虽山陬海澨，翕然成风。安邑风土，固大有可纪焉。作《风土志》。

按《旧志》称："'安溪，泉支邑也。土沃人醇，俗尚朴野。'宋《本志》也。'民淳讼简，素称易治。'宋守王十朋《止讼文》也。'儒者安于田里，以漂泊为病；仕者守其途辙，以奔竞为羞。'宋《郡志》也。'其人乐善，素号佛国。'宋《张阐志》也。'素业诗书。'宋曹修睦《建学表》也。'人好佛事，重婚姻。'《丧祭图经》也。'病少服药，专事祭祷。'《旧志》也。'木少桑柘，妇少蚕织。'宋《郡志》也。'狃于安逸，业儒者寡。'宋《本志》也。'民之有丧，富者侈费而违礼，贫者火化而伤恩。'宋《嘉定条例》也。'土沃人醇，素号易治。西北多山岭，民附谷以居，甲乙相失，无复聚落。风气柔而不悍，事有忿辄争，获伸即止，故民无远逮之狱。近县数都，彬彬业儒，盘郁山村，则罕诗书。疾，信祷不服药。治丧颇尚浮屠，诗书家易以奠祭，富者厚葬而越礼，贫者火化，棺以瓦。冠昏之仪，多循泉俗。衣履习尚，亦随而变。桑柘少植，唯种木绵。女工织女工织纴，冬绵夏葛。洋田种二季，高田植糯稻。依山之户，垒石而耕。人少出赘，贫甚不为僧。邑民树艺而外，百无能解。商贾百工艺业，咸远人擅之，以有其利。至于书计，亦仰外人。鱼盐橘果之利，转贩自外而至，利射一倍。兹并狃于慵逸矣。初时颛尚质啬，故民殷而耻逋负。迩则侈靡相高，用度糜费，民间稍益匮乏。坊市中尤事花鸟，击筑、弹筝之声，达于宵夜，寝失朴笃之风。幸其中有不混流俗之人，尚知重礼教，崇信义；一时有司，又雅知表正。庶可革薄从忠，冀见太古之遗。'

明隆庆戊辰《郡志》也。"

何生曰："此其一时也。方今文治斌斌，何论山陬海澨？盖穷乡极谷之士，有饶于文辞者焉。僻在一隅，不广于耳目，浸于慧巧，故其民悫；有溪山畅遂之观，故其民和；田畴阡陇，多在崇冈复岭间，雨露易滋，山泉所注，已足当畎浍，刀耕火耨，力省事倍，故其民逸，而亦易以惰；山水峻激，无漫衍之气，故依仁、龙涓、崇信、崇善之间，好斗而喜讼。

其民食盐、铁之利焉。盐则转贩海滨，致之市落，小民负任入鬻大田诸县。感德、潘田诸乡，产铁处也。有公冶，有私冶，公冶官收其税，私冶无取焉。作冶者皆汀、漳旁郡人，耗我米谷，焦煅所及，草木为赭，而山为髡，或时有构聚伏藏之患。曩时官亦尝大逐之，然而，小民工作，舍此亦无所牟衣食，利之所生，不得而绝也。而至私冶无取，则吾不知何故也。冶之为利，在民间则奢，入县官则俭。日者矿税之使四出，县中驿骚矣。若夫出铁之人，以入海货诸东南彝，人走死地如鹜，何论犯禁也！此不可不为之桑土，而非一县专责也。

盐运掌盐，闽之盐课，有常额焉。异时侦捕之吏，绝民间私行盐，而负任者饥。晋江顾侍郎珀言于分巡佥事余爌得弛禁，其来已久，而负任入大田，以私盐厉之，则小民复无所牟衣食，盐别取道于永春，以入大田诸县。等为私也，何必使吾小民失锱铢之利，移之以益他县也？

古之闽越，地肥衍有山泉禽鱼之乐。而今也承平日久，户口繁多，种物不及其成，食物不及其长，欲如往时李森以千章木浮海，入三山，施浮屠，何可得也，而山几童矣；田畴陇亩，多在崇冈复岭间，此其山腹岭足者也，而坡陀延斜，以种蔗黍，剗巇垦艺，大雨旁流，无草木根柢为之底障，土坠于溪，而壑几实矣；百子小铳以中栖鸟，族而空之，而禽乱于上矣；密布之网，大于溪面，截而收之，又从而药之、毒之，而鱼乱于下矣。

隆庆《郡志》谓坊市之间，击筑弹筝，此耳目之前耳。余闻深山之民，孤立子居，无所作役取钱，盻盻焉一岁耕种为命。岁之不时，借粟有力之家，母而子之，历数子而不得赎母，而贫刺骨矣。隆冬之候，昼袭麻苎，夜则烧柴匝地，妇子相次而寝，此未耳目见者也。

县至郡城，水可舟也。民间有田，悉入于郡大家之手，载粟入郡，而民间米粟以此不充。佃种之家，郡大家仆隶时时奈何之。郡人受米于官，谓之寄庄。

官兹土者，虽饮冰悬鱼，上官之日，里胥岂得无杂泛之备以问寄庄，寄庄之家不应也，而里胥亦病矣。

若夫货则葛、蕉之布，而葛为尤精。产则多桔、柚、梨、柿之属，柿有名'重色'者，晒而饼之，可以愈疾。草有金樱子为良药，元朝取之以充贡焉。茶名于清水，又名于圣泉。每当秋冬之交，行其郊野，柿黄梨绿，桔柚垂垂。时入池圃，有举网得鱼之适。非独博赢利，取厚资，为民间充实财用者也"。（郡人何乔远志于万历年）

安邑《风俗志》，有明万历年间撰于何匪莪先生，事核而语赅，亲切乎其言之也，迄今百有四十余岁矣，中间续修志书者仍之；然尝闻风俗与化移易，我国家重熙累洽，道德一而通变宜民，山陬海澨争自濯磨，以追隆古芳泽，今岂不异于昔所云耶？

论士风，通经学古，位于往日。自城中以至僻壤，习十三经旁及子史，师以为教，弟子以为学者，十居四五也。论文溯大家，恪遵清真雅正谟训，毋敢偭规越矩入于奇邪险僻者，十居七八也。立品则严闭户，惜身名；武断乡曲相倾相轧诸败类，就渐知畏法而革面革心也。昔之俭腹者，今多便便矣；昔之诡遇者，今守卧碑矣。虽浮靡纷尚，子衿挑达之习，未能根株悉拔；而重文章，砥砺廉隅，兢兢然犹群相告诫，澡躬涤虑，恐玷宫墙羞当世士也。

农，本务也，近于朴，而邑之业农者困矣。曩耕于田，今耕于山。曩种惟稻、黍、菽、麦；今耕于山者，若地瓜，岩桐，若松衫，若竹，凡可供日用者，不惮陟巉岩，辟草莽，陂者平之，罅者塞之，岁计所入，以助衣食之不足。勤者加勤，惰者亦勤。盖缘邑半山溪，田畴狭隘，而升平户口蕃滋，人满而土窄，势不得不然也。惟民间田亩，向悉入于郡宦家之手，比来俱归于本地之有力者；粟不入郡，民食稍舒，此则较胜于前耳。

商贾有市行，无今昔殊也，而今亦稍变。五十年前，邑城之列肆而居者竟寥寥也。布帛之细者，未尝鬻于市；海物之鲜者，未尝鬻于市；冠履服饰之工丽者，未尝鬻于市；文房四宝以及珍奇玩好之可藏而可贵者，未尝鬻于市。乡有日中为市，亦大约服食器用之粗而贱者为多。今自城至乡，致民聚货，屋相比，趾相错，逐末者多而趋利者巧。始图什佰，继图倍蓰，甚至计毫厘、算锱铢，以巧致穷，因穷愈巧，此风亦相竞使然也。五尺莫欺，不可得矣！而物价低昂，好言相商，交易而退，不闻嚣陵诟谇之声，此意犹为近古云。

至于闺闱巾帼，勤女红，务节俭，皆能以礼自守。此则安邑今日之俗也。兹新辑志书，因续前篇而缕陈之。

庄　成

编者注：庄成，清乾隆年间任安溪县令，乾隆二十二年主修《安溪县志》，"风土"见卷之四。

铁观音，我们的乡愁

  很小的时候我就接触了茶，不是品茶，而是当做玩乐之余的饮料，年纪尚小，不懂茶事、茶道，只有一番牛饮。每日清晨，早起的祖父都会煮好一壶开水用来泡铁观音，这似乎成为了他的习惯，几十年如一日。夏天，祖父总会托一把扇，眯上眼睛，轻轻呷上一小口，享受清茶给他带来的乐趣。冬日里，祖父怕冷，总是把自己裹得很严实，却一点儿也不懈怠喝茶，他说冬天喝茶暖胃，暖心。只要他一坐下饮茶，便雷打不动，怎样也舍不得放手。祖父不是很懂茶，但他爱茶，爱茶的香醇，爱茶的清洌，并因此喜欢这座城市，他年少时即已离开家乡，等到年老退休又回到故土，时间磨走了他的岁月，却磨不去他对养育他的土地和茶的热爱。

  父亲比祖父爱茶更甚，他与书做伴，与文章为友，但更多的时间，他都着眼于茶。父亲每次饮茶，必要先焚一线香，满室芬芳，有佛香，更有茶香。父亲煮茶沏茶比祖父讲究，家里、办公室里堆满瓶瓶罐罐，那都是他装茶的宝贝。经过繁杂的步骤，才能端出一杯完美的茶水。父亲沏茶，也写茶。他总行走于乡间，去探访茶人，追寻茶事，挖掘茶史。他把生命倾注在茶身上，虽不是茶人，他却爱茶，敬茶，奉茶。

  父亲曾经告诉我："做人要像铁观音一样，忠诚于脚下的土地，坚毅不动摇。即使在逆境中也要咬定目标，顽强地活下来，一步步击退困难。"两三年了，我一直把这句话记在心上。父亲一直是我成长版图不可或缺的一部分，父兄子弟，我和父亲一直保持着很好的关系，在任何时候，一个眼神、一句话、一个动作，甚至于一杯铁观音，都能传递出我和父亲所要交流的信息和情感。父亲能打开我困惑的心锁，能把我从恐惧的泥泞中拉出，能敲开我关闭的思维大门。他无处不在，给了我太多，我们早已是跨越所谓的父子、兄弟感情。

忠诚脚下的土地吧，这是一座有灵性、芳香四溢的城市。她赐予我们每个安溪人一种无上荣光，而这种无上荣光源自一棵神奇的植物。因为铁观音，我的故乡安溪每天都在变化，无时无刻不在变化。曾经小城区的破旧古老，已经被高楼建筑物取代。十五个春夏，我与这座城市共同成长，她一步一步地将我淬炼成熟，我也见证了她骨骼的撑大，血肉的丰美，她褪去了贫穷、寒碜的躯壳，换上节日的华美的盛装。虽然城市在变迁，土地却依旧是那一片土地，那一片生长铁观音茶叶的土地。难忘那些背井离乡的老华侨们返乡的情景，他们老泪纵横，感慨万端，家乡安溪变了，但当年的那杯铁观音，香气依然清香，滋味依旧甘醇。

"思家不寂寻常惯，共对瑶华听鹤更。"官献瑶对茶乡故土的思念凝聚在一首《雪水烹茶》中，如同李白夜间闻折柳，别有一番滋味在心头。那个雪夜，官献瑶或许感伤人生世事无常，或许感慨美好韶华易逝，是这杯热烫的铁观音抚慰了他。铁观音在此时已不仅仅是茶了，而是一份难以化解的浓浓的乡愁，促人奋进前行的动力。台湾历史学家连横虽不是安溪人，但他同样热爱铁观音，血溶于水，难以割舍，也许有着和官献瑶相同的感受，他把对铁观音的爱和敬，都汇聚在一句"一种清芳忘不得，参禅同证木樨心"中了。

新一代的安溪人呵，你们总是极力地想去探求外面的世界，开拓他乡的天空，闯出属于自己的一片天地。假如你在异处苦累了、畏惧了、退缩了，那就咂上一口家乡铁观音，这会使我们勇气倍增，蓄满力量去迎接挑战。像官献瑶一样，一代代安溪儿女从故土走出去，虽然我们的身躯离开了家乡，离开了土地，可我们的心却深深埋在了故土之中，因为我们已经属于这一片土地，我们深爱着她，不论她贫穷与否。

若干年之后，我也终将离开生长铁观音的这片土地，踏上求学求职之路，但不管我走多远，我心中总会忆起祖父每天雷打不动地饮茶，忆起父亲探寻研究茶叶文化的场景，忆起这块土地上生活的人们对于铁观音难以割舍的情怀，以及他们的喜乐哀愁。茶中有人心，一碗见人情。我会像祖父和父亲一样，爱茶，敬茶，奉茶，把铁观音，把茶，把家乡烙在心里，这是茶乡每个家庭爱的传承，一种难以磨灭的传承，是我们心中那份浓浓的乡愁。

谢承劼

编者注：谢承劼，安溪凤城中学初中三年级学生。

后记：信仰的工程

这几年来，我读书愈发的庞杂，历史、地理、哲学、人类学、社会学、思想史、艺术史、商业、电影、门类很多，但文学方面的书几乎不看，只保留一本订了20多年的《收获》杂志，朋友出版的新书、诗集、散文集和一些小说新作，偶尔也会翻翻，但几乎没有一本读完，不是我不尊重文学创作这项情感和智慧劳动，而是，一方面，我人生的着力点已经发生改变，另一方面，目前大多文学新作陷于"唯我论"中，过度情绪化的写作和飘渺无力的想象难以使我像过去一样，在优秀作家的经典作品中汲取思想养分，情操得以提升，心智变得深沉。

如此读书趣向自然也影响到我的写作。在文学的殿堂里，我先事诗歌，后来是散文，再后来，清醒觉得自己才华有限并非此道中人，就转而做起地方文化的研究来，但至今也没有什么建树，尽是些不成体系的"凌乱思索"。生长和工作于茶乡的缘故，这些年来写了不少与茶有关的文字，这些文字起于2008年底的一组《铁观音密码》，虽然对铁观音的研究我是后学，立论有点牵强，论述不无阙漏，但读者还是给予程度不同的关注。我曾经文学意义上的朋友鼓励我，要沿着既定的思路和风格写下去，但天不遂人愿，文章没有完成我却因此病了一场，这场病发生在我由青年步向中年的节点，后来回想，其实是充满人生特殊的隐喻的。

此后，我开始调整自己的心理状态，回向自然，回向大地，回向内心，选择一种朴素踏实的生活，渐渐完成人生的第二次转型。我的回向并非走入书斋、走入自我，反而是走向山野、走向民间。人为地产，只有脚踩敦厚大地，才能获得生命的能量。我的路好像越走越窄，其实是越来越精准；所在位置越来越低，但绝非低沉低迷。我不想自己只是活着，我还想拥有富有意义和趣味的人生，清楚自己需要什么、该拒绝什么，用千百年来那些闪亮深刻、美得纯粹的伟大思想，关照当下，洗礼内心，引领自我。在这种生活观的指引下，我选择性地做事，尽量做有意思、有价值的事，成就事情的同时也成就自我，全面磨练心智、情感，使灵魂得到片刻的救赎。

《安溪商人》杂志创办以后，我策划并启动"发现安溪"文化调查项目，带领团队每期挖掘整理一个乡镇的历史文化，编成特刊画册随同杂志发行，《美丽的大坪，我的家》《典藏湖头》《西坪问源》《龙门城事》《紫气蓝田》《福龙在田》《锦绣祥华》等专题，深受各地民众和读者喜爱。地面调查的时候，我阅读山川，与历史对话，震撼于茶乡大地的美妙，也折服于安溪人文的深厚，于是就有了《茶之原乡》《湖头的守望》《龙涓大地上的事》《行走福田，慢下来》《造物紫云山》《闽南形胜，龙门首焉》等篇什。这些文章是安溪人文地理的目录和索引，每个地方，我都尽量选择一个有意思的视角来展开表达，企图通过一个空间坐标的历史演变，去呈现这个地方与社会、国家乃至更大空间范围的互动与流动。

"发现安溪"开始之后，我和吴合对先生又酝酿启动"发现闽南"，心里隐隐觉得，这个文化项目可能要耗费以后我不少时间和精力，但我还是愿意将其融成身心血肉的一部分，推动人生又一次重要的转型。我开始把人与土地的融合、与山川的连接，视作一项自我认识，其实也是信仰的工程——尽管这项工程永远也无法完成，无论你的生命有多长。欧陆之行回来后，我很快写出《西行迷思》，但又觉得言而未尽，法国、意大利葡萄酒农对土地宗教般的情感，当地学界对"风土"的重视和研究，开阔了我对土地的认识。沿着这个方向一路深挖，我发现中国人对"风土"的研究始于周朝，比西方人要早，在清乾隆版《安溪县志》中，就有一篇由时任安溪最高行政长官庄成县令亲自执笔的《风土志》。也正是这篇《风土志》触发我去思考：铁观音与安溪大地，以及大地之上的自然万物，构成一种耐人寻味的关系，这种关系呈现安溪人与物混融的宇宙观，能够提供现实的好处或者道德层面的满足，并最终促成《茶之原乡——铁观音风土考察》一书的诞生。

因缘成熟，百川归海。有之前的系列文字铺垫，我的整理工作从容迅速，卷一着重从历史学、地理学、文化学的角度，猜想、推断、分析、解证、探讨铁观音文化创造的风景和意义，为安溪以外的人们透视安溪铁观音和安溪社会生活，提供一个人文学思考的方向；风土之种种，人是关键因素，所以，卷二站位时空坐标，拂去岁月的烟尘，追寻并呈现安溪人与安溪大地互为依存的深厚情感、安溪铁观音与庞大世界间的动人传奇；卷三《走读安溪》篇什，都是"发现安溪"系列的卷首语，都从一个别人未曾涉足的角度，去关注一个地方的历史文化，累积起来就是一部色彩斑斓的安溪风情画；饮茶使人类区别于其他动物，人从茶中获益良多，反过来应当理解茶、尊重茶，在这种认识的指引下，我的同事郑植阳通过他的智慧劳动赋予一些茶品"社会生命"，而参与其中的我则企图借此表露心态，写出卷四《仪式、尊严和"我"》的部分文章。应该说，这些文章与相应茶品之间是"相互担当"与"相互依存"的关系，没有这些茶品肯定就没有这些文章，而我的写作无非是让"密码1989""盛世中华1992""思想者"等有意味的茶品，拥有尊严，得到尊重。铁观音已经成为我内心一棵茁壮的苗种，这些年来我所做的努力，深植、培土、浇灌，就在等待她离开母树，开始生命的新一段旅途。

　　书的功能在于为读者提供一种生活和思考经验之外的新的可能性，外界接受与吸收与否，书和作者都要顺受和坦然。当我把书稿郑重发出，心情并没有因此轻松，这些文字的酝酿和形成从某种意义上说，不全是我努力的结果，是我与他人之间互动的结晶，那些与我生命深深相连的人，包括心灵中的这杯安溪铁观音，都是我面对茫茫黑夜的亮光。这些年来，茶平衡了我的内心，她使我的生活增添了情趣，因为茶，我结识天南地北的不少朋友，他们的点拨、指引和帮助，我无以回报，只能借助一行文字致以深深的谢意。

　　著名人类学家王铭铭教授的学术研究和他的当面指点教诲，提升我对茶叶的理论新认识，开始将安溪人文世界"放归"安溪自然世界，也才有这些复杂"混合文本"的出现，最后他又在百忙之中为我的书作序，给予师友般的关怀和激励，谨致诚挚的敬意。特别要感谢上天的恩德，让我的父母双亲身体康寿，令我能够心定意平投入工作和研究；感谢我的妻子和孩子给予我的最大理解和宽容，让我不为家庭琐事所困，矜持于思想的劳动；而我的孩子谢承劼的文章，则提醒我，新一代安溪人已经意识到铁观音之于他们成长的文化意义，她是家庭家族传承的通道，是乡愁乡思的寄托，不仅连接一代代安溪人，也连接安溪与广大世界；感谢吴兴元先生，和他的同事杨建国、郝佳、周伟伟等人细致入微的专业、敬业工作，还有朋友易曙峰的辑封书法，使此书得以一种美和真的姿态呈现。

2013 年 7 月 21 日

出版后记

茶乃南方嘉木。据史料记载，我国自古就是茶的原产地。自陆羽著《茶经》以来，介绍名茶种类、品茶之道、品茶文化的书籍不计其数，而关于茶乡大地——孕育茶叶生长的自然与人文环境的著作却十分鲜见。本书就是关于中国茶中名品铁观音的"原乡"——安溪大地的风土考察。

安溪被称为"茶之原乡"，不仅因为这里创造了中国乌龙茶这一"半发酵"制作工艺的茶类，发现培育了铁观音这一香高味醇、独具韵味的传奇茶种；在现代，安溪茶叶远销海外，安溪茶农发明的茶叶无性繁殖技术传播至全球各地茶区，安溪民间流传久远的工夫茶品饮式法引发了国人品味休闲生活方式的变革。今天，每一杯香茗中，都流动着安溪茶乡大地独特的自然与人文基因。

安溪有句俗话说："谁人寻得观音韵，不愧是个品茶人。"这是品饮安溪铁观音之道，也是我们编辑出版此书的初衷，即在机器统治的时代，在城市钢筋水泥丛林中，让我们通过一本茶的风土志，反思手工时代的遗产和传统文化的记忆。茶是无字的书，书是有字的茶。愿各位爱茶之人读毕此书，能领略其中蕴藏的安溪大地的质朴气息。

在此，我们要感谢拨冗为本书作序的著名人类学家王铭铭教授；感谢创作各卷首辑封书法的易曙峰先生；感谢慨然提供多幅安溪精美照片的诸位摄影师，使得本书能以臻于完美的形式呈现给各位读者。

服务热线：133-6631-2326 139-1140-1220
服务信箱：reader@hinabook.com

后浪出版咨询（北京）有限责任公司
2013 年 8 月

图书在版编目（CIP）数据

茶之原乡 / 谢文哲著. —— 北京：世界图书出版公司北京公司，2012.6
ISBN 978-7-5100-4854-8

Ⅰ.①安…　Ⅱ.①谢…　Ⅲ.①安溪县—概况②茶—文化—安溪县
Ⅳ.① K925.74 ② TS971

中国版本图书馆 CIP 数据核字（2012）第 143400 号

茶之原乡——铁观音风土考察

著　　者：谢文哲	筹划出版：银杏树下	出版统筹：吴兴元
责任编辑：郝　佳	营销推广：ONEBOOK	装帧制造：墨白空间

出　　版：世界图书出版公司北京公司
出 版 人：张跃明
发　　行：世界图书出版公司北京公司（北京朝内大街 137 号 邮编 100010）
销　　售：各地新华书店
印　　刷：北京联兴华印刷厂（北京通州区张家湾皇木厂 18 号 邮编 101113）
（如存在文字不清、漏印、缺页、倒页、脱页等印装质量问题，请与承印厂联系调换。联系电话：010-61256142）

开　　本：720 毫米 ×1030 毫米 1/16
印　　张：16　插页 2
字　　数：269 千
版　　次：2014 年 1 月第 1 版
印　　次：2014 年 1 月第 1 次印刷

读者服务：reader@hinabook.com　139-1140-1220
投稿服务：onebook@hinabook.com　133-6631-2326
购书服务：buy@hinabook.com　133-6657-3072
网上订购：www.hinabook.com　（后浪官网）

ISBN 978-7-5100-4854-8　　　　　　　　　　　　　　定　　价：42.00 元

后浪出版咨询（北京）有限公司常年法律顾问：北京大成律师事务所　周天晖 copyright@hinabook.com

版权所有　翻印必究

安溪铁观音：
一棵伟大植物的传奇

主　　编：谢文哲
文字撰写：海帆　谢文哲　罗炎秀
图片统筹：李玉祥
书　　号：978-7-5502-1155-1
页　　数：232
出版时间：2010.05
定　　价：80.00 元

简体中文版由世界图书出版公司北京公司、繁体中文版由台湾世界书局、英文版由美国 Prunus 出版公司，全球同步出版发行。

《安溪铁观音：一棵伟大植物的传奇》获评 2010 年度"中国最美的书"
并代表中国参加 2011 年度德国莱比锡"世界最美的书"评选

一棵植物，改变了一个地方、一群人，丰富美好了这个世界。

这是一部安溪铁观音的人文地理志。

相对铁观音茶叶的盛名而言，铁观音的原产地——安溪，其风土之瑰丽、人情之淳厚、文化之流光溢彩，可谓僻远无闻。惟系于此，一千多年来，繁复精湛的制茶工艺才得以在安溪大地上薪尽火传。而安溪铁观音也伴随着安溪的风云变幻、人事变迁，在无数次浴火重生后，历久弥芳，馨香四溢。

本书试图揭示的，是许多无声却强大的力量——一片神奇的土地、一群生命力顽强的百姓、兼具山的包容与海的开放的闽南文化。正是这些不涉喧嚣、安静坚守的力量，创造了一棵植物的盛世传奇。

鲜叶运到做青房后，就要及时将鲜叶摊开来。鲜叶不能摊太厚，一般10—15厘米就好，还要不时轻翻使之通气，这样鲜叶在呼吸过程中产生的水分和热量就能及时蒸发，而不至于萎蔫了。

晒青一般选在下午4—5点。当太阳斜照，光线柔和之时，将鲜叶均匀摊放在竹筐或晒青埕上，利用太阳光照射和吹风萎凋，让鲜叶的部分水分蒸发，晒青时间一般为20—50分钟。

晒青过后要将鲜叶移入做青房，薄摊于凉爽处的青架上，使鲜叶中各部分的水分重新分布均匀，并散发所积热量。凉青时间一般是半小时到一小时。

筛选鲜叶 苏连午 摄

上、闽南方茶、晒青子玉门前的私人空地

从上到下依次为：晒青、凉青
第126页
晒青·林思选 摄

元代，伴随着泉州刺桐港的鼎盛，安溪茶叶出口量大增。

到了明代，安溪茶叶的种植和制作技艺步入鼎盛的发展时期。明嘉靖时的《安溪县志》载："茶，龙涓、崇信出者多"，"安溪茶产常乐，崇善等里，货卖甚多"。崇信即今天的西坪、芦田、祥华、福田等地。可见，到明代中叶，安溪茶叶生产已遍布安溪西部的大部分山区和东部的不少地方，茶叶贸易也很繁荣。

清雍乾年间，安溪西坪人又发现了铁观音茶树，从此开启了安溪茶产业的辉煌时代。借力于铁观音，从清乾隆五年（公元1740年）开始，安溪西坪、大坪、罗岩等地大批茶商漂洋过海，将茶叶生意做到了东南亚各国。同时，安溪茶叶还通过厦门、广州等口岸销往海外。茶叶己成了安溪人的主要收入来源。清初阮旻锡的《安溪茶歌》写道："安溪之山郁嵯峨，其阴长湿生丛茶。居人清明采嫩叶，为价甚贱保万家。"

第二次世界大战期间，安溪茶叶的主要外销口岸——厦门、汕头相继沦陷，茶叶外销中断。大片茶园荒芜，大量茶厂倒闭。茶叶生产濒临绝境，当时有民谚"金枝玉叶何足惜，'观音'不如菜豆叶。茶上市无人问，砍下茶树当柴烧"，真实地反映了茶产业停滞下安溪的民生艰难。

新中国成立后，政府恢复发展茶叶生产，大力推广茶叶生产新技术，安溪茶产业才逐渐恢复了元气。

而在安溪历史上，还有无法忽视的一次次天灾人祸——倭寇侵扰，土匪作乱，军阀混战，地震、台风、水灾、旱灾、瘟疫。一千多年来，安溪茶产业就是在这样动荡的环境中一路踉跄，却始终屹立不倒。

安溪，繁华喧嚣之外的一片土地，青山绿水，阳光雨露滋养出片片叶子，又经曾于制茶的安溪人之手，于是酿出这一杯杯甘美纯粹的自然之味。